La recherche en criminologie en République Démocratique du Congo

COLLECTION
« Publications du Centre de criminologie de l'Université de Kinshasa »

Collection dirigée par Raoul KIENGE-KIENGE INTUDI

La collection « Publications du Centre de criminologie de l'Université de Kinshasa » est administrée au sein de ce centre. Elle porte sur des études se rapportant au domaine des objets de « la criminologie d'aujourd'hui » et à celui de la sociologie pénale et de l'anthropologie du droit. Il s'agit des études qui abordent des questions du rapport et de l'adéquation ou non des normes juridiques et de la justice pénale étatique avec la culture congolaise et africaine ou qui abordent plus généralement des questions de régulation pénale et sociale (fonctionnement de la justice pénale, de la police et de la prison, modes extrajudiciaires et coutumiers de résolution des conflits sociaux, etc.).

Raoul KIENGE-KIENGE INTUDI (dir.)

La recherche en criminologie en République Démocratique du Congo

Publications du Centre de criminologie de l'Université de Kinshasa

academia
L'Harmattan

D/2014/4910/57 ISBN 13 : 978-2-8061-0197-6

Grand'Place, 29
B-1348 Louvain-la-Neuve

www.editions-academia.be

Sommaire

Deuxième partie
La tradition de la recherche criminologique au Centre de criminologie et de pathologie sociale

AVANT-PROPOS

Le présent ouvrage présente, en deux parties, les orientations théoriques et empiriques d'une criminologie congolaise, africaine ou du Sud. La première rassemble les communications présentées lors de la journée d'étude sur *La pertinence de la recherche en criminologie en contexte de la République Démocratique du Congo* organisée à l'Université de Kinshasa le 16 mai 2013 en hommage à Madame Marie-Joséphine Idzumbuir Assop, professeure émérite à l'Université de Kinshasa et à l'occasion de la réouverture du Centre de criminologie et de pathologie sociale rattaché à la Faculté de droit de l'Université de Kinshasa. La présentation du projet scientifique du Centre de criminologie et de pathologie sociale est suivie d'une leçon sur l'apport de la criminologie dans la gestion des situations-problèmes en République Démocratique du Congo ainsi que des réflexions qui commentent les recherches criminologiques réalisées en contexte congolais : la justice traditionnelle restauratrice, un lieu de catharsis des pathologies sociales refoulées, les orientations et les innovations de la criminologie en République Démocratique du Congo et en Afrique centrale au regard de la « vieille » criminologie occidentale, faire d'un simple projet de recherche tout un projet de vie, enfin une invitation pour une justice pénale étatique audacieuse.

La seconde partie publie les rapports de recherches disponibles, réalisées depuis la création du Centre de criminologie et de pathologie sociale à l'Université Lovanium en 1966 sous la direction du professeur Guy Houchon ainsi que les travaux, qui constituent la tradition de la recherche criminologique en République Démocratique du Congo.

Nous remercions l'Ambassade de la République française en République Démocratique du Congo ainsi que la Délégation de Wallonie Bruxelles pour l'appui apporté à l'organisation de cette journée d'étude.

Première partie

La pertinence de la recherche en criminologie en contexte de la République Démocratique du Congo

Mot du Recteur de l'Université de Kinshasa, Professeur Jean-Berchmans Labana Lasay'abar

- Honorables Sénateurs et Députés,
- Excellences,
- Distingués invités en vos titres et qualités respectifs,
- Messieurs les membres du Comité de gestion de l'Université de Kinshasa,
- Monsieur le Doyen de la Faculté de droit de l'Université de Kinshasa,
- Messieurs les membres du Bureau facultaire,
- Chère madame la professeure Idzumbuir Assop,
- Mesdames et Messieurs les intervenants à cette journée d'étude,
- Mesdames et Messieurs les professeurs et chers collègues,
- Mesdames et Messieurs les membres du Corps scientifique,
- Mesdames et Messieurs les membres du Corps administratif, technique et ouvrier de l'Université de Kinshasa,
- Camarades étudiantes et étudiants,

L'Université de Kinshasa est heureuse et honorée de recevoir, en ce jour, la cérémonie solennelle qu'organise la Faculté de droit pour célébrer un grand événement, marqué par un double acte, à savoir l'éméritat de madame la professeure Joséphine Idzumbuir Assop et la réouverture du Centre de criminologie et de pathologie sociale.

À cette occasion, au nom de la communauté de l'Université de Kinshasa, au nom du Comité de gestion et au mien propre, j'ai le plaisir de vous souhaiter la bienvenue sur la Colline inspirée, notre *Alma mater*.

Honorables, Excellences, Mesdames et Messieurs,

Être enseignant ou enseignante invite non seulement à transmettre le savoir, à initier au savoir-faire, mais aussi à inculquer le savoir être. Cette dernière dimension, le savoir être, exige de l'enseignant ou l'enseignante d'être un modèle pour ses étudiants, devant ses collaborateurs et parmi ses pairs. C'est aux personnes dotées d'un tel profil que l'université est et sera toujours reconnaissante, car elles ont alors contribué à une formation intégrale de la jeunesse congolaise.

La cérémonie de ce jour est une preuve on ne peut plus éloquente attestant que Madame la professeure Idzumbuir Assop est de cette catégorie d'enseignants auxquels nous devons exprimer notre profonde gratitude.

En effet, Madame Idzumbuir est l'une des premières femmes congolaises criminologue et Professeure d'universités. Son activité professionnelle a principalement été axée sur la promotion des droits de la femme, de la protection des droits de l'enfant et des plus faibles.

La professeure Idzumbuir a formé plusieurs générations de juristes et de criminologues. Un grand nombre d'entre eux est rassemblé ici pour la célébrer.

Nous lui sommes donc redevables pour les valeurs qu'elle a su défendre sans relâche dans notre université, dont la compétence, le refus de la compromission et la rigueur scientifique à tous égards. Toutes ces valeurs structurent parfaitement sa personnalité. Et, c'est en ceci qu'elle constitue un modèle pour la femme congolaise, du fait de sa contribution au développement et à la consolidation de notre société.

Chère madame la Professeure,

Pour honorer votre grande et remarquable personnalité et pour vous témoigner la reconnaissance de toute l'université et, particulièrement de la Faculté de droit, certains de vos disciples ont eu l'ingénieuse idée de relancer les activités du Centre de criminologie et de pathologie sociale, créé en 1966, au sein de l'Université Lovanium, malheureusement suspendues dans les années soixante-dix. C'est le deuxième volet de cette cérémonie.

L'une des missions de notre université est, en effet, de donner des solutions adéquates aux problèmes que pose notre société. L'université ne doit pas se situer en dehors de la cité, mais dans la cité.

À ce titre, la réouverture du Centre de criminologie et de pathologie sociale, dont l'un des objectifs est de servir d'interface entre l'Université de Kinshasa et la société congolaise, est salvatrice et arrive bien à propos. J'invite donc les responsables de ce centre d'en pérenniser les activités.

Honorables, Excellences, Mesdames et Messieurs,

C'est sur ces mots que j'ai le plaisir de vous réitérer mes souhaits de bienvenue. Ceci dit, je déclare ouverte la journée d'étude en hommage à Madame Idzumbuir Assop Joséphine, professeure émérite et à la réouverture du Centre de criminologie et de pathologie sociale, sous le thème : « La pertinence de la recherche en criminologie dans le contexte de la RDC ». Ensemble, faisons de l'Université de Kinshasa le creuset de la recherche pour le développement de notre pays.

Je vous remercie.

Fait à Kinshasa, le 16 mai 2013.
Le Recteur de l'Université de Kinshasa
Jean-Berchmans Labana Lasay'abar
Professeur ordinaire

Présentation du projet scientifique du Centre de criminologie et de pathologie sociale

Raoul Kienge-Kienge Intudi

Professeur
Département de droit pénal et de criminologie
Directeur du Centre de criminologie et de pathologie sociale

La présentation du projet scientifique du Centre de criminologie et de pathologie sociale sera axée sur quatre points, à savoir un bref rappel historique sur la création de ce centre ; la nécessité de relancer les activités du centre ; les besoins spécifiques de recherche fondamentale et appliquée en criminologie en contexte congolais ; enfin, les services à rendre à la société congolaise par le centre.

1. Bref rappel historique

Le Centre de criminologie et de pathologie sociale fut initialement créé par le professeur Guy Houchon en 1966 et fonctionna au départ comme un Service de criminologie et de pathologie sociale au sein de la Faculté de droit de l'Université de Kinshasa. En 1967, ce service obtint un crédit de recherche à l'Institut de recherches économiques et sociales (IRES) de l'Université Lovanium. Et en date du 27 mai 1969, le Conseil de l'institut approuva la proposition de la création au sein dudit institut d'un Centre de criminologie et de pathologie sociale placé sous la direction du professeur Guy Houchon, criminologue, chargé de cours ordinaire à la Faculté de droit. Au cours de l'année 1972, ce centre fut rattaché de nouveau au Département de droit pénal et de criminologie au sein de la Faculté de droit de l'Université nationale du Zaïre (UNAZA) - Campus de Kinshasa.

Entre 1966 et 1969, avant sa transformation en Centre de criminologie et de pathologie sociale, le Service de criminologie et de pathologie sociale de la Faculté de droit avait pu établir des relations non seulement avec l'IRES, mais aussi, au plan international, avec la Société internationale de criminologie, l'Institut des Nations unies pour la recherche en défense sociale, exprimant ainsi le caractère interdisciplinaire de la criminologie et son indispensable ouverture au plan international.

Les travaux scientifiques réalisés avaient porté notamment sur :

- Les techniques biographiques dans l'étude du processus de déviance en milieu africain ;
- La sociologie des maladies mentales en milieu africain ;
- Les problèmes de mesure de la criminalité en milieu africain ;
- La sociodynamique de la délinquance juvénile à Kinshasa ;
- La participation à un projet de démonstration sur l'observation et le traitement des jeunes délinquants.

Les activités du Centre de criminologie et de pathologie sociale ont tari, après le retour en Belgique du professeur Guy Houchon, en 1976, faute de personnel qualifié pour diriger et animer les activités de recherche et faute de ressources financières disponibles. Cependant, les professeurs Idzumbuir Assop, Kisaka-kia-Ngoy et Kasongo Muidinge, en leurs qualités de criminologues et/ou de responsables du Département de droit pénal et criminologie, ont continué à conduire une activité minimale du centre aussi bien par la conservation de ses archives que par l'animation des travaux de recherche en criminologie et pathologie sociale, en particulier dans le cadre des dissertations et mémoires de fin de cycle de graduat et de licence en droit.

Entre-temps, ont été créés en 2004 une École de criminologie (ÉCOCRIM) et un Centre de recherche et de formation en criminologie et en droits humains (CEFOCRIM) au sein de l'Université de Lubumbashi. Cependant, l'ÉCOCRIM et le CEFOCRIM ne font nullement obstacle à la relance du Centre de criminologie et de pathologie sociale, qui fonctionnait au sein de l'Université de Kinshasa avant même leur création. En effet, l'immensité de la République Démocratique du Congo et la distance qui sépare Kinshasa de Lubumbashi ne permettent pas de mettre en valeur toutes les ressources congolaises disponibles pour réaliser des études dans le domaine de la criminologie et de la pathologie sociale et de satisfaire la demande des acteurs professionnels de tout le pays face aux problèmes pour lesquels une approche criminologique s'avère pertinente. Une complémentarité scientifique de l'espace géographique congolais est indispensable. Elle implique une étroite collaboration entre les deux pôles de recherche ; collaboration qui existe déjà puisque quelques-uns des professeurs du Département de droit pénal et criminologie de la Faculté de droit de Kinshasa enseignent à l'ÉCOCRIM et participent, à travers notamment l'encadrement des doctorants, aux travaux de l'ÉCOCRIM et du CEFOCRIM.

Dans le cadre de cette collaboration, trois étudiants, dont deux de l'Université de Kinshasa, à savoir Mademoiselle Catherine Mambiko de la Faculté de psychologie, et Bienvenu Malanda de la Faculté de droit, ont été sélectionnés pour réaliser leurs études de licence en criminologie à l'École de criminologie de l'Université de Lubumbashi grâce à une bourse octroyée par l'Université catholique de Louvain. Après avoir réalisé de bonnes performances, ces criminologues sont retournés à Kinshasa et sont en attente d'être nommé assistants dans leurs facultés respectives. Ils constituent déjà une ressource disponible pour le Centre de criminologie et de pathologie sociale.

Cependant, le champ inexploité de la recherche fondamentale et appliquée dans le domaine de la criminologie et de la pathologie sociale en contexte congolais demeure immense et requiert des interventions scientifiques particulièrement ciblées, ce qui a rendu nécessaire le projet de relancer le Centre de criminologie et de pathologie sociale ayant fonctionné à l'Université de Kinshasa.

2. Nécessité de la relance du Centre de criminologie et de pathologie sociale

Forts de cette conviction, et en ayant tiré les enseignements des travaux de la Réforme du Code pénal congolais, réalisés par le Comité technique pour la réforme du Code pénal congolais, CTCP, composé des membres du Département de droit pénal et de criminologie, les membres du Conseil de ce Département ont décidé, lors de la réunion du Département du 31 mars 2012, présidée par le professeur Pierre Akele Adau, de relancer les activités du Centre de criminologie et de pathologie sociale pour permettre l'étude approfondie, dans une approche interdisciplinaire, des questions soulevées de manière récurrente par le fonctionnement et l'administration de la justice pénale et ses institutions comme la police, les tribunaux répressifs, la prison, et par l'émergence de nouvelles formes de criminalité et de délinquance dans la société congolaise contemporaine confrontée à des pathologies sociales spécifiques. En somme, l'une des préoccupations du centre sera d'analyser l'embarras socioculturel et juridique des populations, sollicitées et entreprises par des modes de règlement des conflits et des normes d'organisation sociale aussi nombreux que peu ou mal coordonnés.

Le Département de droit pénal et de criminologie nous a chargés, en notre qualité de juriste et criminologue, de prendre des dispositions pratiques, notamment d'obtenir de la Faculté un local pour abriter le centre, de préparer un programme d'activités et de faire rapport au Conseil du Département.

Nous tenons à remercier le Doyen de la Faculté de droit, le professeur Nyabirungu mwene Songa, d'avoir répondu très favorablement et promptement à notre demande d'obtenir un local pour pouvoir abriter le Centre de criminologie. N'eût été sa diligence, l'événement de ce jour n'aurait pas pu avoir lieu ou n'aurait pas la même portée scientifique.

Nous avons été encouragés par des collègues criminologues, notamment la professeure Sara Liwerant, pour aménager l'espace reçu de la faculté. Veuillez recevoir, chère collègue, nos sincères remerciements. Nous avons été encouragés également par des amis et collègues universitaires belges, qui se sont mobilisés spontanément pour réunir des ouvrages et de la documentation nécessaire pour le centre. Nous tenons à remercier particulièrement le professeur Marc-Emmanuel Mélon, qui a pu, avec le concours des étudiants dévoués de l'Université de Liège, dont Mademoiselle Coralie Meurice, actuellement chercheuse à l'UCL, obtenir des fonds qui ont servi à commander des ouvrages pour notre Centre de criminologie. Plus de 200 ouvrages spécialisés en criminologie sont déjà emballés à Bruxelles en destination de Kinshasa pour le Centre de criminologie de l'Université de Kinshasa. Nous remercions aussi le professeur Dan Kaminski de l'Université catholique de Louvain, qui a consacré du temps à rechercher des collections des revues de criminologies inexploitées dans les bibliothèques des criminologues. Enfin, nous remercions vivement Madame Françoise Digneffe, professeure émérite de l'Université catholique de Louvain, qui a offert sa collection de la Revue de droit pénal et criminologie. Emballée dans une caisse pour l'amener avec elle, elle a dû malheureusement en différer le transport à Kinshasa à la suite de la grève des bagagistes à l'aéroport de Zaventem. Cette collection et d'autres ouvrages arriveront à Kinshasa avant la fin du prochain mois.

Votre nom, Françoise Digneffe, est désormais attaché à l'histoire de la criminologie en République Démocratique du Congo, car vous avez été la toute première responsable d'activités belge du projet PIC de création de la première école de criminologie en République Démocratique du Congo et en Afrique centrale. Nous vous remercions surtout d'avoir pu vous rendre disponible pour effectuer ce voyage, guidé comme toujours par une franche amitié et ainsi partager avec nous ce moment très fort d'institutionnalisation de la criminologie dans notre université. Veuillez transmettre nos vifs remerciements aux professeurs Marc-Emmanuel Mélon et Dan Kaminski, dont les agendas n'ont pas permis qu'ils puissent les recevoir de vive voix en ce jour. Nous espérons les recevoir prochainement au Centre de criminologie et de pathologie sociale, dont il convient à présent d'élucider les concepts clés.

Si le concept de criminologie ne semble pas soulever de difficultés particulières, précision apportée qu'il ne s'agira pas de faire la criminologie du passage à l'acte ou l'étiologie criminelle pour ne pas en substantialiser les objets, le concept de pathologie sociale mérite d'être explicité. Il est vrai qu'au niveau du Département de droit pénal et de criminologie, il n'était pas question de créer un nouveau centre de recherche, mais de réveiller le Centre de criminologie en veilleuse sans changer sa dénomination initiale. Sans paraître suranné, le concept de pathologie sociale, comme l'expliquait d'ailleurs le professeur Guy Houchon, dans un mémoire concernant la création d'un Centre de criminologie et de pathologie sociale à l'IRES, mémoire adressé à Son Excellence Monsieur le ministre de l'Éducation nationale le 11 novembre 1969, fait référence à « une orientation vers la déjudiciarisation de l'étude des phénomènes criminels et le recentrage des phénomènes déviants d'une société, dans un cadre sociopsychologique plus large ».

3. Besoins spécifiques de recherche fondamentale et appliquée en criminologie en contexte congolais

a) Le Centre de criminologie et de pathologie sociale voudrait servir de laboratoire de recherches interdisciplinaires :

- dans le domaine de la criminologie et des pathologies sociales pour étudier les questions de marginalité, de violences urbaines, de criminalité organisée (notamment les prévarications organisées telle que la corruption et autres situations problématiques affectant les capacités financières de l'État) et celles liées au genre ainsi que les différentes formes de criminalité et de délinquance que secrète la société congolaise contemporaine ;
- dans le domaine de la sociologie pénale et de l'anthropologie du droit (pour aborder) :

- des questions du rapport et de l'adéquation ou non du droit, en particulier la justice pénale en vigueur, avec la culture congolaise ;
- celles du pluralisme juridique devant être ordonné en vue d'une intégration normative plus adéquate ;
- et plus généralement des questions de régulation pénale et sociale (fonctionnement de la justice pénale, de la police et de la prison, modes extrajudiciaires et coutumiers de résolution des conflits sociaux, etc.) et des questions liées à la production des normes juridiques répondant aux pathologies sociales spécifiques de la société congolaise contemporaine.

b) Le centre servira ainsi :
- d'interface entre l'Université de Kinshasa et la société congolaise, particulièrement les acteurs professionnels de la justice pénale, de la police et autres intervenants sociaux dont les pratiques professionnelles et sociales feront l'objet d'études empiriques dans le but d'en induire une transformation des pratiques sociales ;
- de laboratoire fournissant une expertise de qualité pour les réformes à réaliser dans le champ de la justice pénale, de la police et des autres services de l'État. Il s'impliquera notamment dans l'étude des conditions spécifiques d'exploitation des techniques criminalistiques dans le contexte congolais et ce, en partenariat avec le Laboratoire de police technique et scientifique de Kinshasa ;
- de laboratoire de pathologie sociale axée sur la sociologie pénale et l'anthropologie juridique appliquée.

c) Il sera constitué au sein du centre une bibliothèque spécialisée dans le domaine de la criminologie et de la criminalistique, de l'anthropologie juridique et de la méthodologie de recherche qualitative pour soutenir des études scientifiques sérieuses dans les domaines et sur les questions énumérés ci-dessus.

d) La bibliothèque pourra être complétée par une vidéothèque constituant une archive audiovisuelle de pratiques juridiques dans le contexte socioculturel africain et spécifiquement congolais.

e) Les études réalisées au sein du centre seront vulgarisées, d'une part, par leur publication dans les Cahiers du Centre de criminologie et de pathologie sociale en vue de leur exploitation par des acteurs professionnels et par des acteurs politiques, d'autre part, par l'organisation des séminaires, des ateliers, des conférences et journées d'études, qui seront l'occasion de créer une rencontre avec les acteurs professionnels, particulièrement avec ceux de la justice pénale et de la police, pour interagir avec leurs expériences professionnelles.

4. Le service à rendre à la société congolaise par le Centre de criminologie et de pathologie sociale

L'événement de ce jour, la réouverture du Centre de criminologie et de pathologie sociale, dans un contexte particulier de la réforme de la justice pénale congolaise et surtout du projet de l'élaboration d'un code de la sanction pénale, constitue en même temps une offre de l'expertise criminologique de la Faculté de droit de l'Université de Kinshasa pour appuyer les efforts du gouvernement, à travers le ministère de la Justice et droits humains, et de ses différents partenaires, pour la réussite de ce grand projet de la réforme de la justice pénale congolaise.

L'événement de ce jour constitue aussi en même temps une offre de partenariat au gouvernement à travers non seulement le ministère de la Justice et droits humains, mais aussi à travers le ministère de l'Intérieur, et celui du Genre, famille et enfant pour assurer la formation continue des agents de ces ministères afin d'accroître leurs capacités de gestion de situations problématiques juridiquement criminalisées ou non.

Nous vous remercions de votre attention.

Raoul Kienge-Kienge Intudi

L'apport de la criminologie dans la gestion des situations-problèmes en République Démocratique du Congo

Marie-Joséphine Idzumbuir Assop

Professeure émérite
Département de droit pénal et de criminologie
Faculté de droit, Université de Kinshasa

Je m'en voudrais de commencer ma leçon publique sans accomplir un devoir très cher, celui de remercier les organisateurs de ce double événement qui nous réunit ce jour, à savoir l'hommage pour ma promotion à l'éméritat et la réouverture du Centre de criminologie et de pathologie sociale à la Faculté de droit de l'université de Kinshasa.

Ainsi donc, j'exprime ma gratitude à monsieur le Recteur Labana Lasay'abar et aux membres du Comité de gestion de l'Université de Kinshasa, d'avoir accepté de patronner cette importante manifestation.

Au Doyen de la Faculté de droit, Monsieur le professeur Nyabirungu mwene Songa, et à ses collaborateurs, au chef de Département de droit pénal et de criminologie, Monsieur le professeur Pierre Akele Adau, je reste très reconnaissante pour le soutien matériel et scientifique accordé pour l'organisation de cette journée d'étude.

Plus particulièrement à monsieur le professeur Raoul Kienge-Kienge Intudi, de qui je suis fière d'assurer ma relève à la Faculté de droit, je dis tous mes remerciements d'avoir veillé aux moindres détails pour la réussite de cette cérémonie. Oui, je peux quitter l'université convaincue d'avoir été valablement remplacée par un jeune et dynamique scientifique mordu à la criminologie dont l'enseignement et la recherche ne pourront souffrir.

À tous les invités, particulièrement ceux venus de l'intérieur du pays, de l'Afrique et d'Outre mer, chacun selon son titre et son rang, je souhaite la bienvenue en vous disant toute ma reconnaissance d'avoir privilégié l'assistance à cette rencontre au détriment de vos multiples occupations. Cela étant, je commencerai ma leçon par une introduction.

Introduction

Pourquoi avoir choisi la criminologie comme discipline de carrière professionnelle ? J'ai choisi la criminologie à causse de son caractère humaniste. Le crime, dont elle tire la dénomination, est vieux comme l'humanité « *Ubi societas, ibi crimen* ».

À l'égard de l'homme suspecté d'avoir commis un crime, le pénaliste (classique) pose la question suivante : « Est-il coupable de l'acte posé » ? Ce qui va l'amener à rechercher les éléments constitutifs de l'infraction, à savoir les éléments légal, matériel et moral en vertu du principe cher en droit pénal « *nullum crimen, nulla poena sine lege* ». Une fois l'infraction établie, il s'ensuit l'application de la peine.

Mais, qui est cet individu qualifié de délinquant ? Pourquoi et comment est-il passé à l'acte, c'est-à-dire a commis le fait ? Comment a-t-on constitué un tel comportement en comportement criminel ? Telles sont les préoccupations du criminologue qui veut que la peine qui sera appliquée à l'infracteur acquière la dimension de peine-traitement, parce qu'elle sera personnalisée, individualisée et susceptible de faciliter sa réintégration dans la société.

Si le pénaliste porte l'attention sur l'acte délinquant, le criminologue quant à lui, associe l'acte à son auteur, qui n'est pas seulement un être juridique habité par le libre arbitre, mais aussi un être humain et social, c'est-à-dire susceptible d'être influencé par des facteurs endogènes et exogènes pouvant expliquer sa conduite délinquante.

C'est cet apport humaniste de la criminologie que je vais tenter de développer selon le plan ci-après.

Comme l'indique le sujet, cette leçon concerne la criminologie. J'avoue tout de suite que loin de moi la prétention d'exposer en quelques minutes le contenu d'une discipline qui, pour l'écrire nécessite des volumes d'ouvrages et pour l'enseigner des journées entières.

C'est pourquoi, je vais circonscrire mon exposé en trois points : le premier donne un aperçu historique sur les sources et l'objet de la criminologie. Le second indique la contribution de la criminologie face à des situations-problèmes. Le dernier formule des vœux aux jeunes générations qui prennent ou prendront notre relève à l'université. Ces vœux s'adressent particulièrement à la femme dont l'effort pour la parité au niveau de l'enseignement universitaire reste entier (une quarantaine des femmes professeures d'université sur les 1 200 professeurs que compte la RD Congo).

I. La criminologie : sources et objet

I.1. Aperçu sur les sources historiques de la criminologie

Les sources de la criminologie sont riches et abondantes. Elles se situent déjà dans l'antiquité païenne avec les philosophes tels qu'Homère, Platon, Aristote. À titre d'exemple, Homère nous apprend que la faim porte bien de malheurs aux hommes. Sophocle, quant à lui, impute à la pauvreté de nombreux maux. La théorie du milieu que Lacassagne a développée avec tant de détails au XIXe siècle, était connue de l'antiquité par Xénophon qui considérait que ceux qui savent qu'ils ont la vie assurée ne s'exposent pas au crime (Vervaeck, 1914 : 11).

L'idée de la prévention du crime remonte au Ve siècle avant Jésus-Christ et fut développée par des philosophes grecs. Protagore semble l'avoir formulée en premier lieu par cette phrase latine traduite de Sénèque « *Nemo, prudens punit quia peccatum est, sed ne peccetur* » (Killias, 1991 : 433), que nous pouvons traduire en français comme suit : « Aucune personne avisée ne punit parce qu'il y a eu faute, mais pour qu'on ne commette plus de faute ».

Pour Platon, si le délinquant peut guérir, on le soignera, on l'éduquera aussi. Il admet que le crime est le symptôme d'un état morbide ; tout criminel étant malade, le bien général veut que l'on s'assure s'il est susceptible ou non de guérir. Platon est aussi celui qui mit en exergue le principe de la responsabilité totale ou partielle du délinquant malade. Il remarque à ce sujet, que

> les conséquences d'un acte délictueux pèsent sur tous, sur l'enfant, sur le vieillard, sur l'infirme, sur le dément… comme sur l'homme normal, sur l'animal même. Toutefois, le délinquant dont l'irresponsabilité se justifie par la maladie, la vieillesse, l'imbécillité ou la folie, ne sera pas châtié comme les délinquants sains d'esprit et de corps, mais la réparation du dommage lui incombera comme à ceux-ci[1].

Par essence multidisciplinaire et multidimensionnelle, la criminologie connut toute une évolution qui s'appuie sur celle des savoirs et connaissances pré scientifiques formées de plusieurs disciplines dans l'ordre sociologique, anthropologique, psychologique, psychiatrique, médical voire pénal.

Ces recherches ont inspiré et servi de cadre de référence aux positivistes italiens dont le mouvement cristallise le début de la criminologie scientifique. Citons principalement :

- C. Lombroso avec son ouvrage « L'homme criminel » (1871), où il développe les thèses d'atavisme et de la dégénérescence de l'homme délinquant, conceptions qui l'ont amené à concevoir dans la catégorie des criminels, « le criminel né » qui fut l'objet de nombreuses critiques dont celle de E.-H. Sutherland (1971) qui considère que le crime est un comportement appris au contact avec d'autres personnes ou d'autres milieux. Lombroso a par ailleurs jeté les bases de l'approche différentielle compa-

[1] Cité par VERVAECK, 1914 : 13-14.

rant les caractéristiques des délinquants avec celles des non délinquants.

- E. Ferri est surtout connu par son ouvrage la « Sociologie criminelle » (1881), où il développe entre autres la théorie multifactorielle pour expliquer le comportement criminel. Il faut rechercher la genèse du délit à travers les données anthropologiques, sociologiques et statistiques en vue d'appliquer au délinquant les mesures sociales d'ordre préventif et répressif qui, reposant sur cette genèse, préserveraient la société.
- R. Garofalo dans son ouvrage la « Criminologie » (1885) a lancé les bases de la doctrine de la défense sociale. Il remarque notamment que le danger social qu'il faut craindre chez le délinquant n'est pas celui qu'il a encouru (avant la condamnation) mais celui qui subsiste, car tant que persiste ce danger ou capacité criminelle, le délinquant sera toujours capable de commettre d'autres délits. Ce constat amène Garofalo à proposer au juge pénal de remplacer le critère de la mesure pénale basé sur la gravité du fait, par celui tendant à rechercher si le coupable est idoine à la vie sociale dans différents cas de délits. Ainsi, il attire l'attention sur l'importance du diagnostic, de l'observation du délinquant et de l'étude de sa personnalité en vue d'un traitement individualisé.

Les positivistes italiens ont opéré une véritable révolution dans le domaine du droit pénal classique et néoclassique prôné par des savants comme Beccaria, Bentham, J.-J. Rousseau et leurs disciples. L'étude du délinquant comme un être abstrait ayant échoué, il était nécessaire de l'aborder à partir d'une attitude rationnelle. Cette attitude scientifique vis-à-vis de l'homme criminel va donner naissance à la criminologie scientifique qui permit à la société d'élaborer sa politique criminelle à partir des connaissances objectives de la réalité criminelle.

Néanmoins, le courant positiviste n'échappe pas aux critiques dont l'essentiel peut se résumer au caractère déterministe des conceptions sur le délinquant, l'excès dans l'interprétation et la généralisation des résultats basés souvent sur un matériel anecdotique. On reproche aussi aux positivistes d'être à l'origine des pratiques ségrégationnistes qui caractérisent encore aujourd'hui certaines politiques criminelles.

Il ressort de cet aperçu historique que l'histoire de la criminologie, tout comme celle des peuples, est un éternel recommencement. On retrouve dans l'Antiquité, au Moyen Âge et aux Temps Modernes des réflexions sur le crime et les moyens de lutte contre la criminalité.

Si le crime rime avec la société, la criminologie rime avec les deux. Il appert donc que le progrès scientifique est fait des pas lents et incertains, mais qui dénotent une évolution dans le sens d'un approfondissement et d'un perfectionnement des connaissances sur les faits, au point que des aperçus soi-disant nouveaux se retrouvent n'être que la reproduction des idées connues depuis l'antiquité et les méthodes en usage depuis longtemps chez des peuples à civilisation prétendument rétrograde (Vervaeck, 1914 : 11).

D'où, nous pouvons aussi rechercher dans notre culture les explications sur les phénomènes déviants, ainsi que les moyens efficaces de lutte contre la criminalité. Cette réalité devrait défier notre orgueil de chercheurs et nous amener à organiser des critiques positives qui, en même temps, reconnaissent la valeur des réflexions anciennes du savoir car, sans elles, nous n'allions pas progresser.

I.2. L'objet de la criminologie

Peu de discipline a connu une existence aussi tourmentée que la criminologie. Discutée amplement par les uns, ridiculisée jusqu'au point de lui nier le caractère scientifique par les autres, la criminologie dut se battre pour forger sa place comme discipline scientifique et autonome.

Le caractère multidisciplinaire et mouvant de la criminologie explique la nature déconcertante de son objet et de son champ d'étude qui, dans leur évolution, se sont considérablement élargis pour atteindre d'autres dimensions. Considérant l'homme délinquant, les criminologues se sont posé deux questions qui sont fondamentales : pourquoi, malgré la menace de la loi, certaines personnes passent à l'acte (commettent des infractions) et d'autres pas ? Pourquoi après avoir commis l'infraction, certaines personnes sont poursuivies voir condamnées et d'autres pas ?

La réponse à la première question s'organise autour de la criminologie du passage à l'acte enrichie par des approches d'étiologie et de processus criminogènes. À la seconde question, on répondra par la criminologie de la réaction sociale qui permit de découvrir les mécanismes dynamiques de définition d'un acte comme déviance ou délit et son auteur comme déviant ou délinquant (selon qu'on se place au niveau informel ou formel du contrôle social).

Le crime, avant d'être qualifié de la sorte, demeure souvent une conduite antisociale, un acte antivaleur, la qualification de crime lui est conférée suite à l'application du droit pénal en vertu du principe sacré aux pénalistes « *nullum crimen, nulla poena sine lege* ». La réaction sociale est ce qui donne au comportement sa qualification d'infraction.

Pour illustrer cela, je donne souvent l'exemple de deux jeunes gens qui ont volé des montres dans le magasin. À la sortie, il est organisé une fouille. L'un des voleurs bien habillé échappe à la fouille et s'en va comme un honnête citoyen, tandis que l'autre est fouillé et arrêté avec des montres ; traduit en justice, voici qu'il reçoit des agences pénales la qualification de délinquant. À ce sujet, Ch. Debuyst observe qu'une telle réaction a pour conséquence de transformer l'auteur de la transgression en un étranger, en un être impur, c'est-à-dire, en un être pour lequel toute idée de participation au groupe perd son sens, de sorte qu'une sanction d'exclusion ou de rejet découle tout naturellement de cet état de fait (1985 : 76).

En effet, qui de nous n'a jamais commis un acte infractionnel ? Comment et pourquoi avons-nous échappé à la qualification délinquante ? Des auteurs comme Philippe Robert, T. Lambert, C. Faugeron (1977 : 14) ont pu montrer que ce n'est pas la commission de l'infraction qui peut créer la différence « entre délinquant et non délinquant » puisqu'elle demeure souvent inconnue, seule l'intervention éventuelle d'une modalité de réaction sociale peut donc créer cette différence qui caractérise l'appellation de l'individu comme déviant ou comme délinquant.

Le crime, remarque Levy Bruhl (1970 : 61), est une notion éminemment sociale, c'est-à-dire éminemment relative. Il n'est aucun acte, dit-il, qui soit par lui-même un crime. Si graves soient les dommages qu'il ait causés, son auteur ne sera regardé comme criminel que si l'opinion commune de son groupe social le considère comme tel. Autrement dit, ce ne sont pas les caractères objectifs d'un acte qui en font un crime, mais le jugement que porte sur lui la société, (les autres, comme dira Ch. Debuyst).

Il faut cependant noter que « l'opinion commune du groupe social » pose parfois un problème. Dans une société au régime de dictature, l'opinion commune a du mal à traduire le degré de punitivité d'un acte antivaleur. Il en est de même aujourd'hui dans les sociétés démocratiques, envahies par une multitude de morales minoritaires, qui consacrent des conduites antivaleurs comme l'homosexualité, l'avortement, etc.

La prise en compte de la réaction sociale ou du contrôle social a pu montrer combien la criminologie, en limitant son objet d'étude au seul crime et criminel, n'atteignait qu'une partie du phénomène laissant de côté tout ce qui échappe aux agences pénales, à savoir les comportements antisociaux et asociaux, les conduites infractionnelles non détectées et non dénoncées, les affaires pénales classées sans suite, les délinquants acquittés, etc.

La prise en compte de la réaction sociale comme objet de la criminologie a fait révéler les mécanismes de détection, d'amplification sociale de la déviance, de sélection des cas et de leur définition par des agences pénales. Ces mécanismes sont souvent à la base d'une délinquance de plus en plus affirmée et indiquent combien en tant que processus de criminalisation, ils devront faire l'objet de la criminologie.

Ainsi, au regard de la réaction sociale, on note une opération de despécification du concept crime noyauté dans des concepts neutres du point de vue sociomoral tels que la déviance, les situations-problèmes, les comportements de pathologie sociale.

A. Cohen (1996) définit la déviance comme l'ensemble de comportements non conformes aux normes sociales en vigueur et qui donnent lieu à des réactions de types divers. La déviance va des handicaps physiques, psychiques jusqu'à la délinquance en passant par la violation des prescriptions religieuses, des usages sociaux. Pour A.-P. Pires (1995 : 62), la situation-problème signifie simplement le fait que pour au moins un acteur quelconque une situation donnée est vécue ou perçue comme « étant un problème » ou étant négative, inacceptable, indésirable. Cette notion renvoie en premier lieu à la réaction de la victime et se réfère à un champ d'événement plutôt qu'à un champ normatif. Par conséquent, les solutions ne seront pas nécessairement d'ordre juridique ou répressif, mais elles peuvent aussi prendre l'aspect psychologique, sociologique, biologique, etc.

Plusieurs auteurs soutiennent que la criminologie, telle qu'elle apparaît actuellement, n'a pas un objet, mais des objets. A.-P. Pires notamment (1995 : 62) en retient deux :

1. Des situations-problèmes (ou comportements problématiques) entendus par là :

- Les situations problématiques sans référence aux modes de régulations juridiques ;
- Les comportements de transgression aux normes morales ou juridiques pertinentes ;
- Les comportements criminalisés.

2. La réaction sociale ou le contrôle social ou modes de régulation sociale tels que :

- La création des lois pénales ;
- Le fonctionnement de la justice ;
- Le système correctionnel et intervention psychosociale auprès des personnes ayant eu des démêlés avec la justice ;
- La politique criminelle, les modes alternatifs de résolution des conflits et les programmes sociaux de prévention ;
- L'histoire et l'évaluation des aspects pertinents du droit, des pratiques et institutions de contrôle social ;

Tout ce développement montre combien l'objet de la criminologie a connu une extension considérable au point que personne ne s'accorde de manière définitive sur quels sont les sujets qui peuvent ou non être traités par elle. Ceci s'avère être un atout important qui doit être mis à profit, car ce manque de consensus génère une marge de manœuvre unique qui permet de traiter de sujets nouveaux à la discipline, selon des approches innovantes, avec des techniques diverses et ainsi, non seulement élargir ses objets, mais changer la « nature » même de la criminologie (Maritza Felices-Luna, 2008 : 160), de la réinventer, voire de la contextualiser en vue notamment de constituer des techniques et méthodes qui lui permettent la compréhension des phénomènes et pratiques sociales existantes (perception, définition, modes d'intervention et d'évaluation), dans leur contexte réel, au lieu d'une simple reproduction des considérations étrangères.

En effet, à la spécificité de l'objet devrait correspondre la spécificité des techniques et méthodes employées. À l'instar de la médecine, la criminologie n'est pas seulement une discipline théorique, elle est aussi appliquée (la criminologie clinique) car, comme le remarque J. Pinatel (1967), il ne suffit pas de connaître le mal dont souffre le délinquant, faut-il encore le traiter. Ce qui nous amène à aborder le deuxième chapitre de ce sujet.

II. La criminologie face à des situations-problèmes

La réouverture du Centre de criminologie et de pathologie sociale à côté du Département de droit pénal et de criminologie à la Faculté de droit de l'Université de Kinshasa (UNIKIN), justifie notre insistance sur le rapport criminologie et droit pénal avant de dire un mot sur leur gestion commune, dans quelques cas, des situations-problèmes.

La criminologie entretient des rapports fructueux avec nombre de disciplines de sciences criminelles, citons : la criminalistique, la sociologie pénitentiaire, le droit pénitentiaire, la protection de l'enfant, la psychologie judiciaire et le droit pénal, qui sont toutes prévues au programme des enseignements de notre département. Il importe de rappeler que la criminologie est née comme une réaction au droit pénal classique qui considérait l'homme délinquant comme un être déterminé par le libre arbitre. Dans son objectif d'humanisation du droit pénal, les criminologues vont énerver certains pénalistes qui considéraient la criminologie comme une simple branche auxiliaire du droit pénal en limitant son objet d'étude au crime et au criminel.

La criminologie tend aujourd'hui à « criminologiser » le droit pénal, notamment par la criminologie juridique qui étudie la valeur scientifique du contenu de la politique criminelle et des institutions qui en sont l'expression juridique, ainsi que des réformes qui en sont ou peuvent être proposées (R. Gassin, 1994 : 662). La criminologie juridique porte des jugements de valeur sur l'organisation et le fonctionnement des institutions pénales à la lumière des connaissances criminologiques. Ces recherches ont eu pour résultats l'apparition des plusieurs mouvements :

- Celui d'abandon pénal, qui se caractérise par la dépénalisation, la décriminalisation et la déjudiciarisation en vue de privilégier dans le traitement des délinquants les structures extrajudiciaires ;
- Celui des droits humains, qui souligne notamment le respect des droits fondamentaux de la personne, des garanties fondamentales de la procédure dans le procès pénal ;
- Celui de la déformation du droit, qui suscite les mécanismes de résolution des conflits moins répressifs, mais plus cohérents et intégrant socialement les protagonistes et les communautés, exemples : tous les mécanismes qui conduisent à la réparation tels que : la médiation, la conciliation, la concertation restauratrice en groupe.

L'importance de l'apport de la criminologie au droit pénal apparaît au niveau des pouvoirs législatif, judiciaire et exécutif. Au niveau législatif, la criminologie fournit au législateur les connaissances variées sur les faits à incriminer et sur la sanction à appliquer afin qu'il rencontre le consensus de la population sans lequel le mécanisme de renvoi perd de son efficacité. Au niveau judiciaire, la criminologie donne au juge les renseignements d'ordre personnel et social (dossier de personnalité) pour lui permettre de traiter le coupable en tenant compte des circonstances propres au délinquant et au délit. Au niveau exécutif, la criminologie met à la disposition du juge des formules variées de traitement en rapport avec les types de délinquants, la nature des faits commis et des sanctions à pourvoir.

Cet ensemble de connaissances explique l'intérêt de la criminologie dans la gestion des situations-problèmes délinquantes ou non délinquantes. À cet effet, nous dirons un mot sur les phénomènes « enfants dits sorciers » et « *kuluna* » qui font couler beaucoup d'encre spécialement à Kinshasa, capitale de la RD Congo.

II.1. Le phénomène « enfants dits sorciers »

On se rappellera que le droit pénal ne retient pas la sorcellerie comme infraction à la loi pénale (à cause surtout des difficultés d'établir la preuve). Cependant, le juge punit les comportements infractionnels en rapport avec la sorcellerie tels par exemple les coups et blessures, l'imputation dommageable.

En dépit de la position adoptée par le législateur pénal, la sorcellerie demeure encore une réalité dans la mentalité de plusieurs Congolais et la criminologie intervient par des procédés pouvant neutraliser les conséquences néfastes du phénomène. La criminologie étudie l'enfant dit sorcier. Elle se demande : qui est-il ? Comment et pourquoi est-il désigné de la sorte par le groupe auquel il appartient ?

Sous l'angle spatial, la sorcellerie des enfants est un phénomène avant tout urbain, car traditionnellement, la sorcellerie est l'apanage des vieux. Sous l'angle temporel, elle s'explique entre autres par des difficultés d'ordre socio-économique et culturel, par l'affaiblissement des valeurs sociomorales (le divorce, l'abandon d'enfants, l'effritement de la solidarité familiale et sociale, la propagation des sectes religieuses criminogènes dont les pasteurs s'improvisent en exorcistes dans un but mercantile) que connaît le pays confronté à une multitude de crises.

Qualifier quelqu'un de sorcier est aussi une façon de l'écarter, de l'exclure du groupe, de l'éloigner. La criminologie recherche les raisons, les motivations profondes d'une telle réaction sociale. Elle ne les recherche pas seulement chez l'accusé, mais aussi auprès de la famille, du groupe social, de l'État, en vue de souligner leur responsabilité et l'importance de leur apport au traitement à engager.

Chaque société, dit-on, a le nombre des délinquants et les formes de criminalité qu'elle mérite. Cet adage souligne l'impact de la culture et du mode de l'organisation d'un pays sur les phénomènes déviants et délinquants, sur les techniques de passage à l'acte criminel, sur les modalités de la réaction sociale.

II.2. Le phénomène « *kuluna* »

Face aux « *kuluna* »[2], on entend les victimes et les membres de la communauté réclamer : « Que l'État les prenne en charge, qu'il les enferme dans les prisons, qu'il les envoie dans les régions éloignées de leur milieu de vie ». Ces « trois étapes » de la réaction sociale indiquent l'aggravation de cette dernière dans le sens de plus en plus répressif.

Nous avons, dans un exposé fait lors des grandes conférences organisées à l'occasion du cinquantenaire de la RD Congo (en 2011), montré que plusieurs enfants, et même adultes, appelés aujourd'hui « *Kuluna* », furent des enfants qu'on désignait

---

2 Sur cette question, on pourrait consulter utilement les travaux suivants : R. Kienge-Kienge Intudi, B. Bungu Musoy, B. Malanda Mvibidulu, *Pauvreté des jeunes et violence urbaine*, recherche réalisée dans le cadre du Projet KIN 03 de la CUD sur la thématique de *Pauvreté et sciences sociales*, Université de Kinshasa, 2013. Cette recherche a été menée sur un groupe de *Kuluna* du quartier Kingabwa dans la commune de Limeté; - B. Bungu Musoy, *Justice pénale et gestion de la violence urbaine des jeunes. Le travail de la police judiciaire*, mémoire de DES, Faculté de droit, Université de Kinshasa, 2012 ; - P. Munkana Muke, *Le traitement pénal des jeunes Kuluna : une approche socio-juridique*, Faculté de droit, Université de Kinshasa, 2012. Cette recherche a été réalisée sur un groupe de *Kuluna* de la commune de Makala ; R. Nkuzini Lankiek, *Structuration des groupes des jeunes Kuluna dans la ville de Kinshasa* : cas de l'écurie câble noir, Faculté de droit, Université de Kinshasa, 2013. Cette recherche a été réalisée dans la commune de Kinsenso ; Th. Bazomba Bitenda, *La transformation des actes de violence des jeunes en milieu urbain*, Faculté de droit, l'Université de Kinshasa, 2013. Cette recherche a été réalisée au quartier Kingabwa dans la commune de Limeté.

« Moineaux » vers des années 1980-1985. C'étaient des enfants âgés de six à douze ans, inoffensifs et qui ramassaient des détritus dans les poubelles. L'absence d'une intervention appropriée a contribué à l'affermissement de leur conduite dans la déviance et dans la délinquance que l'on redoute aujourd'hui.

En effet, de « moineaux », ils sont devenus « enfants de la rue », des « *schegués* », voire des « *Kuluna* ». Cherchant à définir de façon empirique le concept « *kuluna* », B. Bungu Musoy remarque dans un travail de mémoire de DÉA (2013), que

> Si pour l'autorité publique représentée par des officiers de police judiciaire, le « *kuluna* » est une infraction à la loi pénale et dont l'amende constitue la sanction idéale, pour les concernés eux-mêmes, le « *kuluna* » apparaît comme une ressource mobilisée par des jeunes pour garantir leur sécurité. Il s'inscrit donc dans un contexte particulier marqué par une situation d'exclusion économique et sociale.

Ce point de vue montre clairement que la solution pénale seule ne suffit pas, il faudra en amont et en aval y associer les stratégies d'ordre social, économique et éducatif. L'intervention pénale pour être efficace doit s'appuyer sur des savoirs scientifiques et éthiques de la criminologie qui enrichissent et humanisent ses moyens de lutte contre la délinquance. Le caractère éthique du savoir criminologique nous amène à aborder le dernier point de notre exposé relatif aux vœux formulés sur la conduite qui doit nous guider dans la société et particulièrement au sein de notre *Alma mater*.

III. Mes vœux

Ils s'adressent à l'institution qu'est l'Université, aux membres du corps scientifique et académique, aux étudiantes et étudiants, particulièrement à la femme, à l'État congolais.

1. À l'université

Pour cette institution où je fis ma carrière professionnelle, je formule le vœu pour qu'elle soit :

- Un milieu humain où toutes les personnes qui le fréquentent (chercheurs, enseignants, étudiants et travailleurs) y trouvent l'occasion de s'épanouir physiquement, moralement, intellectuellement et spirituellement.
- Un milieu qui favorise les conditions d'étude et de travail par le fait qu'il offre à ceux qui le côtoient une oasis de paix et de savoir, doté d'infrastructures et des moyens didactiques appropriés pour faire face à la mondialisation dans ses divers aspects. Évidemment, les pratiques irrégulières que secrète la grande société envahissent également le milieu universitaire considéré comme une microsociété. Citons le vacarme occasionné par la musique et les groupes de prière, l'afflux du secteur économique informel qui transforme certains locaux des homes, en bistrots et lieux de vente, la corruption, le monnayage des points et des syllabi. L'université devra organiser une lutte acharnée contre ces maux.
- Un environnement sain où particulièrement les apprenants (étudiants) s'habituent à l'hygiène et au respect de l'écologie, où ils apprennent à aimer le « beau ».
- Un milieu de la réflexion scientifique et utile à la nation. L'université, par ses recherches scientifiques et interdisciplinaires, devra influencer les programmes nationaux de développement. C'est auprès d'elle que le politique pourra trouver des solutions rapides à des problèmes qui se posent en termes urgents, elle aidera les dirigeants à organiser une politique visionnaire et intégrante du pays qui permet à la population de savoir d'où elle vient, où elle va, quels sont les écueils à éviter et les améliorations à apporter.
- Enfin un milieu d'excellence sur tous les plans. Ceci doit caractériser la conduite des apprenants comme des enseignants qui, dans la société, seront les modèles à imiter eu égard à leur savoir être et à leur savoir-faire, à la qualité du service offert à la communauté nationale et internationale. Les enseignants particulièrement, devront éviter la complaisance et le tribalisme dans l'appréciation des étudiants. « On enseigne plus par ce qu'on est et ce qu'on

fait que par des discours politiciens qu'on entend à longueur de journées ».

2. Aux membres du corps académique et scientifique

À tous, je recommande l'effort pour la recherche scientifique et la publication des articles et ouvrages en veillant à la contextualisation des sujets, méthodes et techniques à employer, afin que les résultats reflètent aussi nos réalités, sans oublier que la mise à jour des enseignements y trouvera un appui nécessaire. Il faudra éviter de politiser la science en recherchant avant tout l'objectivité et la rigueur c'est-à-dire la vérité.

Le professeur d'université évitera trop d'éparpillement (les extra-muros) qui, surtout au début de la carrière académique, a un effet nuisible sur la qualité de travail académique (recherche, enseignement, encadrement des assistants et étudiants).

3. Aux étudiants et étudiantes

Je recommande l'effort, le respect, l'ordre et la discipline, mais aussi la détermination. L'effort vous amènera à éviter la tricherie et la corruption pour une réussite facile. Retenez cette observation d'une étudiante qui, lors de la défense du mémoire qui portait sur le harcèlement sexuel des filles à l'Université de Kinshasa, avait remarqué que « ce sont des filles, généralement faibles intellectuellement ou peu habituées à l'effort, qui sont victimes du harcèlement par des enseignants et surtout par les membres du corps scientifique ».

Le respect, d'abord, entre vous et aussi vis-à-vis des aînés et encadreurs. Cela doit apparaître notamment par l'habillement. Les pantalons taille-basse qui laissent entrevoir les sous-vêtements, les blouses ou les « *mabaya* » serre-corps qui exhibent les seins... sont à bannir en milieu universitaire. Les filles, particulièrement, éviteront d'être des « victimes provocatrices », voire « incitatrices » de viols et de harcèlement sexuel.

La discipline et l'ordre influent sur la réussite des études. Tout particulièrement pour les étudiantes, plusieurs manquent de détermination. Elles abandonnent facilement les études pour se marier et ainsi éviter de « coiffer la Sainte Catherine ».

4. Aux femmes engagées à l'université ou dans d'autres secteurs d'activité

Je les exhorte particulièrement à l'effort et à la détermination. La femme congolaise doit savoir qu'elle évolue dans une société encore très masculinisée, la « condition féminine » l'oblige à doubler d'effort. La parité ne sera jamais un cadeau pour la femme, elle l'arrachera au prix de ses capacités intellectuelles, de savoir-faire et de savoir être qui doivent défier le sexe opposé.

5. À l'État congolais

Trois souhaits me tiennent à cœur :

1. Augmenter et libérer les frais de fonctionnement votés chaque année par le Parlement et destinés à l'éducation nationale. J'ai dirigé pendant huit ans l'Université de Bandundu à Kikwit. Aucune fois l'université reçut ces frais. C'est grâce à la contribution des pauvres parents (minerval) que les bâtiments acquis dans un état délabré furent réhabilités et réfectionnés.
2. Accorder beaucoup d'importance au développement de l'enseignement supérieur et universitaire dans les provinces du pays, car ces structures non seulement constituent un pôle de développement pour l'arrière-pays, mais en outre, permettent aux enfants pauvres d'avoir accès à l'ESU, de se maintenir dans leur milieu d'origine, sans oublier le rôle de désengorgement qu'elles jouent à l'égard des établissements tels que UNIKIN, UNILU et UNIKIS.
3. Donner, dans le programme de politique nationale, la priorité à l'éducation à tous les niveaux, car sans éducation on ne peut atteindre la prospérité et le bien-être de la population. L'éducation de la fille et de la femme y trouvera une place privilégiée. En effet, ne dit-on pas qu'« éduquer une femme c'est éduquer une nation » ?

Conclusion

Je me réjouis de l'institutionnalisation de la criminologie dans notre pays avec la création d'une École de criminologie au sein de l'Université de Lubumbashi, et aujourd'hui, la réouverture du Centre de criminologie et de pathologie sociale, en sigle (CCPS) au sein du Département de droit pénal et de criminologie de la Faculté de droit de l'UNIKIN.

Permettez-moi en passant, de signaler que j'avais travaillé dans ce centre sous la direction du professeur Guy Houchon, qui fut également le directeur de ma thèse de doctorat à l'Université catholique de Louvain (1981). Monsieur le professeur Houchon était surnommé par des étudiants une « bibliothèque ambulante », car il donnait tellement de références d'ouvrages à lire lorsqu'il fallait rédiger le mémoire sous sa direction. Il est renommé comme spécialiste des questions de criminologie africaine. Malheureusement, pour des raisons de santé, il a dû quitter prématurément la vie active. Que Dieu lui accorde beaucoup de courage pour accepter cette grande épreuve.

Je formule le vœu de plein succès au fonctionnement du CCPS où pourraient se réaliser des études approfondies sur de nombreuses situations-problèmes que connaît notre société actuelle. Citons les violences sexuelles, la corruption, les phénomènes « *kuluna* » et des « enfants dits sorciers » dont nous avons effleuré l'étude. Pour obtenir un bon résultat, cette recherche se réalisera dans un climat qui favorise la complémentarité combien importante entre pénalistes et criminologues. Et comme le remarque le professeur Kasongo Muidinge, « entre pénalistes et criminologues, le mariage est indissoluble ».

Pour terminer, je dirai que « vœu » (ou souhait) peut être entendu au sens de « ce qu'on aurait voulu ou qu'on voudrait que ce soit et non ce qu'on a nécessairement été soi-même ». C'est pourquoi, au lieu qu'un jour, quelqu'un d'autre le fasse à ma place, je viens moi-même à l'occasion de cette cérémonie d'hommage pour mon éméritat, demander votre indulgence pour ce que j'ai manqué d'être à travers les vœux formulés.

Marie-Joséphine Idzumbuir Assop

Justice traditionnelle restauratrice : un lieu de catharsis des pathologies sociales refoulées

Pierre Akele Adau

Professeur ordinaire
Chef du Département de droit pénal et criminologie
Faculté de droit, Université de Kinshasa

Madame la professeure Marie-Joséphine Idzumbuir Assop dont nous honorons aujourd'hui l'éméritat à l'occasion de la réouverture du Centre de criminologie et de pathologie sociale de la Faculté de droit de l'Université de Kinshasa vient à cette cérémonie avec un magnifique présent, qui résume assez fortement son combat scientifique en faveur de la protection de la jeunesse et sa pensée doctrinale sur la justice des mineurs.

Ce présent, c'est cette nouvelle publication d'analyse critique et de perspectives qu'elle nous offre sur « La loi de protection de l'enfant en République Démocratique du Congo »[1]. Cet ouvrage, j'ai eu le privilège de le postfacer, la préface étant assurée par Léon de Saint Moulin, notre ancien recteur. L'auteure a voulu que j'en fasse la présentation en cette grandiose circonstance.

En même temps, comme chef du Département de droit pénal et de criminologie, j'ai souhaité souligner, en accord avec le directeur du Centre de criminologie et de pathologie sociale,

[1] M.-J. IDZUMBUIR ASSOP, *La loi de la protection de l'enfant en RD Congo*, Kinshasa, CEDESURK, 2013.

l'une des orientations principales de cette institution de recherche dans le domaine de la pathologie sociale qui, comme l'indiquait déjà le professeur Houchon en 1969, encourage la « déjudiciarisation de l'étude des phénomènes criminels et le recentrage des phénomènes déviants de notre société dans un cadre sociopsychologique plus large ».

Ce cadre, en réalité, nous invite à sortir de notre tour d'ivoire de juristes, pour réévaluer nos connaissances à l'aune des instruments de l'anthropologie et de l'ethnologie juridiques. L'hypothèse scientifique à la base de cette démarche pose qu'un système juridique et judiciaire de métissage et de pluralisme, comme le nôtre, regorge d'atouts, de possibilités et de types variés de régulation sociale et pénale. Il est, par conséquent, contre-productif de nous enfermer dans une vue unilinéaire du droit, mono-culturelle et européocentrique qui non seulement nous met, à bien d'égards, en défaut par rapport au droit romano-germanique auquel nous pensons appartenir, mais aussi nous fait professer un droit positif, moniste et légaliste, qui refoule dans l'infra-juridique des normes endogènes ou autochtones qui présentent pourtant de grandes vertus axiologiques et organisationnelles de la régulation sociale, mais que nous négligeons ou ignorons au nom de nos aspirations pour la modernité.

En réalité, comme le montre Bruno Latour[2], « nous n'avons jamais été modernes » ; et j'ajoute : nous avons perdu notre ancrage dans la tradition. Tel est notre drame ! Le drame de scientifiques « hybrides », « installés de guingois, comme le dit encore Latour, à l'intérieur des institutions scientifiques ». Cette situation entraîne naturellement une crise de la critique scientifique, fort dangereuse pour une société qui entend exister, qui se réclame d'une identité propre et aspire au progrès.

Cette crise sera au cœur des préoccupations du Centre de criminologie et de pathologie sociale. Le Centre sera ainsi pour « l'école pénale de Kinshasa » un précieux outil exploratoire qui nous permettra, de scruter, par les nombreuses fenêtres de nos

---

[2] B. LATOUR, *Nous n'avons jamais été modernes. Essai d'anthropologie symétrique*, Paris, La Découverte, 1991.

sombres ateliers de recherche, bien au large et bien au-delà de nos perspectives simplement juridiques.

C'est précisément à cela, vers ces perspectives, que nous convie Madame Idzumbuir dans l'ouvrage qu'elle m'a demandé de présenter à votre intention.

L'auteure y débat des concepts essentiels de la Loi n° 09/001 du 10 janvier 2009 relative à la protection de l'enfant. Elle porte un regard critique sur cette loi, en expose et évalue les ambitions, progrès et limites par apport à l'ancienne législation et au regard du contexte particulier de la République Démocratique du Congo. Elle discute et jauge l'intérêt de la médiation et de la concertation restauratrice comme mécanismes culturels de règlement des conflits par la voie négociée, applicables aux enfants en situation-problème ou en rupture avec la loi. Elle envisage finalement des passerelles et des possibilités de coordination entre ces mécanismes, les structures sociales et communautaires et les institutions judiciaires.

L'apport essentiel de l'ouvrage réside, à mes yeux, dans les perspectives qu'il propose. Ces perspectives plaident pour une refonte complète de la législation sur les mineurs ou plus exactement sur les enfants en conflit avec la loi et ceux en situation-problème, en un code unique de l'enfant. Mais, la préoccupation de l'auteure ne se ramène pas à une simple codification de mise en ordre. Elle suggère une « revisitation » et une refonte de ce cadre juridique dans le sens d'améliorer la visibilité des valeurs sur lesquelles se fonde toute cette législation, lesquelles se réfèrent toutes aux nécessités de sa socialisation. Et elle recommande de renforcer la protection de l'enfant dans le cadre d'un système « contextualisé » et véritablement « inculturé ».

En définitive, Madame Idzumbuir plaide pour un système qui ne soit plus simplement une copie presque conforme du droit belge, mais qui explore les mérites et les vertus des mécanismes de protection et de responsabilisation de l'enfant, appliqués dans les structures sociales et communautaires traditionnelles, et qui prenne ancrage sur les réalités socioculturelles du pays, voire de la communauté dans laquelle se trouve l'enfant ou de laquelle il relève. Ces réalités sont, comme chacun sait, tiraillées entre des modes de vie aux logiques différentes. Il y a donc des options médianes à lever : il faut distinguer entre celles qui relèvent de la compétence de l'État, de l'autorité des parents et de la responsabilité de l'enfant lui-même, suivant des seuils de minorité à déterminer.

Madame Idzumbuir appelle finalement à une évaluation sans complaisance de notre système de protection de l'enfant et à une réflexion profonde impliquant pédagogues, sociologues, anthropologues, juristes, criminologues, psychologues, médecins, etc., susceptibles de produire un cadre et un système juridiques qui prennent efficacement en charge la récupération des enfants en situation-problème.

La démonstration de l'auteure s'appuie notamment sur une enquête d'anthropologie juridique qui l'a conduite à étudier l'expérience de médiation chez les « Mbuun ». Le modèle étudié utilise le verbe, les proverbes et la palabre comme système de raisonnement juridique et de construction concertée de la décision de justice, dans le dessein de la restauration de l'harmonie, de la paix et de la solidarité du groupe. Madame Idzumbuir débouche ainsi sur la perspective d'organiser deux justices symétriques, autonomes et complémentaires, aux paradigmes différents :

- d'un côté une justice qui cherche la « vérité » en désignant qui a tort qui a raison, qui est coupable qui est innocent ;
- de l'autre une justice qui cherche à recoudre le tissu social et les relations humaines en traquant le mal et non le coupable ; en engageant les protagonistes dans la recherche d'une recomposition sociale et d'une réhabilitation interpersonnelle.

Mesdames, Messieurs,

Ce qui fait la force de la justice traditionnelle, c'est moins comme certains le pensent ses archaïsmes et ses sous-cultures auxquels resterait attachée la majorité de nos compatriotes, mais la thérapie du groupe qu'elle offre pour l'épuration des passions et des angoisses les plus expressives de nos sociétés. Son moyen d'action, c'est la représentation dramaturgique particulièrement ritualisée dans des gestuels et des chants précis ;

matérialisée dans l'utilisation des objets et des choses de la nature, du monde végétal et du monde animal. Ses techniques, fondées sur une perception mythico-religieuse et « animiste » du monde, sont d'ordre sacrificiel, divinatoire et juratoire. Sa force est dans le verbe.

Justice traditionnelle : justice du verbe et donc de l'oralité, certes ! Mais la justice dite moderne ne connait-elle pas elle aussi ces lieux et ces moments de verbe et d'oralité : l'instruction à l'audience, le réquisitoire, la plaidoirie, le prononcé de la décision du juge ! La différence est cependant patente. Pour la justice judiciaire, le verbe n'est rien qu'un outil de communication nécessaire à la recherche de la vérité judiciaire. Pour la justice de la palabre et du verbe, la parole, « ritualisée en formules et en gestes, acquiert une force telle qu'elle a le pouvoir, quand elle émane d'un parent ou d'un proche, de maudire ou de bénir », en particulier quand elle en appelle aux anciens et aux mânes des ancêtres.

Maudire ou bénir : telle est la « sanction » qui tranche avec « condamner » ou « acquitter ». La justice de la palabre n'est pas faite pour juger. Elle est le lieu de congruence où les protagonistes et leurs familles viennent exposer leur désaccord et viennent chercher ensemble un terrain d'entente.

Justice restauratrice d'un côté ; justice punitive de l'autre ! Chacune a ses avantages et ses inconvénients. Notre chance c'est de les avoir toutes les deux et de pouvoir aménager, au gré de nos besoins, des compositions qui répondent à l'ensemble de nos aspirations de justice.

Dès lors, il faut bien nous rendre à l'évidence et reconnaître que nous avons fait fausse route, dans le cadre de la réforme de notre justice, avec nos nombreuses tentatives d'intégration de la justice coutumière dans la justice moderne, dans le dessein avoué de l'assimiler complètement, voire de l'anéantir, sous le prétexte de la modernité. Nous avons voulu, contre toute logique, utiliser une justice de restauration pour accomplir les fonctions d'une justice de punition. Et devant l'échec de la démarche, nous nous étonnons de voir cette justice de restauration nous échapper. Récupérée et apprivoisée par le commun des justiciables, elle prospère désormais dans l'informel, grâce notamment à l'argument de proximité et de plasticité que la justice formelle est loin de réaliser.

Un autre chemin, nettement plus gratifiant, est possible. Il suggère de reconstruire et de réinstaller la justice traditionnelle dans sa fonction restauratrice ; mais également dans sa fonction de catharsis des pathologies socioculturelles, interpersonnelles ou personnelles les plus refoulées de nos populations de la base. Reconstruire la justice traditionnelle comme espace de palabre, propice à la thérapie individuelle ou de groupe pour l'épuration des passions et des angoisses les plus expressives de notre communauté et de nos concitoyens. En somme, la justice traditionnelle réformée et réinstallée dans sa fonction de justice de l'invisible, pourrait bien être, pour nombre de nos compatriotes, ce que sont les cabinets de psychanalyse par exemple dans les sociétés de l'Occident.

Le gain que nous retirerions de cette restauration de la justice comme lieu de catharsis est immense dans une société où, pour nombre de Congolais, le mal se cristallise dans la sorcellerie, devenue occasion de violences sociales diverses : accusations de sorcellerie ; stigmatisations d'enfants dits « sorciers » et de vieillards séniles ; séances de délivrances dans les églises qui tournent en tragédies familiales ; développement de capacités d'influences maléfiques ou néfastes sur autrui ; actes réels ou supposés de cannibalisme nocturne ; agressions fétichistes et autres vampirismes, etc. De l'espace villageois à l'espace urbain, de l'espace privé à l'espace public, les flambées de violence accusatrices acquièrent désormais un caractère quasi épidémiologique allant jusqu'à mettre en cause le fonctionnement de l'État et de ses institutions.

Ces violences interpellent en particulier les professionnels du contrôle social : pénalistes, criminologues, sociologues, pathologistes, etc. Quelle réponse proposons-nous à notre société ? Telle est l'une des préoccupations fondamentales sur laquelle se pencheront les chercheurs du Centre de criminologie et de pathologie sociale.

Comme vous le voyez, chère collègue Madame Idzumbuir, les perspectives que nous offre votre ouvrage, sont immenses. Elles débordent la seule problématique de la protection de l'enfance et révèlent une « boîte de pandore » qu'il faut ouvrir et explorer avec soin et prudence. J'espère vivement que, retirée désormais des charges académiques excessives, vous trouverez le temps nécessaire pour participer avec nous à cette tâche.

L'hommage que nous vous rendons ce jour est gros de symboles. Il vous resitue dans le cadre du Centre de criminologie et de pathologie sociale dans lequel, dès 1971, vous avez travaillé, sous la direction du professeur Guy Houchon, en qualité de d'assistante aux côtés notamment de Messieurs Atiwiya, Kisaka, Kasongo, Tshimanga, etc. Devenue professeure, vous avez œuvré à la création d'un courant scientifique et criminologique spécifique sur la protection de la jeunesse, et vous vous êtes constamment préoccupée de restaurer ce centre pour mieux asseoir cette orientation doctrinale ; c'est aujourd'hui chose faite.

Ce combat vous honore et, avec vous, le professeur Guy Houchon, fondateur du centre, à qui nous voulons transmettre, par l'entremise de madame la professeure Digneffe dont nous saluons la présence parmi nous, nos considérations les plus amicales. Vous voudrez bien, chère collègue, lui transmettre ces sentiments de la part d'un de ses anciens étudiants en sociologie générale, de la promotion de 1971, qui reste marqué par son discours sur « la spécificité sociale ». Discours grâce auquel, j'ai compris que l'étude de l'émergence des normes et de la juridicité dans nos cultures, requiert une approche sociologique globale en vue de saisir la part spécifiquement juridique du social dans l'ensemble des normativités qui ordonnent et régulent les comportements humains. Et, la sociologie juridique générale a besoin de faire appel à des disciplines particulières comme l'histoire, le droit comparé, la psychologie, l'anthropologie et l'ethnologie juridiques.

Le Centre de criminologie et de pathologie sociale s'engagera certainement dans cette voie. Je lui souhaite plein succès dans ce travail et je vous remercie.

Pierre Akele Adau

Les orientations et les innovations de la criminologie en République Démocratique du Congo et en Afrique centrale au regard de la « vieille » criminologie occidentale

Françoise Digneffe

Professeure émérite
École de Criminologie
Université catholique de Louvain

Monsieur le Recteur,
Monsieur le Doyen de la Faculté de droit,
Monsieur le Chef du Département de droit pénal et de criminologie,
Madame la professeure Idzumbuir Assop,
Chers collègues,
Chers amis,

C'est pour moi un très grand honneur, mais aussi un grand plaisir de participer à la journée d'étude qui est organisée en hommage à Madame la professeure Marie-Joséphine Idzumbuir Assop, qui accède à l'éméritat, journée d'étude qui célèbre également la réouverture du Centre de criminologie et de pathologie sociale de l'Université de Kinshasa.

Les relations entre l'école de criminologie de l'Université de Louvain et l'Université de Kinshasa remontent à plusieurs dizaines d'années, dès avant la naissance du Centre de criminologie et de pathologie sociale. Dans les années 1960, un juriste et criminologue, le professeur Guy Houchon, est nommé chargé de cours à l'Université de Lovanium. Il est spécialisé dans les études de sociologie de la déviance et de la délinquance et va s'intéresser à l'analyse de ces phénomènes tels qu'on peut les observer au Congo. C'est dans ce contexte qu'il contribue à la création par les autorités universitaires, d'un Centre de criminologie et de pathologie sociale au sein de l'Institut de recherches économiques et sociales (IRES) de l'Université Lovanium, le 27 mai 1969, voici donc presque 44 ans. Ce centre fonctionne sous sa direction et il est, plus tard, rattaché au Département de droit pénal et de criminologie au sein de la Faculté de droit de l'Université Kinshasa. Jusqu'en 1976, date de son retour en Belgique, le professeur Houchon met toute son énergie à soutenir les travaux de recherche des étudiants et à développer lui-même les savoirs criminologiques dans ce pays auquel il est et reste très attaché. Malheureusement, après le retour du professeur Guy Houchon en Belgique en 1976, les activités du centre ont tari, faute de personnel qualifié pour le diriger et l'animer et faute de ressources financières disponibles. Elles ont certes diminué, mais quelques personnes dont la professeure Idzumbuir Assop ont continué, envers et contre tout, à poursuivre une activité minimale du centre aussi bien par la conservation de ses archives que par l'animation des travaux de recherche en criminologie et pathologie sociale, en particulier dans le cadre des dissertations et mémoires de fin de cycle en graduat et en licence en droit.

Joséphine Idzumbiur Assop, dont nous fêtons aujourd'hui l'éméritat, a elle aussi une petite partie de son histoire qui se déroule en Belgique, au sein de l'Université de Louvain. Elle y a en effet réalisé sa thèse de doctorat en criminologie, sous la direction du professeur Houchon, thèse qui portait sur la « problématique de l'adaptation sociale des jeunes délinquants dans le cadre du régime de la liberté surveillée », qu'elle a soutenue le 25 septembre 1981. Dans son jury de thèse se trouvaient notamment le professeur Christian Debuyst, éminente figure de la criminologie européenne et la professeure Françoise Tulkens, vice-présidente honoraire de la Cour européenne des droits de l'homme, qui tous deux m'ont demandé de la saluer particulièrement en leur nom, ce que je fais avec grand plaisir. De retour dans son pays, vous le savez mieux que moi, Madame Idzumbuir Assop a consacré sa vie professionnelle à étudier les problématiques liées à la jeunesse en difficulté et à plaider inlassablement pour la mise en place de politiques de prévention et de protection de l'enfance.

Après plusieurs décennies d'assoupissement, voilà que les initiatives prises par le professeur Guy Houchon peuvent être aujourd'hui réactivées grâce à l'opiniâtreté du professeur Raoul Kienge-Kienge Intudi qui vient de vous expliquer les projets qu'il conçoit pour ce Centre. Lui-même, qui a d'abord bénéficié de l'enseignement de Madame Idzumbuir Assop dont il est devenu l'assistant, a, grâce à son aide, obtenu une bourse de troisième cycle pour réaliser tout d'abord un diplôme d'études approfondies au sein de l'école de criminologie de l'UCL et ensuite un doctorat sous la direction du professeur Dan Kaminski, qui est actuellement responsable d'un programme de consolidation et de diffusion de la criminologie à l'université de Lubumbashi. Le professeur Kaminski regrette vivement de ne pas être parmi nous, il m'a demandé de vous dire publiquement combien il était fier de son doctorant d'hier, auquel il souhaite pleine réussite dans ses projets de développement de la criminologie à l'UNIKIN.

Ce très bref rappel historique met bien en évidence les liens entre l'Université de Louvain et la RDC, et je suis très heureuse d'être ici aujourd'hui, pour constater le trajet parcouru, depuis les années 1960 et 1970, date de la création du Centre de criminologie et de pathologie sociale, en passant par 1981, date de la défense de thèse de Madame Idzumbuir, puis au début des années 2000 où, grâce à l'insistance du professeur Kaumba Lufunda, une importante coopération, qui perdure toujours, a permis la création d'une première École de criminologie en RDC, dont le siège est à Lubumbashi, pour aboutir aujourd'hui à la réouverture du Centre de criminologie et de pathologie sociale qui va pour le moment, se consacrer principalement au développement de la recherche en criminologie.

Et ceci m'amène au cœur de l'exposé qui m'a été demandé de présenter devant vous. Venant de l'Occident, j'ai eu le bonheur d'observer l'émergence et la construction de savoirs criminologiques en Afrique et, à partir d'un regard sans doute en partie subjectif sur ses orientations actuelles, je voudrais vous faire part de quelques constats, et de quelques espérances.

Je vous dirai tout d'abord pourquoi je pense que l'on ne peut parler de transfert de connaissance de la « vieille » criminologie occidentale vers le continent africain et plus particulièrement la RDC. En quoi s'est-il rapidement avéré nécessaire pour les jeunes criminologues d'ici de procéder d'emblée à la construction de savoirs propres, originaux et innovants ? Que peut-on en attendre ? Et, pour finir, je vous dirai quelques mots de ce qui me paraît représenter l'intérêt et l'utilité de la construction d'un véritable savoir criminologique autonome et interdisciplinaire, réalisé par les Congolais eux-mêmes, dans le contexte actuel de la RDC.

Pour répondre à ces questions, je me suis dit que le plus éclairant était sans doute de me référer à ma propre expérience, au fur et à mesure que se sont construites mes représentations de ce que pourrait être une « criminologie congolaise » et des interactions enrichissantes pour les uns et les autres qu'elle pourrait entretenir avec la criminologie occidentale.

Après une étude portant sur le fonctionnement (et les dysfonctionnements) de la justice pénale au Rwanda, durant la période qui a suivi le génocide, mon premier contact avec la recherche criminologique en RDC est en réalité lié à la présence de Raoul Kienge-Kienge Intudi au Département de criminologie et de droit pénal de l'Université de Louvain au début des années 2000. Raoul était venu en Belgique pour réaliser un travail sur l'ineffectivité de la loi de 1950 sur l'enfance délinquante. Vous vous en souvenez sans doute, les hypothèses de l'époque reposaient sur l'idée que la loi, qui avait été instituée du temps de la colonie, puis reprise pratiquement telle quelle à l'indépendance, avait vieilli et qu'il convenait principalement de l'adapter au contexte actuel. Une étude en profondeur a cependant mis en évidence deux éléments importants : certes la loi avait une cinquantaine d'années, mais plutôt que d'avoir vieilli, elle s'avérait, de manière « congénitale », comme l'écrira Raoul Kienge-Kienge Intudi dans le titre de son travail, totalement inadaptée à la réalité congolaise. Mais surtout, et c'est le second aspect important en ce qui concerne la criminologie, il est apparu à Raoul que, dans le cadre d'une thèse de doctorat qu'il allait entreprendre toujours à propos de l'enfance délinquante, plutôt que d'étudier la question de la délinquance des jeunes en RDC à partir de la législation, il fallait aborder ce problème d'une autre manière. Plus précisément, il fallait, préalablement à la mise en place de législations nouvelles, que la recherche criminologique se pose la question de la situation concrète de l'enfance en RDC ; qu'elle procède, de manière empirique à la construction de savoirs qui permettent de formuler de nouvelles hypothèses.

C'est dans un tel esprit que Raoul Kienge-Kienge Intudi entame son travail de doctorat, qu'il centrera sur une étude empirique de la place et du rôle de la police dans le contrôle de la délinquance des jeunes à Kinshasa. Dans la réalisation de ce travail, il fut certes aidé et soutenu par les apports méthodologiques de la recherche qualitative en sciences sociales qu'il trouva au sein de l'université belge et dans ses rapports avec ses collègues, mais c'est en pionnier de la recherche criminologique congolaise qu'il passera plusieurs mois à observer, approcher, interviewer nombre de jeunes, de policiers, de mamans sur un des grands marchés de la capitale congolaise. De l'analyse de ce travail de terrain, il induira des hypothèses fortes qui seront par la suite étayées et approfondies par les futurs docteurs et les chercheurs de l'université de Lubumbashi. En relisant les conclusions de la thèse de Raoul, je me dis qu'il a fait preuve d'une intelligence et d'un courage peu communs. Mon propos n'est pas ici d'en faire le panégyrique, mais il me semble important de souligner quelques-unes des conclusions de son travail pour mettre en évidence ce qu'une criminologie innovante, autonome et animée d'une grande liberté de penser, peut apporter à la mise en place de solutions aux questions de l'enfance délinquante et plus largement, aux conditions du vivre ensemble dans votre immense et beau pays.

J'en cite quelques-unes : la recherche montre d'abord la nécessaire déconstruction de la notion de « délinquance » des jeunes dans la mesure où les situations définies comme constitutives de délinquance « se dissolvent dans une variété de situations problèmes aussi bien contextuelles que particulières aux jeunes de plusieurs quartiers de Kinshasa, contraints à la débrouille pour la survie » (Kienge-Kienge Intudi, 2011 : 472-473). Ensuite, pour régir ces situations, plutôt que de se concentrer sur l'effectivité ou non de la loi, il observe qu'une variété d'instances,

> allant des jeunes eux-mêmes aux policiers, aux magistrats et au personnel du parquet en passant par les familles, le "chef des jeunes", les autres protagonistes de la situation, s'activent pour exercer un contrôle certain des situations-problèmes impliquant les jeunes, relevant légalement ou non de la "délinquance" (*ibid.*, 473).

Et il poursuit :

> Toutes ces instances mobilisent, pour ce faire, une variété de ressources dont certaines sont relationnelles, comme la force, la ruse, le conseil, la transaction, le pardon et le savoir-vivre ensemble, et d'autres symboliques, comme la loi pénale de fond et de procédure – la législation sur l'enfance délinquante étant généralement ignorée – la coutume, le temps et Dieu (*ibid.*, 473).

Ainsi va-t-il jusqu'à conclure à l' « inutilité empirique » de l'instance pénale pour le contrôle des situations-problèmes, même très graves, comme le viol. Par la suite, l'étude du fonctionnement interne de la police telle qu'a pu la mener Ildéphonse Tshinyama Kadima, actuellement directeur de l'école de criminologie située au sein de l'UNILU, confirme largement l'hypothèse selon laquelle la gestion des situations problèmes ne s'appuie que très indirectement sur l'instrument que représente le droit pénal.

Ces conclusions sont évidemment interpellantes pour un criminologue qui penserait son activité comme consistant dans l'étude des comportements définis par la loi pénale et les modes de réaction à ces comportements, partant de l'hypothèse que la loi pénale est l'instrument par excellence qui permet de garantir la sécurité des citoyens dans un état de droit. S'il en est ainsi en Occident, si le droit pénal reste un repère central de la pensée criminologique, c'est que celle-ci y est née et s'est développée à un moment précis de l'histoire de l'Occident. En effet, si les questions de transgression, d'interdit, de répression ou de punition existent dans toutes les sociétés et ont existé de tout temps sous des modalités diverses, la criminologie comme discipline autonome est inextricablement liée à la naissance des États modernes. Plus précisément, ses savoirs se sont construits à partir du moment où les États d'Europe occidentale se sont formés, c'est-à-dire grosso modo au moment de la Révolution française et de la création des codes qui nous gouvernent toujours aujourd'hui.

Ces différents codes qui définissent, organisent et délimitent les droits de l'homme et du citoyen, construisent aussi celui de l'interdit légal en définissant les infractions passibles de peines. Ils soutiennent une vision de l'homme, comme individu, libre de ses actions, libre de choisir entre le permis et l'interdit et dès lors légalement soumis à la punition en cas de transgression. C'est à partir d'une telle représentation que la pensée sur le crime et la peine va se développer, construisant, autour des doctrines de Kant et de Beccaria, ce que l'on a convenu d'appeler la « rationalité pénale moderne ». Celle-ci, qu'elle défende l'utilité de la peine face aux transgressions de la loi pénale, ou qu'elle invoque plutôt la nécessité d'une peine comme rétribution de ce que le criminel doit à la société pour son crime, n'est considérée comme légitime que dans des États où il existe un consensus social suffisant autour des règles de droit pénal. Au XIXe siècle, cette rationalité pénale est perçue comme une condition nécessaire du vivre ensemble et comme la ressource essentielle du contrôle qui garantit une sécurité aux citoyens de l'État Nation. Elle a été présentée comme un progrès face au pouvoir du Prince, considéré comme arbitraire et cruel.

C'est donc au sein d'un tel modèle que la criminologie occidentale a vu le jour et s'est développée, en Europe tout au moins, autour de l'étude des infractions aux lois pénales et des auteurs d'infraction appelés criminels. Certes les théories explicatives ont varié, des débats internes ont animé et animent toujours la criminologie. De nombreux chercheurs se sont rendu compte du fait que, à côté de l'étude des comportements criminels, il convenait aussi, et peut-être surtout, de se tourner vers l'analyse des mécanismes de contrôle et de répression mis en place, d'interroger les processus de construction des infractions qui organisent les politiques pénales en Europe. Mais, quoi qu'il en soit, le droit pénal classique, même s'il fait aujourd'hui l'objet de nombreuses critiques, reste au cœur des problématiques criminologiques, du moins en Occident.

C'est en cela, me semble-t-il, que la vieille criminologie occidentale est difficilement transposable vers le continent africain. Il y a à cela plusieurs raisons :

- Tout d'abord, le système pénal, importé par le colonisateur, a été littéralement « imposé » dans un contexte complètement différent de celui de l'Europe des XVIIIe et XIXe siècles, où les notions d'État, les modes du vivre ensemble, les besoins des groupes et des citoyens en matière de sécurité sont extrêmement différents. Je ne prendrais pour exemple qu'un seul élément de différence culturelle, qui est sans doute en train d'évoluer, sans que l'on puisse dire s'il présente un progrès ou non : je veux parler des différences dans la manière de concevoir les rapports entre le groupe et l'individu, fondamentale pour l'organisation d'une société. L'Occident a développé la notion d'individu durant les derniers siècles du deuxième millénaire, ce qui a permis la mise en place de politiques de défense des droits de l'homme, certes importantes et incontournables aujourd'hui, mais qui a aussi contribué à casser de nombreux mécanismes de solidarité, individualisme rimant parfois un peu trop avec égoïsme. Le Congo est certes aujourd'hui en mutation et sans doute, ici aussi, certaines formes de solidarité s'atténuent. Mais il n'en reste pas moins que, pour revenir au sujet qui nous concerne, celui de l'importation des codes pénaux et de l'application des lois pénales, qui ne peuvent s'appliquer qu'à des individus isolés, la recherche empirique actuelle met en évidence le hiatus entre l'« esprit » de ces lois et leur application au sein d'une société complexe. Ce que je dis ici repose notamment sur les enseignements tirés de la thèse de doctorat en criminologie du professeur Gabin Bady Kabuya, de l'UNILU, qui montre avec de nombreux exemples à l'appui comment, lorsqu'un individu est inculpé, c'est la famille tout entière qui est concernée par l'inculpation. Plus encore, il décrit la manière dont le magistrat du parquet s'efforce de prendre en compte les intérêts des deux parties concernées pour tenter d'aboutir à une conciliation, afin de pouvoir conclure, la plupart du temps à un classement sans suite du litige.

- Et ceci m'amène à un deuxième constat : la richesse et la diversité des réponses aux infractions commises sont incomparablement plus grandes en RDC que dans les pays occidentaux où la peine (et plus encore la peine de prison) reste la sanction privilégiée. Les recherches empiriques qui ont été menées et dont je souhaite vivement qu'elles puissent se développer au sein du Centre de recherche en criminologie et pathologie sociale de l'UNIKIN permettent de mieux connaître la réalité des situations problèmes rencontrées en RDC et aussi de faire le bilan des ressources mobilisées pour y faire face. Il y a plusieurs dizaines d'années déjà Yves Brillon, dans un ouvrage intitulé *Ethnocriminologie de l'Afrique noire* (1980), insistait sur le fait que les criminologues devaient, dans leurs recherches sur l'Afrique, être extrêmement attentifs à la dualité des formes de juridicité qui s'observe sur ce continent et à l'importance des modes de résolution traditionnelle des conflits qui s'y pratiquent. Trop souvent, les criminologues occidentaux considèrent le droit écrit comme la forme de juridicité centrale, voire la seule véritablement légitime, laissant à l'arrière-plan l'étude des autres formes de gestion des situations problèmes. En RDC il est à peu près impossible de procéder de cette manière, car l'observation de la réalité force à ouvrir la réflexion sur la diversité des situations vécues. Celle-ci met bien en évidence, plus qu'un dualisme juridique, des processus complexes de création de solutions innovantes qui empruntent à toutes les sources du droit existantes pour les reconfigurer.

C'est à une telle entreprise de production de connaissance que la jeune criminologie congolaise doit à mon sens s'atteler.

Les premières recherches donnent des résultats parfois étonnants et surtout extrêmement stimulants. Elles mettent en évidence la richesse et l'inventivité des pratiques de régulation qui conduisent à prendre ses distances par rapport au discours trop souvent entendu sur la déliquescence des institutions qui aboutit à ce que, aux différents niveaux du pouvoir, l'on se contente de lamentations ou d'attentes de réformes venant d'en haut et qui ont encore parfois tendance à vouloir s'inspirer d'un modèle occidental non transférable et dont on oublie de dire tous les défauts et les insatisfactions qui en résultent. À tel point que, de manière très timide et minoritaire, un courant de la pensée criminologique, s'inspirant d'ailleurs de pratiques observées notamment sur le Continent africain, plaide pour la mise en place d'une « justice restauratrice » (Gailly, 2011). Après avoir procédé à une critique rigoureuse du « paradigme de la punition », qui exclut les victimes, qui ajoute de la souffrance à la souffrance, qui, le plus souvent se limite à la peine de prison, à la fois coûteuse et inefficace en termes d'évitement de la récidive, ce courant de pensée propose de concevoir la réaction pénale dans les termes de la « restitution » qui permettrait, plutôt que de se contenter de faire souffrir l'auteur d'une infraction, d'obtenir compensation pour la partie offensée. Il ne m'est guère possible d'approfondir ces pistes encore trop peu usitées en Occident, mais il me semble que c'est dans des voies telles que celle-ci qu'une complémentarité ou une véritable coopération pourraient s'engager entre la jeune criminologie congolaise et l'actuelle criminologie occidentale. C'est dans une telle voie que la multiplication des recherches permettrait de mieux comprendre le fonctionnement actuel des justices congolaises, leurs atouts mais aussi leurs limites et les moyens de les rendre plus conformes à une régulation plus harmonieuse et satisfaisante des nombreux litiges qui se présentent. Leur diffusion dans la vieille Europe pourrait d'ailleurs être une source d'inspiration pour une transformation de pratiques sur ce continent.

Dans une période où la justice connaît, dans votre pays, de profondes transformations, où les commissions de réformes sont au travail, j'ai la conviction que c'est en partant d'une connaissance approfondie des multiples pratiques de terrain et d'une vision des représentations que les acteurs concernés (victimes, auteurs, policiers, magistrats, autorités traditionnelles) se font de la justice, que des changements qui auront une véritable légitimité auprès des populations et de l'ensemble de ces acteurs pourront voir le jour. Les changements de pratiques ne peuvent venir seulement du haut, ils ne pourront être acceptés par les populations que s'ils ont un sens pour ceux auxquels ils s'adressent.

Par rapport aux questions de justice pénale et au fonctionnement de l'ensemble du système d'administration de la justice pénale, la recherche criminologique peut jouer un rôle essentiel et complémentaire à celui du juriste. Car la criminologie aborde ces questions dans une perspective pluridisciplinaire qui articule les points de vue sociologique, psychologique, anthropologique avec le point de vue du droit. Elle peut dès lors devenir un outil essentiel pour penser les réformes nécessaires, en tenant compte des particularités et de potentialités de l'ensemble de groupes sociaux qui composent aujourd'hui la République démocratique du Congo. C'est le vœu que je formule en souhaitant que se développe le Centre de criminologie et de pathologie sociale, avec le soutien de tous ceux qui ont à cœur de promouvoir un savoir universitaire, non pas au service du pouvoir, mais qui exerce pleinement sa mission de donner de la société la représentation la plus juste possible et qui, en cela, peut être d'une aide et d'une utilité précieuses.

Je vous remercie.

Françoise Digneffe

Faire d'un simple projet de recherche tout un projet de vie

Ildephonse Tshinyama Kadima

Professeur
Directeur de l'École de criminologie
Université de Lubumbashi

Professeure Idzumbuir,

Je suis grandement ému lorsque je prends la parole pour m'associer à l'ensemble des éminences ici présentes pour vous adresser ces quelques mots. Pour ce faire, je remercie les organisateurs pour avoir pensé à ma modeste personne et à travers moi, l'école de criminologie de l'Université de Lubumbashi. Je salue ainsi la présence dans la salle, des illustres initiateurs du projet de création de la première école de criminologie en République Démocratique du Congo. Eux qui, pour ne reprendre que l'expression la plus en vogue en milieu universitaire, nous ont « produits » comme premiers docteurs, je cite : professeure Françoise Digneffe et professeur Prince Kaumba Lufunda. Ils méritent ainsi toutes les marques de notre gratitude.

Professeure,

Sans vous rappeler le fait que vous ayez promptement accepté de faire partie des membres de mon jury de thèse, en évoquant votre nom, je l'associe tout naturellement à la thématique jeune en situation difficile. Ce fut tout un projet de recherche pour vous. Et les scientifiques du domaine sociopsychologique, politique et, surtout, ceux du domaine criminologique s'en souviendront sans cesse.

Toute la question c'est de savoir justement, comment fait-on pour commuer ce qui au départ n'apparaît que comme un simple projet de recherche, en un véritable projet ou programme académiquement professionnel, au point d'en faire finalement tout une philosophie ou projet de vie. C'est là, me semble-t-il, que résident le mystère et la richesse même de votre parcours de femme de science. Peut-être ferions-nous mieux de sonder les profondeurs de votre être afin de remonter à la surface ce qui cache et fonde les véritables motivations de votre accrochage obstiné à une thématique, celle qui vous a tant fascinée, la jeunesse ou l'enfance. Ce n'est assurément pas par simple réflexe maternel que l'on y parvient. Comme qui dirait, cela ne se traduit pas, par à-coups, par une simple vision mécaniste du couple mère-enfant.

En évoquant l'intérêt scientifique que vous avez accordé à la jeunesse, d'aucuns seraient ainsi tentés d'y apporter un regard simpliste. Celui que résume bien la sagesse populaire à Lubumbashi quant à l'attention particulière qu'une femme attache tout naturellement à l'enfance, je cite : « *mama ni mama* », « la femme demeure une mère ».

La jeunesse, plus qu'un projet de vie, c'est toute une vision du monde qui transparaît de vos préoccupations scientifiques et véhiculée au travers de vos multiples écrits ou publications. Et vous avez réussi à insuffler le goût de cette philosophie, de ce projet, à votre disciple, j'ai cité, le professeur Raoul Kienge-Kienge, dont vous devez être fière de n'avoir pas été un mulet académique. Vous n'avez donc pas été cette professeure privée de tout pouvoir de procréation académique et/ou scientifique. À travers lui, c'est donc toute votre philosophie, votre projet de recherche ou de vie qui se perpétue.

Cette philosophie se résume en une réflexion scientifique rigoureusement soutenue tout au long de votre carrière sur un phénomène social récurrent : la délinquance des jeunes. En criminologue avisée, cette réalité, vous l'avez interrogée dans toutes ses facettes. La fécondité de vos recherches va de la criminalisation primaire aux perspectives d'avenir, en passant par la criminalisation secondaire. Vous vous êtes ainsi interrogé, en ce contexte congolais précis, sur le comment fait-on loi, comment applique-t-on la loi et comment envisage-t-on des prospectives pour la jeunesse. C'est donc un gigantesque projet de recherche auquel vous vous êtes attelé durant votre passage à l'Université de Kinshasa.

Et soyez en rassurée, vous en avez posé la marque en termes de réelle contribution à la naissance et au développement d'un savoir criminologique purement congolais. Ceci vaut tant pour le domaine de l'enseignement que pour celui de la production scientifique. Et en évoquant votre nom, un ami de passage, qui est venu me voir, s'est exclamé : « Idzumbuir ! La femme de fer ! ». J'en ai compris la profondeur et la quintessence. Votre nom est donc à associer à un modèle de professeur aux qualités intellectuelles et morales irréprochables.

Ceci dit, je salue, la réactivation, au sein de cette université, du centre de recherche en criminologie et pathologie sociale, l'œuvre du professeur Guy Houchon, le maître à l'image de qui vous avez construit votre devenir professionnel. Au même moment que l'on commémore cette journée, que l'hommage lui soit ainsi rendu.

Professeure,

L'école de criminologie a repris l'épicentre de vos préoccupations pour en faire large écho. La problématique des jeunes en difficulté figure parmi des thématiques de recherche amplement exploitées. Maintenant que vous êtes appelée à tirer révérence de vos multiples charges académiques, je vous invite à jouir d'un repos mérité. Vous avez réussi à consolider une école de pensée initiée par Guy Houchon. Vous avez réussi à asseoir un programme de recherche aux fécondités incommensurables. Votre projet se perpétue en inspirant énormément le professeur Raoul Kienge-Kienge à pouvoir entretenir une démarche de recherches de terrain au travers du Centre de criminologie et de pathologie sociale. Ce centre, nous souhaiterions le voir fonctionner comme un véritable observatoire urbain qui permette la compréhension de la complexité des phénomènes criminels aussi évolutifs, migratoires que perfectionnés auxquels font face nos villes. L'annonce en a déjà été faite par la réalisation d'une recherche sur les jeunes dits « *Kuluna* » à Kinshasa réalisée par l'équipe du centre sous la direction du professeur Raoul Kienge-Kienge.

Je l'ai dit, ce courant de recherches sur les jeunes, figure parmi les priorités de l'école de criminologie de l'Université de Lubumbashi. En effet, la thématique criminologique jeunesse a fait jusque-là l'objet d'autant de recherches au Katanga en général et à Lubumbashi, en particulier. Loin d'être exhaustif, j'en évoquerai ici quelques-unes.

Dans une démarche purement qualitative et ethnographique, l'intérêt porté sur les enfants en situation difficile a notamment concerné les modalités de leur entrée dans la rue, leur vécu de la rue, la prise en charge, les modalités de sortie de la rue et enfin, la gestion policière et/ou judiciaire des situations problématiques impliquant des jeunes. À propos justement de la « délinquance » des jeunes, l'une des questions serait : est-ce encore un objet d'étude ? N'est-ce pas là une rhétorique ennuyeuse en sciences sociales et a fortiori en criminologie ?

À la lumière de l'abondance de la littérature sur la question, le chercheur, qui n'en est qu'à son premier pas, pourrait même se demander, s'il y a encore à explorer dans ce domaine. Sinon, quoi de mieux que de nouvelles problématiques qui s'affichent telles des clairières en pleine forêt dense pour apporter des « bribes » d'éclairage, des zones de lumière dans ce que l'on pourrait considérer comme un objet fourre-tout. Bien au contraire, les premières recherches de terrain ont mis en exergue la richesse en termes de savoirs à produire et la nécessité de poursuivre des investigations dans ce domaine. Ainsi, dans une approche comparative avec la recherche doctorale menée à Kinshasa par Raoul Kienge-Kienge (2005), on a voulu comprendre comment se gère la « délinquance » des jeunes à Lubumbashi.

À propos des modalités policières de gestion de la « délinquance » des jeunes, les conclusions demeurent les mêmes à Kinshasa qu'à Lubumbashi, à savoir, qu'il y a diversité des situations-problèmes impliquant les jeunes, diversité des formes de régulation sociale ou, mieux, il y a régulation sociale différentielle, diversité des logiques ou rationalités des acteurs. Dans la gestion policière de la « délinquance », tout dépend de la nature de la situation en face, des enjeux ou intérêts en jeu, des forces agissant de l'intérieur et de l'extérieur du champ pénal ou de la police. Les policiers « bricolent ». Et la compréhension des pratiques policières exige que l'on prenne en compte plusieurs registres sous lesquels elles s'affichent (Tshinyama Kadima, 2007, 2008, 2009, 2010).

Ce fait confirme largement l'esquisse théorique de Raoul Kienge-Kienge (2005)[1] quant à la dissolution de la « délinquance » des jeunes dans une variété des situations-problèmes des jeunes et à la variété des ressources de contrôle de ces situations. En plus, dans cette gestion policière de la « délinquance » des jeunes, le commissariat ou sous-commissariat de police, loin d'être un simple champ pénal comme l'on serait bien tenté de le croire, est aussi un espace transactionnel. Il s'y négocie des transactions d'ordre instrumental sous-tendues par diverses logiques ou rationalités des acteurs tant du champ pénal (les policiers) que ceux du champ social (les jeunes, leurs familles, leurs écuries et les victimes). C'est donc un espace transactionnel de pouvoir et de survie pour les policiers.

Par ailleurs, d'autres études ont porté spécifiquement sur la « délinquance » des jeunes filles et des femmes. C'est notamment le vécu des filles dans les centres d'encadrement (Kanama et Ngola, 2010) le vécu des femmes dans la prison (Ngoie Shimbi, 2012), leur présence dans les sites et/ou le secteur minier (Serungendo, 2011) et leur implication dans les marchés dits « pirates » à Lubumbashi (Zebimo, 2010 et Birikunguba, 2011).

Au sujet plus spécifiquement du vécu de la femme en prison, les études révèlent, par exemple, que la prison est à la fois une prison et une non-prison. Car, tout en étant enfermées, ces femmes accèdent à des services, à des pratiques auxquelles toute autre femme hors prison pourrait bien se livrer. En prison, elles sont vendeuses, professionnelles de sexe qui naviguent entre la

---

1 R. Kienge-Kienge Intudi, *Le contrôle policier de la « délinquance » des jeunes à Kinshasa. Une approche ethnographique en criminologie*, thèse de doctorat en criminologie, UCL, 2005.

prison, les boîtes de nuit et les hôtels, tombent enceintes et deviennent des mères, etc.

Et en évoquant le secteur de mines, il faut dire que le Katanga est une province réputée minière. Du fait même, les grands centres d'extraction minière font face à des épiphénomènes criminels et criminalisants exacerbés par l'exode rural voire régional et sa position géostratégique caractérisée par la porosité de ses longues frontières avec les pays de l'Afrique australe. Et ceci a comme effet, l'évolution de la criminalité urbaine et transfrontalière.

Pareil environnement interpelle l'Université de Lubumbashi dont l'école de criminologie accorde désormais une attention particulière à des problématiques prioritaires telles la criminalisation de l'économie, la kleptocratie, la gestion de la criminalité urbaine et transfrontalière où les jeunes sont particulièrement impliqués et enfin, la gestion sécuritaire des espaces miniers.

S'agissant plus particulièrement des sites miniers, des études jusque-là effectuées se sont intéressées à la coproduction sécuritaire [Ngoie Mwenze (2009)[2], Kalend (2010)[3]] et à l'exploitation minière artisanale (Ilunga Kilonde, 2008[4]). Dans ce dernier volet, la question de la présence des enfants ou des jeunes dans les carrières d'exploitation artisanale et les conflits inhérents ont obligé l'école de criminologie de chercher à en comprendre davantage. Ainsi, au travers du CEFOCRIM[5], l'étude menée à Kolwezi sous la direction du professeur Kaumba Lufunda (2007) alors recteur et directeur de l'école de criminologie, a porté sur des conflits et le développement des alternatives viables pour l'avenir de l'exploitation minière artisanale à Kol-

---

[2] H. NGOIE MWENZE, *La co-production de la sécurité à l'épreuve de l'observation. Polices publiques et privées dans les usines de Shituru à Likasi (Katanga / RDC)*, Thèse de doctorat en criminologie, université de Lubumbashi, 2009.

[3] G. KALEND A KABAMB, *Le dispositif sécuritaire dans les sites miniers d'exploitation artisanale de Luisha*, mémoire de licence, École de criminologie, université de Lubumbashi, 2010.

[4] F. ILUNGA KILONDE, *Interactions et pratiques d'acteurs dans l'artisanat minier au Katanga. L'entrée par la police minière*, mémoire de DEA, École de criminologie, Université de Lubumbashi, 2008.

[5] Centre d'étude et de formation en criminologie et droits humains.

wezi. À l'issue, une table ronde a été organisée à Kolwezi pour la restitution des résultats.

Deux autres recherches, la première réalisée à Kinsevere et la seconde dans l'axe Kilwa-Dikukushi (2008), se sont inscrites dans une approche de compréhension globale des divers conflits inhérents à l'implantation des entreprises extractives au Katanga.

Dans tous les cas, l'objectif était d'identifier la nature de conflits pour des recommandations éventuelles, notamment en ce qui concerne les mécanismes de gestion desdits conflits afin de proposer des modules de formation pour le renforcement des capacités des structures locales.

Toutes ces études renseignent l'existence des espaces fluides où il est difficile de dire qui sécurise qui et qui insécurise qui. Comme pour dire, tout le monde peut sécuriser tout le monde quand il le faut. Et tout le monde peut insécuriser tout le monde quand il le faut. C'est donc des espaces où la règle demeure l'ambivalence des rôles. Par exemple, face aux entreprises, les acteurs sécuritaires étatiques et privés (police, armée, SAESSCAM[6], services de sécurité, polices privées) s'érigent à la fois en agents sécurisants et insécurisants et ce, chaque fois que l'intérêt s'y prête.

Ceci étant, dans leur casquette d'agents commis à la surveillance, il leur arrive de travailler réellement à la sécurisation de l'entreprise. Ils organisent ainsi la répression des jeunes qui tentent de s'infiltrer dans les installations de l'entreprise. Comme aussi, quand les intérêts basculent, ces mêmes agents se retournent pour insécuriser la même entreprise. Ils organisent et encadrent des bandes de jeunes creuseurs autour de la pratique dite de « frappe ». Pratique qui consiste à soustraire frauduleusement des minerais. Là d'office, leur rôle s'inverse. Entre eux et les jeunes se créent alors des espaces de coopération dites « coops ». On est là dans une espèce d'association mutualiste où chacun essaie de tirer profit de l'autre. D'une part, les jeunes accèdent aux minerais à forte teneur qu'ils vendent à des prix préférentiels. D'autre part, les agents sécuritaires se remplissent des poches avec de l'argent provenant du travail des jeunes.

---

[6] Service d'assistance et d'encadrement de Small Scale Mining.

Ainsi va la vie dit-on ! Et pour résumer ce paradoxe auquel les ont habitués ces acteurs sécuritaires, les jeunes avancent ce qui suit : « *Ni bantu yetu ! Mais saa ingine banatutokaka faux !* » (C'est des gens avec qui nous collaborons. Mais parfois, ils s'illustrent par des comportements négativement imprévisibles !).

C'est le drame vécu au quotidien par les jeunes. Drame qui consiste à gérer des tensions liées à la fluctuation d'attitudes partant des modes opératoires des agents de sécurité. Ces derniers, les jeunes les perçoivent à la fois comme potentiellement partenaires et potentiellement adversaires ou ennemis. Des interactions entre les jeunes et les services sécuritaires étatiques et privés alternent donc entre conflit et coopération ou collaboration.

Une autre source d'insécurité, pour les jeunes dans ce secteur relève de la stigmatisation par les communautés locales. En effet, ces jeunes viennent souvent des contrées lointaines et investissent des villages d'accueil au point d'en bousculer ou d'en engloutir us et mœurs locaux. Pour ce faire, les autochtones les traitent parfois d'envahisseurs indésirables. Leur effort de sédentarisation, pour autant que durera l'activité d'exploitation, pose assurément un sérieux problème d'intégration sociale dans les milieux hôtes. Il existe pourtant autant d'avantages : la rencontre entre des personnes et des cultures avec ce que cela représente sur le plan de l'émancipation sociale, de l'émergence des activités lucratives et bien d'autres encore. On observe donc des villages entiers s'émanciper du fait de l'afflux des jeunes à la quête du bien vivre.

Enfin, les conflits entre les jeunes, les communautés locales et les entreprises tournent autour de la notion de la propriété foncière. À qui appartiennent le sol et le sous-sol ? Répondre à pareille question laisse transparaître des espaces où entrent en confrontation droit moderne et droit ancestral ou coutumier.

Les entreprises déguerpissent les jeunes creuseurs, délocalisent des communautés autochtones. Elles fondent leur argumentaire sur les dispositions de la loi. Elles soutiennent avoir légalement acquis des concessions ou carrés miniers, c'est-à-dire conformément au code minier en vigueur. Elles sont donc propriétaires desdites concessions selon les termes des contrats conclus avec le pouvoir étatique.

Cette lecture est loin de rencontrer l'opinion partagée par les communautés locales et les jeunes qui soutiennent à cor et à cri : « *Ni bulongo ya bankambo ! Ni bulongo yetu !* » (C'est la terre de nos ancêtres ! C'est notre terre !). Ils peuvent donc en disposer à volonté. Et dans cette perspective, leur interdire d'y accéder passe pour une tentative de désappropriation. De ce qui précède, on retient que l'investissement des concessions minières par les jeunes s'inscrit donc dans une logique de réappropriation d'un bien illégitimement dépossédé. Tout va dans le sens de montrer l'étrangeté des entreprises et des logiques de leur fonctionnement.

On le constate, entre les deux droits, les interprétations vont dans l'un ou l'autre sens. Et les politiques de gestion des conflits en la matière ont montré leurs limites. La réponse étatique est donc loin d'être la seule ou l'unique qui soit adéquate. Sur le terrain fonctionnent des logiques divergentes qui témoignent de la complexité même de la réalité ou du phénomène. La modernité se bute ainsi aux logiques ancestrales de la propriété foncière. D'où, la récurrence des conflits et des tensions.

Disons ainsi avec Yves Brillon (1980 : 7) que l'on est bien là en contexte africain

> où les conceptions traditionnelles du droit et de la justice se voient en continuelle confrontation avec des codes pénaux, des procédures judiciaires, des politiques de défense sociale qui tirent leur inspiration beaucoup plus des « modèles » occidentaux que des pratiques indigènes ancestrales.

En parlant toujours du secteur minier, signalons que tout récemment, une étude vient d'être réalisée à Mitwaba, Malemba Nkulu et Manono[7] sur le travail des enfants dans les carrières et les mines. Il se dégage que la précarité de la vie, le goût du lucre, la proximité des sites miniers, l'absence d'alternatives ou des perspectives autres que le travail de mine constituent des facteurs majeurs à la base de l'investissement des espaces miniers par les enfants en âge scolaire et des jeunes en général.

[7] I. TSHINYAMA KADIMA, *Rapport sur le travail des enfants dans les mines de Mitwaba, Manono et Malemba-Nkulu au Katanga*, CEFOCRIM, UNILU, 2013.

Voilà ce que confie une fille de 10 ans rencontrée dans une carrière de Manono :

> Je suis orpheline. Nous habitions Kolwezi. À la mort de mon père, personne ne pouvait s'occuper de moi. Les frères à mon défunt père sont venus me laisser ici, chez ma grand-mère. Tous vivent en ville. Personne pour s'occuper de la vieille ! Je m'en occupe ! Je prends soin d'elle ! Si je ne viens pas travailler ici, elle mourra ! Je suis la seule à pouvoir l'aider !

Un garçon de 13 ans trouvé dans une autre mine de Mitwaba renchérit :

> J'étudie. Les samedi et dimanche, je viens travailler ici. Le peu d'argent que j'attrape, je paie à l'école. Je paie aussi pour mon jeune frère et pour ma sœur. J'achète à manger et les habits et autres choses pour mes parents. Ils sont pauvres, ils ne sauront pas ! C'est moi qui les aide. Mais lorsqu'ils en ont, ils font aussi autant !

Par ailleurs, lorsque l'on demande à un parent de Malemba Nkulu de donner son opinion sur le travail de son fils dans les mines, on sent le désarroi : « Que voulez-vous ? Nous, on n'a pas grandi comme ça ! La vie est devenue difficile ! On n'en peut rien ! S'il ne fait pas ce que les autres font, il ne va pas étudier ! ».

On le constate bien, dans un contexte de déresponsabilité parentale quasi généralisée où la précarité et les contraintes de vie obligent que les enfants deviennent des pairs-parents, des pourvoyeurs des ménages, des co-gestionnaires familiaux, des partenaires parentaux, cela oblige finalement que l'on questionne les idées cardinales sur le fondement même de la famille organisée autour des notions de père et de mère et les rôles sociaux attachés à ces statuts. Devient-on mère ou père par le simple fait de procréer ou par simple reconnaissance sociale de ce statut ? On le sait, les parents doivent protection et soins aux enfants. Que devient l'enfant dès lors que les rôles sociaux au sein de la famille s'inversent ? Voilà autant des questions auxquelles les sciences sociales sont appelées à répondre en observant minutieusement le fonctionnement social.

Dans le domaine de la criminologie, il sied de s'interroger si l'on n'est pas là en train de problématiser un nouveau paradigme de l'enfance ou de la jeunesse. Car la réalité observée sur le terrain contraste avec les discours protectionnistes et victimisants construits autour des notions d'enfance et de jeunesse.

On se retrouve ici en face des enfants acteurs, au sein d'une société en crise où ils refusent de disparaître. Pris dans cet élan de résilience, ils s'efforcent de construire, tant bien que mal, leur destin et leur devenir dans un contexte quelque peu trouble et difficile. Et dans ce contexte précis, ce que l'on qualifie généralement de « délinquance » relève justement, comme le nomme bien Françoise Digneffe (1989), d'un mode de gestion de leur vie. Cette gestion de la vie, cette lutte pour la survie, les jeunes l'affichent, l'expriment sous des modes opératoires divers, parfois socialement ou moralement choquants, ce selon des contextes et des situations aussi complexes où ils sont impliqués comme acteurs.

Le phénomène de délinquance dit « *kuluna* » à Kinshasa, par exemple, et bien d'autres formes de délinquance urbaines se résument ainsi en des modes d'expression des jeunes au travers des styles de valorisation sociale divers. Qu'importe la nature ou la forme de l'expression sous lesquelles ils apparaissent.

Et pour revenir au travail des enfants dans les carrières et les mines au Katanga, lorsque les enquêteurs interrogent l'une des autorités territoriales à Manono sur ce qui justifie la non-application rigoureuse de la réglementation sur le travail des enfants, cette dernière répond :

> Mes chers amis, on connaît tout ça ! J'ai des textes de loi dans ce bureau. Mais que voulez-vous ? Les parents sont sans moyens ! Dans cette cité, s'il y a encore des enfants qui étudient, c'est parce qu'ils vont travailler dans ces mines-là. Cela leur permet de payer les frais de scolarité, de s'acheter des habits, de nourrir des familles. Nous fermons les yeux pour sauver ce qu'il faut sauver !

Est-ce une simple théâtralisation de la scène sociale qui transparaît des propos de cette autorité locale ? Loin de là. C'est le vécu social réel tel qu'il se prête à l'observation. Les contraintes de la vie obligent l'émergence des zones de convenance sociale où le droit est tu, gardé au silence, mis en quarantaine, bien conservé au frais par ceux-là même qui sont censés l'appliquer. Il s'agit bien entendu des zones grises de tolérance socialement partagées. Des espaces où l'on sait que ce que l'on sait faire, si on le fait parfaitement bien, la roue sociale court le risque de s'arrêter. Et l'on arrête de faire pour justement éviter l'explosion sociale. Ce n'est pas du tout un laisser-faire, moins encore de l'anomie au sens durkheimien du terme. C'est des aménagements pour gérer ce que l'on peut encore gérer.

C'est là, me semble-t-il, des formes de gouvernance non encore problématisées en ce contexte africain précis. Une gouvernance des espaces fluides où le non-droit s'érige en norme sociale par nécessité sociale. C'est de l'observance d'une éthique-non-éthique dans l'entendement juridique. Ce qui relève bien de la sagesse sociale, de la gestion sociale qui implique du bon sens et de réalisme. Ainsi va la vie, dit-on, dans ces contrées lointaines avec leur lot de misère et leurs habitants que d'aucuns nomment ici à Kinshasa « *batu ya intérieur !* ».

Quoi de neuf encore à dire, sinon de vous annoncer que depuis cette année académique, l'école de criminologie vient d'opérer, comme d'autres facultés de l'université de Lubumbashi, son arrimage au système dit LMD (licence, master, doctorat). Les programmes ont ainsi été revisités et leurs contenus réadaptés. La réforme en cours répond à des impératifs d'une nouvelle vision académique qui allie formation théorique et professionnalisation. De même que cela participe de l'adaptation à des standards dits internationaux pour l'accréditation de nos diplômes à l'étranger, enfin, au souci de la relève académique qui oblige que l'on accueille des candidats de plus en plus jeunes. Ainsi, un premier cycle sera opérationnel dès la rentrée académique prochaine (2013-2014). Y seront accueillis, en nombre très limité, selon un mode de sélection rigoureux, des jeunes diplômés d'État. Les licenciés, quant à eux, seront reçus au master, moyennant bien sûr, des cours complémentaires pour ceux qui n'auront pas une licence en criminologie.

Et les options d'études retenues répondent toutes à des thématiques criminologiques récurrentes et préoccupantes non seulement pour la République Démocratique du Congo, mais aussi pour le reste de l'Afrique, à savoir la sécurité intérieure, la criminologie économique et environnementale, l'analyse et l'intervention criminologique et enfin, la gouvernance, paix et gestion des conflits.

En plus, on tente dès cette année académique d'expérimenter la pédagogie à distance. Le campus numérique francophone et le service informatique de Lubumbashi sont mis à contribution quant à l'aspect technique. Les matériels informatiques ont été rendus disponibles et en cours d'installation à l'école de criminologie. Ces dispositifs permettront d'offrir la formation à distance aux personnes désireuses de poursuivre ou de parfaire leur formation en criminologie de partout où elles se retrouvent.

Un réseautage avec l'université de Kinshasa, via le centre de criminologie et de pathologie sociale, est envisageable pour cette fin. Il en sera de même avec Bujumbura, Bukavu, Goma et Butembo dont on sent la demande en formation criminologique s'accroître. Et dans le souci de diversifier en les intensifiant les perspectives criminologiques, il a été créé, une unité de recherche et d'expertise en criminologie d'investigation, URECRIM en sigle. Cette structure comporte un bureau d'études et un laboratoire en sciences forensiques que l'on veut moderne et bien équipé. Le devis est établi, on attend plus que la commande ou l'acquisition des matériels d'ici le mois de juin de l'année en cours.

L'importance expertale d'un tel laboratoire n'est pas à démontrer. Car, au-delà de l'expertise matérielle à des fins de preuve, l'offre d'expertise s'étendra à l'évaluation des personnes (agresseurs et victimes), l'évaluation des dossiers criminels en cours ou non résolus, l'expertise de conseil en soutien opérationnel à des fins judiciaires ou privées afin d'améliorer les méthodes d'enquête criminelle et des audits de services. En plus, l'URECRIM se chargera d'offrir une formation professionnelle qui sera chaque fois sanctionnée par un certificat d'investigation criminelle comprenant des modules théoriques et des stages professionnalisants ou pratiques destinés aux cadres supérieurs et moyens.

Loin de nous l'idée de chercher à confondre la criminologie avec la criminalistique ou de vouloir diluer la première dans la seconde. En effet, en tant que discipline connexe, la criminalistique figure bel et bien au programme en vigueur en criminologie, en tant que cours, comme il en existe partout ailleurs notamment dans des facultés de droit. L'organisation des sessions de formation dans ce domaine précis répond à l'unique besoin, celui d'offrir un cadre d'opérationnalisation du partenariat signé en son temps par le professeur Kaumba, alors recteur, entre l'université de Lubumbashi et la police nationale congolaise. C'est donc des formations qui ne seront destinées qu'à des professionnels bien ciblés.

Ceci dit, il va de la mission de l'université, dans son volet de service à la société, de participer à l'édification d'un État sécurisé et, surtout, sécurisant par l'offre des services de qualité en termes de formation destinée aux acteurs sécuritaires. Ainsi dit, au travers de ces activités formatives, le souci de l'Université de Lubumbashi demeure celle de se rendre utile à son environnement le plus immédiat.

Que dire enfin ? Retenons, comme l'a si bien souligné le professeur Kaumba dans l'un des préfaces d'un ouvrage, la criminologie en RD Congo est à une phase initiatique entourée de beaucoup d'intrigues. Par exemple, pour qualifier l'école de criminologie, les médias locaux ajoutent à l'intrigue : « *masomo ya wauwaji* », littéralement, « l'école des tueurs ». Donc, autant le personnage du criminel et celui des professionnels chargés de la répression intriguent ou révoltent, autant celui du criminologue décontenance et introduit dans le perplexe. Que le criminologue fasse du criminel l'un des objets d'étude est une chose, mais qu'il soit lui-même confondu avec un criminel en est assurément une autre. Et souvent, le rôle du criminologue est réduit à celui de simple détective ; l'enquête étant sa seule et unique activité. Ceci traduit bien la figure emblématique du policier tout-puissant fort alimentée et véhiculée par la fiction cinématographique.

Pour reprendre les propos du professeur Kaumba, il est impossible, par exemple, de concevoir que le criminologue puisse étudier un univers aussi mystérieux qu'est le phénomène criminel sans qu'il en possède lui-même autant de qualités monstrueuses, c'est-à-dire hors nature. C'est donc un personnage aussi mythique voire mystique. On le voit bien, une telle représentation gêne à faire de la criminologie en contexte africain, que cela le soit en pratique comme en théorie. Ceci dit, c'est donc les contours même du visage du criminologue et, partant, de la criminologie qui s'en trouvent tordus ou dénaturés. Pour ainsi dire, le criminologue aurait cette capacité bizarre qui consiste à regarder et à voir de partout, quel que soit l'angle où il se situe. Il serait ainsi pourvu d'yeux exceptionnels : devant, derrière, dans les flancs, en haut et en bas.

Ceci dit, j'aurais bien voulu vous entretenir assez longuement, mais je crains que le professeur Kaumba qui me regarde, m'interpelle en me rappelant l'un des propos d'un sage de chez nous qui disait ceci à la fin : « si vous m'entendez me taire, c'est que dans la bouche, il ne me reste plus que la langue ».

Je vous remercie.

Ildephonse Tshinyama Kadima

Pour une justice pénale étatique audacieuse : l'alliance des concepts criminologiques et de la démarche d'anthropologie du droit

Sara Liwerant

Professeure à la Faculté de droit
Département de droit pénal et de criminologie
Directrice adjointe du Centre de criminologie
et de pathologie sociale à l'Université de Kinshasa[1]

Introduction

Cette communication propose de s'éloigner de la conception du droit étatique dans les modes de prise en charge sociale des situations problématiques en République Démocratique du Congo. Le lieu de l'université et le moment de la célébration de la réouverture d'un centre de recherche constituent l'espace privilégié pour proposer des outils d'analyse des déviances et de la réaction sociale. En effet, allier la criminologie avec l'anthropologie du droit permet de considérer une démarche susceptible de renouveler la conception de la justice et donc de sa réforme, tout au moins dans sa dimension institutionnelle étatique. Cette invitation théorique devient alors une posture politique, qui peut paraître bien audacieuse mais non pas arrogante. En effet, la réforme n'est ni plus ni moins qu'une

---

[1] Détachée de l'Université Paris Ouest Nanterre La Défense, Conseillère de madame la ministre de la Justice et droits humains.

orientation particulière de la prise en charge des situations problématiques. Je ne reviendrai pas sur l'intérêt de la criminologie pour me concentrer sur la démarche d'anthropologie du droit moins bien connue.

L'anthropologie du droit est une démarche qui a émergé suite au constat, ou plus exactement à la (re ?) découverte, de la pluralité des phénomènes normatifs. Les chercheurs ont ainsi observé des phénomènes juridiques qui les ont conduits à une définition de plus en plus extensive « du droit ». Par cette acception, acceptation de ce qui est nommé « droit » par les institutions étatiques, une nouvelle démarche s'est mise en place progressivement. Aujourd'hui la question n'est plus celle de déterminer les critères permettant d'attribuer l'appellation « droit », mais de reconnaître les phénomènes juridiques et d'en comprendre la pluralité des logiques qui leur donnent forme. L'enjeu est de taille, y compris pour la recherche, car il s'agit de déterminer les instruments pertinents des réformes juridiques ou du secteur de la justice, particulièrement dans les pays où règne encore un droit importé. La considération rigoureuse de la démarche d'anthropologie du droit enjoint à la modestie de nos ambitions sur de potentiels changements de pratiques et une déférence au regard de l'altérité rencontrée, celle du pluralisme juridique.

Ainsi, il s'agit de montrer que cette démarche établit, si elle est prise au sérieux, un changement de paradigme. De petites provocations (I) nous conduirons à envisager des invitations théoriques susceptibles de nourrir la conception de la réforme de la justice (II).

I. Provocations ?

Affirmer, au sein d'une faculté de droit, que ce dernier ne saurait se résumer à l'ensemble des textes juridiques en vigueur, peut paraître provocant. Pourtant, le « droit », ou le phénomène juridique, comme nous l'appellerons, est cet ensemble de pratiques humaines qui permet la vie en société.

1. Première provocation : les pratiques des acteurs au cœur du droit

Pour reprendre l'aphorisme du Laboratoire d'anthropologie juridique de Paris, « le droit n'est pas ce qu'en disent les textes mais ce qu'en font les acteurs »[2] ! En effet, le "droit" ne peut pas se réduire aux textes, expression occidentale privilégiée, ni ne saurait se définir par son contenu au risque d'occulter la dimension processuelle.

Trois niveaux d'expression sont à prendre en considération. D'une part, l'explicite. Autrement dit, les discours, qu'ils soient écrits ou oraux, constituent une forme de droit, réhabilitant ainsi l'oralité comme expression juridique. En effet, le droit et les effets juridiques existent sans qu'il soit besoin de recourir à l'énonciation d'une norme générale et impersonnelle. Le phénomène juridique peut se décliner sous forme de négociation, de compromis y compris ceux produits par l'oralité juridique. D'autre part, les pratiques sont une forme de droit, qu'il s'agisse d'actes, de comportements, de règles implicites, de non-dits, mais tous porteurs de sens. Les manières de faire, les manières d'être participent du phénomène juridique, bien que la définition du droit « positif » tienne à démentir cet état de fait. Enfin, les représentations doivent être prises en considération. Là encore, les constructions symboliques donnent sens aux actes et aux discours. Les croyances relient visible et invisible, dimensions de toute société, qui bien souvent donnent forme aux principes d'organisation des sociétés.

Ainsi, ce qu'on entend communément par « droit » correspond à une définition topocentrée, c'est-à-dire enracinée culturellement ; ce qui est enseigné dans les facultés de droit est une version du phénomène juridique. L'enjeu d'une définition consiste aussi à établir une frontière entre ce qui est légitime et ce qui ne l'est pas. La question devient celle de savoir pourquoi cette définition prévaut ? Et quels sont ses effets de vérité ? En d'autres termes, que reflète cette définition de la vision du

---

2 La paternité de cette expression revient à É. LE ROY, voir notamment son ouvrage *Le jeu des lois. Une anthropologie « dynamiqué » du Droit*, Paris, LGDJ, 1999, p. 33.

monde dont elle émane ? Quelles sont les conséquences d'une telle définition ? Par quels acteurs cette définition est-elle portée ? Cette définition révèle les mythes qui la fondent et les logiques sociales de sa construction et de son usage, mais elle ne peut prétendre à l'exclusivité ou à l'universalité. La forme particulière du phénomène juridique reconnue par une société spécifique n'est pas celle d'une essence d'un droit qui serait unique. Tout phénomène juridique, qui ne se formalise pas par un écrit, est considéré comme du « para-juridique », de « l'infra-juridique », en tout cas, ne peut bénéficier de l'étiquette « droit », y compris dans un contexte où cette déclinaison est loin d'être la seule usitée par les acteurs. Le rejet de cette démarche par les facultés de droit correspond à une véritable « posture politique »[3]. En effet, affirmer l'unicité d'un droit monochrome permet de conserver le monopole de définition – pouvoir conféré par le savoir – et occulte le mythe fondateur de tout phénomène institutionnalisant ainsi que les fondements de sa normativité.

De la même manière, l'anthropologie du droit refuse l'idée selon laquelle il n'y aurait de droit que de droit étatique. En effet, l'organisation du pouvoir politique ne peut se confondre avec l'État, agencement institutionnel fruit d'une expérience historique, politique, sociale. Les sociétés sans État connaissent aussi une organisation politique et produisent du droit. Il s'agit de se dégager d'une vision stato-centrée qui a pu parfois conduire à une équivalence entre « droit » et « sociétés étatiques », rappelant celle établie entre sociétés avec ou sans écrit, avec ou sans histoire…

C'est pourquoi, l'anthropologie du droit étend son analyse aux pratiques et ne se limite pas aux acteurs et aux institutions auxquels le statut de « droit » est reconnu. De plus, c'est bien cette dichotomie entre ce qui est reconnu comme « droit » et ce qui est vécu par les acteurs qui constituent l'un des défis majeurs pour qui est chargé de la Réforme au sein d'un ministère. Et

---

[3] C. Plançon, « Éléments de méthode de terrain dans l'étude plurale des cultures juridiques », G. Otis (dir.), *Méthodologie du pluralisme juridique*, Paris, Karthala, 2012, p. 100.

c'est au cœur de ces relations, entre dialogue, cécité, refoulement, évitement ou usage, bref de ces interactions, de ces entrées et sorties de la sphère étatique que la réforme peut être adéquate. En effet, l'acteur opérationnel ne peut pas rester dans cette « schizophrénie », la question devient celle de savoir comment prendre en considération cette porosité.

2. Deuxième provocation : transfert de droit et colonialité

Le contexte juridique de la République Démocratique du Congo est celui d'un transfert de droit, aujourd'hui au fondement du droit étatique. Si l'implantation d'un système juridique relève, de manière implicite ou explicite, d'une déconsidération, d'un mépris ou d'une ignorance du droit endogène, ce mécanisme présume aussi que transfert de texte vaut transfert de droit. Or, force est de constater que les mêmes textes ne produisent jamais les mêmes pratiques. Il est illusoire de penser que l'on peut délocaliser la portée symbolique des institutions, le sens caché des pratiques normatives, la perception des gestes. Les formes institutionnelles, et donc leur investissement, sont le produit d'une histoire et de représentations. Les pratiques juridiques ne peuvent se délocaliser, tout comme la vision du monde qu'elles révèlent. Autrement dit, « on ne transporte pas un phénomène d'amour »[4].

Les acteurs vont donc s'approprier, ignorer, s'emparer des nouvelles institutions mais au regard d'autres représentations, parfois vont leur conférer une autre fonction ; là sont les inventions des acteurs. À titre d'exemple, il n'est pas rare qu'en République Démocratique du Congo, les justiciables s'adressent à la police pour résoudre certains différends alors même que cette fonction relève de la compétence du pouvoir judiciaire.

Le transfert de droit a bien souvent pour conséquence de délégitimer les institutions endogènes tout en imposant des institutions qui, de par leur transfert, sont désacralisées. Ainsi, l'importation du droit pendant la colonisation requiert de con-

---

4 M. ALLIOT, « Les transferts de droit ou la double illusion », *Le droit et le service public au miroir de l'anthropologie, Textes choisis et édités par C. KUYU*, Paris, Karthala, 2003, pp. 129-133.

sidérer les phénomènes de rejet, d'appropriation, de réinterprétation tant par les justiciables que par les professionnels du droit, naviguant entre plusieurs référents. C'est pourquoi, cette problématique enjoint de s'appesantir sur les conséquences de la délégitimation des phénomènes juridiques endogènes et sur les fondements de la reconnaissance de la construction des catégories juridiques. En d'autres termes, une réflexion doit être menée sur la colonialité de nos modes de penser.

À titre d'exemple, l'opposition tradition versus modernité s'est longtemps traduite en termes juridiques par une opposition entre loi et coutume[5]. Les caractéristiques de la coutume sont classiquement présentées comme l'inverse de ceux de la loi, et l'exclusion de la coutume laisse deviner l'« expression d'un imaginaire refoulé »[6]. La coutume est exclue, tout au plus reconnue comme une source indirecte du droit, en raison de son oralité contraire à la sécurité juridique. Elle perpétue des valeurs traditionnelles opposées à l'adaptation de la loi, et la coutume constitue la répétition des pratiques d'un droit « constitué par l'habitude » pendant que la loi est volontaire, consciente et émane de la volonté étatique. Pour autant, si les sociétés occidentales considèrent les sociétés coutumières comme leur contraire, la coutume ne se conçoit pas en opposition aux normes générales et impersonnelles. La question devient celle de comprendre le statut des savoirs de l'oralité et de l'écrit, et non de les opposer pour les considérer comme des manières différentes d'organiser le monde, d'expliquer la création et le fonctionnement de la société, la place de l'être humain, du surnaturel, de la Nature. Or les travaux d'anthropologie du droit distinguent les coutumiers de la coutume. Les premiers désignent la transcription écrite par les administrateurs coloniaux des préceptes normatifs. La seconde recouvre « une manière de dire les manières de faire, qui nous viennent de nos ancêtres et

[5] Voir les travaux d'anthropologie du droit, notamment M. ALLIOT, É. LE ROY, J. VANDERLINDEN, R. LAFARGUE...

[6] É. LE ROY, *Le jeu des lois. Une anthropologie « dynamique » du Droit*, Paris, LGDJ, 1999, p.192.

telles que nous les pratiquons maintenant »[7]. Cette définition de la coutume diffère de la vision normative où l'on se soumet davantage que l'on transmet des modèles de conduites et de comportements dans des forums spécifiques avec une distribution de la parole entre des acteurs particuliers et donc de sa légitimité qui produit des effets de droit. La coutume requiert de se dégager d'une vision normative pour envisager une approche processuelle. Il s'agit davantage de considérer une forme flexible[8]. Ainsi, il s'agit de réhabiliter non pas une vision normative de la coutume mais une vision processuelle, qui laisse place à un processus particulier de transmission pour prendre en charge les situations problématiques. Il s'agit alors de considérer la pluralité des régulations sociales et à analyser l'enchevêtrement de l'usage du droit étatique et des pratiques juridiques non reconnues par le droit de l'État. En effet, la production des instruments étatiques, réforme de la justice, doit tenir compte de l'ensemble des règles du jeu social.

II. Invitations à renouveler la prise en charge étatique des situations problématiques

Afin de ne pas s'arrêter à des dénonciations toujours trop faciles, le véritable défi des provocations consiste à élaborer des propositions et donc des instruments théoriques ; car l'observation est l'adaptation de la pensée aux faits, et la théorie consiste à adapter les pensées entre elles. Dans cette perspective, le changement de paradigme proposé s'accompagne d'outils de portée opérationnelle. Ces « invitations » théoriques ouvrent ainsi des chantiers de recherche qui restent à investir.

---

7 É. Le Roy, « La face cachée du complexe normatif en Afrique Noire francophone », Ph. Robert, F. Soubiran-Paillet, M. van de Kerchove (dir.), *Normes, normes juridiques, normes pénales. Pour une sociologie des frontières*, t. 1, Paris, L'Harmattan, 1997, p. 132.

8 É. Le Roy, « L'accès à l'universalisme par le dialogue interculturel », *Revue générale de droit*, vol. 26, 1995, p. 19.

1. Considérer conjointement les pratiques endogènes et l'institution étatique

Reprenons une notion criminologique, celle de la criminalisation primaire et secondaire, et appliquons la démarche anthropologique : on entend souvent dire que la République Démocratique du Congo est dotée de tous les textes, ou presque, et que le problème se situe dans leur non-application. Donc implicitement, l'application des textes résoudrait toutes les situations problématiques. Fréquemment, les solutions proposées consistent alors à renforcer la sanction de la non-application desdits textes ou à créer des institutions de contrôle. À ce titre, on observera que bien souvent ces institutions sont elles aussi détournées de leur rôle, parfois en raison d'une appropriation par les destinataires et/ou opérateurs de droit selon d'autres intérêts ou encore lorsque l'investissement symbolique est faible. Outre l'établissement d'un lien de cause à effet et/ou la naïveté de cette affirmation, cette interprétation révèle la colonialité d'une vision du droit, à savoir d'une part, que la loi apporte toute solution et établit, d'autre part, une équivalence entre le droit et « la loi ». En adoptant un changement de point de vue, la question devient celle de savoir si ces textes correspondent aux représentations endogènes des justiciables auxquels ils doivent s'appliquer. Ou encore, est-ce à travers la loi que les nouvelles pratiques seront-elles engagées ? Quels sont les ressorts de la légitimité à vouloir modifier les pratiques et quel en est le dispositif institutionnel ?

Par ailleurs, une telle affirmation dénote d'une vision qui exclut une dynamique d'observation des logiques des pratiques des acteurs et privilégie, d'une part, des textes qui, d'autre part doivent s'imposer. Ainsi, une seule expression du droit est admise et son mode de production répond au monopole étatique. Cette conception du « droit » s'apparente souvent à un dogme, d'ailleurs depuis longtemps observé[9]. En effet, si la légalité, au sens strict, constitue un élément conférant légitimité et autorité, ces montages diffèrent selon les sociétés. Le « droit » reflète la

[9] À côté de la littérature d'anthropologie du droit, l'on peut citer notamment P. LEGENDRE, *L'amour du censeur. Essai sur l'ordre dogmatique*, Paris, Seuil, 1974.

mise en forme d'une vision du monde[10]. Le droit ne peut pas être considéré comme autonome et indépendant de la société qui le produit. Il s'agit donc d'analyser les modèles dispensateurs de sens, les représentations qui ont teinté la réception et la réappropriation des institutions transférées et de ne pas comparer le sens caché du contexte initial des institutions avec les pratiques des acteurs ayant reçu ces institutions. Pour ce faire, la démarche anthropologique consiste à rapporter l'observation des phénomènes aux logiques qui les fondent. En d'autres termes, le « droit » ou phénomène juridique, en tant qu'activité humaine et sociale, correspond à une vision du monde, avec ses institutions visibles et ses institutions cachées... Cette démarche, appliquée au champ criminologique, nous convie donc à dégager les logiques apparentes et les logiques invisibles des acteurs sociaux, les dynamiques de construction et de perception de ce qui fait fonctionner une société.

Le cadre théorique de cette observation peut se traduire en termes d'articulation des logiques institutionnelle et fonctionnelle. Rappelons que la logique institutionnelle désigne l'instauration d'un projet, de valeurs et consiste à établir de manière durable. Quant à la logique fonctionnelle, elle recouvre les pratiques, les actions et l'alchimie des acteurs tenant compte de leurs rôles, leurs tactiques, leurs ressources, leurs statuts, pour trouver arrangements et solutions. Projets et procédés sont au cœur de tout fonctionnement social. Le recours à la logique institutionnelle ouvre à la généralité de la forme organisationnelle. De manière complémentaire, l'usage de la logique fonctionnelle est seule susceptible de faire dépendre les interventions des besoins des utilisateurs. C'est pourquoi, l'articulation de ces logiques est fondamentale : comprendre à qui et à quoi ça sert, quels sont les valeurs et le projet portés. En effet, la prédominance de la logique institutionnelle dissocie projet de société et usage du droit, mais l'hégémonie de la logique fonc-

[10] Il s'agit ici d'une synthèse des travaux du Laboratoire d'anthropologie juridique de Paris qui s'appuient notamment sur la notion de codification telle que développée par P. BOURDIEU, celle des « archétypes » de M. ALLIOT et des « ordonnancements sociaux » d'É. LE ROY.

tionnelle ferme l'horizon des possibles ou réduit l'acteur à n'être que consommateur au titre de ses besoins. Ainsi, l'on ne saurait confondre les logiques de la criminalisation primaire et secondaire ni considérer la logique fonctionnelle comme succès ou échec de la logique institutionnelle.

En termes opérationnels, considérer les pratiques des acteurs comme génératrices de droit oriente vers une dynamique d'observation du bas vers le haut afin de comprendre les logiques endogènes qui produisent les pratiques et non pas les raisons de la non-application des règles explicites.

De plus, les pratiques sont muées par des représentations, notamment de l'État, qui incarnent la logique institutionnelle. Cette organisation politique particulière dont la figure, supposée uniforme sous toutes les latitudes, reste celle de l'État occidental, y compris dans un contexte de transfert de droit. On observe une demande d'État, de fortes attentes qui laissent supposer une institution investie, mais peut-être en vertu d'autres représentations, d'autres fonctions, expliquant peut-être cette contradiction apparente entre investissement et pratiques des acteurs. Si le discours sur cette institution est homogène, sa perception, voire sa conception, est en revanche pluraliste. De même, si la demande de justice caractérise toute communauté humaine, l'adresse aux institutions varie et le service public étatique répond différemment aux attentes des justiciables qui en ont des usages divers.

L'agencement spécifique entre l'autorité, la légitimité et la forme du phénomène juridique ainsi que le rapport au phénomène juridique et à l'État sont autant d'éléments cruciaux pour penser la réforme de la justice et plus largement l'institution de la justice. En d'autres termes, comment redistribuer les pratiques et selon quelle institution anthropologique ? Traduite dans une perspective de réforme, la question devient celle de savoir si la soumission à une autorité extérieure permet de modifier les pratiques ou encore par quels mécanismes et avec quels acteurs offrir les instruments du contre-pouvoir devant tout abus d'autorité ; ou encore identifier les espaces permettant la prise en charge, si ce n'est la résolution, des situations problématiques. L'introduction et/ou l'articulation avec de nouveaux éléments, tels les lieux, les acteurs, les modes de distribution de la parole, en d'autres termes, d'autres montages de légitimité, peut être novateur. Il faut donc bien tenir la démarche par les deux bouts, déterminer les éléments d'intersection entre pratiques juridiques et droit étatique ainsi que leur cadre pour instituer un projet. Pour autant, la considération ou l'introduction d'éléments structurants extérieurs au droit étatique réclame de déterminer comment instituer sans institutionnaliser *ipso facto* ; comment rendre garant à long terme sans figer les pratiques, par définition, adaptatives.

2. Outils de traduction des principes dispensateurs de sens

La considération des logiques institutionnelle et fonctionnelle requiert d'analyser les autres pratiques juridiques, d'identifier les principes organisationnels de la société, les institutions sociales vecteurs de sens. La démarche consiste alors à comprendre la pluralité des logiques qui donnent forme aux phénomènes juridiques. Les discours et leurs rationalisations (*logoi*) sont toujours fonction des lieux d'où on parle et sont enracinés dans un lieu culturel, social, politique (*topoi*) qui nous conduit aux mythes, à ces fameux *muthoi*, volontairement ou par censure, du fonctionnement de la société, c'est-à-dire à ses institutions et aux processus d'institutionnalisation. Les cultures juridiques s'observent à partir des logiques qui fondent les pratiques et non en comparant les pratiques. En effet, ces logiques sont l'expression de visions du monde, des fictions qui structurent le mode de penser le droit. Ainsi, les normes générales et impersonnelles sont privilégiées par l'institution étatique, jusqu'à établir une équivalence entre « droit » et « loi ». Cette forme du droit révèle des représentations marquées par la légitimité de l'intervention d'une seule instance, extérieure, supérieure, omnisciente. La référence centrale de l'État qui produit le droit, dont les normes générales et impersonnelles sont un mode d'expression, révèle la transcendance du temps, de l'espace et ouvre vers une visée universelle, caractéristique, refoulant les présupposés implicites. Ces normes procèdent d'une « philosophie idéaliste »[11] et la voix impersonnelle de

[11] J. Lenoble, F. Ost, *Droit, mythe et raison. Essai sur la dérive mytho-logique de la rationalité juridique*, Bruxelles, Presses des Facultés Universitaires Saint-Louis, 1980, p. 143.

l'énonciation caractérise une « posture universalisante »[12]. L'organisation des normes générales et impersonnelles obéit à un principe hiérarchique comme le démontrent le mode de production des normes, le principe de la hiérarchie des normes et les détenteurs autorisés de leur interprétation. En revanche, la coutume permet aux acteurs de régler la situation problématique en fonction du type de conflit, de ses circonstances, de l'intérêt du groupe. Les éléments qui fondent alors une telle approche concernent notamment le statut des acteurs, l'espace, la circulation de la parole, le statut de la parole, de la négociation, etc. Ces effets de droit, rendus visibles par les pratiques, révèlent des sociétés qui envisagent davantage le monde comme le fruit d'efforts de tous, des puissances primordiales, des ancêtres, des énergies… ; où la différenciation des membres de la communauté s'est traduite par un principe de complémentarité et la recherche du consensus en raison de l'interdépendance.

Ainsi, donner une forme c'est attribuer une expression formalisant une vision du monde et déterminant le rapport au phénomène juridique. Contenu et contenant sont interdépendants, car la forme révèle ce qui est tenu pour « droit ». La forme a une efficacité symbolique, car elle opère un changement de statut ontologique et une mise en ordre symbolique[13].

Conclusion

L'anthropologie du droit, et plus précisément les travaux d'É. Le Roy, ont permis de dégager trois formes juridiques présentes dans toutes sociétés, mais selon un agencement différent. Ces trois formes sont : les normes générales et impersonnelles, les coutumes (ou modèles de conduite et de comportement) et les habitus (ou des manières d'être) ; justifiant ainsi l'appellation de « droit tripode ».

---

[12] P. BOURDIEU, « La force du droit. Éléments pour une sociologie du champ juridique », *Actes de la recherche en sciences sociales*, n° 64, 1986, p. 5.

[13] Voir particulièrement P. BOURDIEU, « Habitus, code et codification », *Actes de la recherche en sciences sociales*, n° 64, 1986, pp. 40-44.

Coexistant à côté de la norme expresse, l'habitus correspond à une « confrontation improvisée avec des situations »[14]. L'habitus est la manière dont le droit est habité et utilisé et obéit à une logique pratique. Sans passer par le discours, il concerne les usages acquis au sein d'un groupe social. Il se distingue de la manière de dire les manières de faire, définition de la coutume. Cette dernière se conçoit comme un mode d'approche, de transmission des manières de faire et non un précepte normatif abstrait. Habitus et coutume deviennent juridiques au même titre que les normes générales et impersonnelles et participent à la reproduction de la vie en société. Chaque tradition juridique privilégie une forme du droit et les liens avec les autres formes de juridicité. Le « droit », ou « la juridicité » pour reprendre la dernière terminologie utilisée par É. Le Roy, comprend trois référents qui donnent à voir une variabilité de la juridicité. Ces trois fondements du droit ne se confondent pas avec la notion de droit positif, de « sources du droit », car ils correspondent à une invocation du droit et non pas à une autorité d'où émane la production du droit ni ne sont liés à un degré de coercition. Il ne s'agit pas d'opposer ou de reconstruire un antagonisme entre coutume et loi, mais de décrypter la formalisation plurielle du droit et les modèles d'organisation sociale correspondants. Plus que de comparer la présence ou l'absence de concept, il s'agit d'identifier les équivalents fonctionnels et la forme qui y est associée. Ainsi, j'espère que, ce qui aurait pu apparaître comme des provocations s'est mué en autant d'incitation à la production de nouveaux savoirs criminologiques et anthropologiques endogènes.

Sara Liwerant

---

14 *Ibid.*, p. 40.

Une femme, une mère et une criminologue éprise d'humanité et de rigueur. Hommage d'un disciple

Raoul Kienge-Kienge Intudi

Professeur à la Faculté de droit
Département de droit pénal et de criminologie
Centre de criminologie et de pathologie sociale
Université de Kinshasa

Madame la professeure,

Nous sommes venus si nombreux vous témoigner de notre profonde reconnaissance d'avoir gardé dans notre faculté et dans notre université la flamme de la criminologie, que le professeur Guy Houchon vous a transmise. Vous avez non seulement conservé cette flamme, mais surtout vous nous l'avez transmise.

La réouverture du Centre de criminologie et de pathologie sociale au sein de la Faculté de droit est la preuve éloquente non seulement de votre attachement fidèle mais également de votre passion pour cette activité de connaissance interdisciplinaire[1], qui, née dans le dernier quart du XIXe siècle, fut nommée de différentes manières par ceux qui l'ont exercée : anthropologie criminelle pour Cesare Lombroso, sociologie criminelle pour

[1] A.-P. PIRES, « La criminologie d'hier et d'aujourd'hui », *in* Ch. DEBUYST, Fr. DIGNEFFE, J.-M. LABADIE, A.-P. PIRES, *Histoire des savoirs sur le crime et la peine, t. I : Des savoirs diffus à la notion de criminel-né,* 1re éd. Montréal, Ottawa, Bruxelles, Les Presses de l'Université de Montréal, Les presses de l'Université d'Ottawa, De Boeck Université, 1995, p. 22.

Enrico Ferri, criminologie pour Raffaele Garofalo et ceux qui l'ont suivi jusqu'à nous autres[2].

Votre activité criminologique, aussi bien comme enseignante que comme chercheuse a été marquée par un intérêt particulier pour les populations vulnérables, marginalisées et/ou discriminées. L'enfant (le jeune) et la femme en ont constitué un échantillon significatif. Ces catégories démographiques ont, en effet, occupé le centre de vos travaux[3].

---

2 *Ibid.*, p. 64.

3 « L'établissement de garde et de l'éducation de l'État de la Kassapa et les mineurs internés », *in Problèmes sociaux congolais*, 1971 ; « L'interprétation socioculturelle de la délinquance juvénile comme résultat d'une malédiction », *in Périodique de l'AED*, Kinshasa, n° 10, 1983 ; « Contribution du secteur économique informel à l'insertion sociale des acteurs sociaux marginalisés », *Cerdas-Liaison, Bulletin d'information trimestriel, Fac. des sc. écon.*, UNIKIN, 1984 ; « La rafle comme réaction sociale au vagabondage des jeunes au Zaïre », *in Lettres mensuelles, IRES, Fac. des sc. écon.*, Kinshasa-Zaïre, n°s 1-2, 1985 ; « Le maintien des jeunes dans un « milieu actif» comme signification de l'adaptation sociale », *in Cahier de criminologie du Centre international de criminologie comparee*, Montréal/Québec, Canada, 1978 ; « Vie estudiantine et contestation », *in Émergence africaine, Revue des intellectuels catholiques*, septième année, n°s 15/16, août 1993 ; *La justice pour mineurs au Zaïre, réalité et perspectives*, Éditions universitaires africaines, Kinshasa, 1994 ; *La place de la convention relative aux droits de l'enfant en droit zaïrois*, Unicef-Kinshasa, 1994 ; « Autour du discours sur la promotion de la femme », *in Émmergence catholique, Revue des intellectuels catholiques*, 1996 ; « La démocratisation du système de justice pour mineurs », *Annales de la Faculté de droit*, Presses Universitaires du Zaïre, vol. XXV, août 1996 ; « La protection de l'enfant né hors mariage par le Code de la famille », *Revue psychologie et société, Centre africain de recherche et d'action* (CARAC), UNIKIN, 1re et 2e trimestre 1977 ; « La police et la protection de la jeunesse en RDC », *in Justice et société en RDC*, Publication de l'Institut pour la démocratie et le leadership politique, Kinshasa, 1999 ; *L'enrôlement des enfants et leur participation aux conflits armés : état actuel des dispositions juridiques*, Kinshasa, EUA, 2000 ; « La protection des personnes vulnérables », *in Justice et société en RDC*, Publication de l'Institut pour la démocratie et le leadership politique, Kinshasa, 1999 ; « Vers la contextualisation du système de justice pour mineurs en RDC », *Revue de la Faculté de droit de l'Université protestante au Congo*, Fac. de droit, UPC., 1999 ; *La protection de la femme en temps de guerre*, Kinshasa, UNAF, 2000 ; « Le développement des foyers monoparentaux », *in Alternative*, périodique d'analyse et de prospective, n° 007, décembre 2001 ; « La sanction applicable aux parents auteurs d'abandon d'enfants », *CERDAS-Liaison, Fac. des sc. écon.*, 2004 ; « Droit des personnes vulnérables », *in Traité d'éducation aux droits de l'homme en RDC*, t. 5, Kinshasa, février 2004 ; « La jeunesse délinquante

C'est à la faveur de ce qui pourrait paraître à d'aucuns comme une forme de complicité de formateurs entre vous et l'actuel chef de Département de droit pénal et de criminologie, le professeur Pierre Akele Adau, qu'à partir de l'année 1993, nous avons eu la chance inouïe d'être contaminé par votre passion pour la criminologie, alors que nous nous considérions comme un pénaliste.

Les circonstances ont concouru pour que sous le mandat du même chef de Département d'alors, nous puissions rendre hommage à vos qualités d'enseignante et de chercheuse en criminologie[4] et que nous puissions relancer le Centre de criminologie et de pathologie sociale, dont les activités sont tombées en veilleuse après le retour en Belgique de votre maître, le professeur Guy Houchon.

Depuis le début de l'année académique 1993-1994, nous avons été personnellement témoin de votre activité criminologique et nous pouvons témoigner que vous l'avez exercée comme une femme, comme une mère et comme une criminologue éprise d'humanité et de rigueur.

I. Sensibilité féminine et criminologie

Vous avez mis toute la richesse de la sensibilité féminine à la pratique de la criminologie comme enseignante et comme chercheuse en vous attachant à l'étude des situations de marginalité et de vulnérabilité des catégories sociales particulières, à savoir les femmes, les enfants et les jeunes de manière générale. Votre

---

face au défi de la renaissance de la nation : situation et perspectives », Exposé à la Troisième grande conférence du cinquantenaire de l'indépendance de la RD Congo du 02 mars 2010 au Grand Hôtel de Kinshasa ; « L'importance des Universités dans les provinces de la RDC », *in Les pistes du savoir*, vol. 2, n° 2, décembre 2009, pp. 7-16 ; « La protection pénale des personnes vulnérables : cas des enfants », *Revue trimestrielle du CDDE (Centre pour la défense des droits de l'enfant)*, n° 001, mai 2010 ; *La protection de l'enfant dans la brume du protocole facultatif à la convention relative aux droits de l'enfant*, Kinshasa, 1994 ; *La loi de la protection de l'enfant en RD Congo*, Kinshasa, CEDESURK, 2013.

[4] J. Idzumbuir Assop, « De l'enseignement et de la recherche en criminologie au Zaïre », *in Annales de la Faculté de droit*, vol. VIII-X, 1986.

discours criminologique sur ces catégories sociales discriminées a toujours été un discours émancipatoire par l'affirmation de leurs droits. Ainsi, en 1994, vous avez étudié la place de la convention relative aux droits de l'enfant en droit zaïrois. Cette étude vous a permis de relever les obstacles à l'effectivité des droits de l'enfant, et à formuler des recommandations en vue de l'application de la convention relative aux droits de l'enfant[5]. Au cours de la même année, vous avez participé en qualité de consultante au PNUD et au ministère des Affaires sociales et famille, à l'élaboration du Rapport de la République du Zaïre à la Conférence mondiale sur la femme, convoquée à Beijing en Chine en 1995.

Votre évaluation de la justice pour mineurs au Zaïre, en en examinant les réalités et perspectives[6], vous a permis de relever l'insuffisance des structures de protection des mineurs prévues par le Décret du 6 décembre 1950 relatif à l'enfance délinquante ainsi que la mauvaise application de ce décret, qui alignait le système de justice pour mineurs au Zaïre sur le modèle de la Belgique, son ancienne métropole. Aussi avez-vous recommandé l'adoption d'une nouvelle législation qui devrait se baser entre autres sur les réalités zaïroises et les exigences scientifiques modernes en matière de protection sociale et judiciaire de la jeunesse. Cette législation sera la loi du 10 janvier 2009 portant protection de l'enfant, qui consacre aussi bien la protection sociale que la protection judiciaire, tout en admettant, bien que timidement, une certaine forme de déjudiciarisation[7].

En 2000, à la suite de la guerre de libération qui a donné naissance au phénomène d'enfants soldats (*Kadogo*), vous avez consacré une autre étude à l'état des dispositions juridiques sur l'enrôlement des enfants et leur participation aux conflits armés[8]. Cette étude a débouché sur deux recommandations

---

[5] J. IDZUMBUIR ASSOP, *La place de la convention relative aux droits de l'enfant en droit zaïrois*, Unicef-Kinshasa, 1994.

[6] J. IDZUMBUIR ASSOP, *La justice pour mineurs au Zaïre, réalité et perspectives*, Éditions universitaires africaines, Kinshasa, 1994.

[7] *La loi de la protection de l'enfant en RD Congo*, Kinshasa, CEDESURK, 2013.

[8] *L'enrôlement des enfants et leur participation aux conflits armés : état actuel des dispositions juridiques*, Kinshasa, EUA, 2000.

importantes : la première se rapportait à la ratification par la République Démocratique du Congo du protocole facultatif additionnel à la Convention relative aux droits de l'enfant portant participation des enfants aux hostilités armées adoptée à Genève le 21 janvier 2000 ; ce protocole portait à 18 ans l'âge minimum de recrutement dans l'armée et de participation aux conflits armés. La seconde recommandation tenait à l'organisation des régimes politiques susceptibles d'assurer à la popula-population le bien-être général, la justice et la paix.

II. Mère de famille et femme de science

En parcourant la quatrième de couverture de vos ouvrages, le lecteur lira toujours la phrase suivante : « L'auteur a toujours associé son intérêt à la cause de l'enfant défavorisé à celui de la famille ».

En effet, vous avez su allier vos responsabilités de mère d'une famille non moins nombreuse, assurant de manière attentionnée l'éducation de ses enfants, lesquelles responsabilités s'étendent naturellement à la famille élargie africaine, envers laquelle vous avez vécu le devoir de solidarité[9], comme une norme « traditionnelle » fondamentale de la société congolaise[10], avec vos lourdes responsabilités de femme de science, d'autorité académique facultaire et de gestionnaire d'institutions universitaires, à travers particulièrement les fonctions de recteur de l'Université de Bandundu, actuelle université de Kikwit, pendant huit ans ; et cela, tout en vous montrant disponible pour offrir votre expertise dans le domaine de la protection de la femme, de la famille et de l'enfant aux institutions nationales et internationales[11], qui en étaient demanderesses.

---

9 MPASE NSELENGE MPETI, *L'évolution de la solidarité traditionnelle en milieu rural et urbain du Zaïre. Le cas des Ntomba et des Basengele du Lac Maï-Ndombe*, Kinshasa, Presses universitaires du Zaïre, 1974.

10 R. KIENGE-KIENGE INTUDI, *Le contrôle policier de la délinquance des jeunes à Kinshasa. Une approche ethnographique en criminologie,* Louvain-la-Neuve, Kinshasa, Academia-Bruylant, Éditions KAZI, 2011, pp. 58 et 62.

11 Membre de la Commission permanente de réforme du droit congolais depuis 1987 ; Vice-présidente du Conseil d'administration de l'ONG « Aide à

À la Conférence nationale souveraine, par exemple, vous avez dirigé la Cellule famille et enfant de la sous-commission juridique chargée de la législation. Et votre contribution était significative dans la vulgarisation de la Loi n° 87-010 portant Code de la famille en République du Zaïre.

Vos qualités de mère ont fait que les étudiants et le personnel de la Faculté de droit vous identifient plus comme Madame Idzumbuir que comme professeure Idzumbuir, et même lorsque le titre de professeur s'impose dans certaines circonstances, celui de madame le précède. Ainsi vous appelle-t-on dans ce cas Madame la professeure Idzumbuir, ou plus affectueusement maman Idzumbuir.

Mère, vous avez été particulièrement dans l'évaluation des étudiants dont vous corrigiez personnellement chaque copie d'examen. Et lorsque vous devriez nous associer à cette tâche, vous preniez soin d'éviter tout écart dans l'évaluation, de sorte qu'avant de transmettre les cotes au Jury, vous procédiez à une délibération pour alléger certains échecs graves ou pour supprimer un échec léger de manière à permettre à l'étudiant de passer à la classe supérieure s'il avait de bonnes notes dans d'autres matières. Marquée par un sens élevé de justice particulière aux mères, vous le faisiez en ajoutant éventuellement un ou deux points à tous sans aucune discrimination ni ethnique ni régionale au point qu'un collègue commentait que vous avez une âme religieuse.

Votre attention maternelle envers vos collaborateurs faisait qu'après une séance de travail à votre domicile, l'on ne pouvait en repartir sans avoir pris un apéritif ou sans emporter quelques fruits de votre jardin.

Tous ces détails de sensibilité maternelle ont contribué à faire aimer la criminologie, qui requiert, de la part du criminologue, une dose suffisante d'humanité et de rigueur dans la

l'enfance défavorisée », en sigle, AED (encore à ce jour) ; Consultante à l'UNICEF / Rép. du Zaïre (RDC) pour la rédaction du rapport initial sur l'évaluation de l'application de la convention des Nations unies sur les droits de l'enfant (1996-1967) ; Consultante au Bureau de l'UNICEF Congo-Brazzaville et Libreville (Gabon) pour aider à l'élaboration du rapport initial de l'application de la convention relative aux droits de l'enfant (1988 et 1999).

manière d'étudier les objets dont il s'approprie, et qu'une approche étiologique identifie comme constitués par le crime, le criminel et la pénologie[12]. Chez vous, cette rigueur, qualité de tout chercheur, se traduisait surtout dans le fait d'éveiller le sens de responsabilité des étudiants, au regard des attentes que la société congolaise, qu'ils devront servir, plaçait en eux. Combien d'anciens étudiants, qui assument de grandes responsabilités dans cette ville de Kinshasa et dans les provinces, que ce soit dans le domaine de la Justice, des administrations publiques, des sociétés commerciales privées, des institutions non gouvernementales, etc. sont présents dans cette salle de promotions pour rendre hommage à votre rigueur de formateur des cadres !

III. Enseignante de la criminologie avec humanité et rigueur

Comme criminologue, votre enseignement de la criminologie a été imprégné d'humanité et de rigueur en développant particulièrement la criminologie de la réaction sociale[13]. En effet, le parcours historique de la criminologie fait apparaître cette discipline comme étant une quête permanente de l'humain[14], contre la rigueur de la justice pénale, qui, dans la pensée pénale classique, ne visait que la répression de l'infracteur, envisageant celui-ci comme une réalité abstraite[15]. La prise en compte de l'infracteur comme un sujet, au départ déterminé par sa constitution biologique, puis par le milieu social ou des facteurs psychologiques, et perçu de plus en plus

---

[12] J. PINATEL, *Traité de droit pénal et de criminologie*, t. 3, Paris, LGDJ, 1970.

[13] Ph. ROBERT, « De la "criminologie de la réaction sociale" à une sociologie pénale », *in Année sociologique*, 31, 1981, pp. 253-283.

[14] R. KIENGE-KIENGE INTUDI, « À la quête de l'humain à travers la criminologie », *in Pratiques intellectuelles, questions d'ancrage*, Actes de la journée d'études organisée à Louvain-la-Neuve, le 5 octobre 2007, à l'initiative de l'école de criminologie de l'UCL, pp. 29 et s.

[15] Ch. DEBUYST, *Acteur et social et délinquance, une grille de lecture du système de justice pénale. En hommage au professeur Christian Debuyst*, Liège, Mardaga, 1990, p. 9.

comme un acteur socialement situé et interagissant ou interrelié dans les diverses relations sociales[16], a contribué à humaniser la justice pénale au point qu'actuellement, les droits de l'homme, ceux de l'infracteur et ceux de la victime, sont au centre de la réflexion criminologique sur la question pénale et sur les modalités de gestion des différentes situations problématiques, qu'elles soient juridiquement criminalisées ou non[17].

Les chercheurs des différentes disciplines des sciences humaines des universités de la ville de Kinshasa et de Brazzaville sont d'ores et déjà invités à fréquenter le Centre de criminologie et de pathologie sociale et à exploiter la documentation spécialisée, qui y est exposée.

Pour maintenir allumée la flamme de la criminologie que vous nous avez transmise, à la suite de votre maître, le professeur Guy Houchon, nous envisageons d'instituer la « Chaire de criminologie Guy Houchon » pour organiser chaque année des leçons de criminologie avec des criminologues prestigieux des universités du monde pour nourrir des échanges sur des situations problématiques des sociétés modernes, dans ce contexte de mondialisation, et sur la méthodologie de la recherche qualitative[18] sur ces situations. Nous serons d'ores et déjà heureux d'accueillir dans cette université, avec l'appui de tous, quelques congrès internationaux de criminologie.

Nous prenons, ce jour, l'engagement de vous consacrer des mélanges avec d'autres collègues disponibles. Que vive la criminologie à l'Université de Kinshasa !

Je vous remercie de votre attention.

Raoul Kienge-Kienge Intudi

---

16 *Ibid.*

17 A. BARATTA, « Droits de l'homme et politique criminelle », *Déviance et société,* 1999, vol. 23, n° 3, pp. 239-257.

18 POUPART, DESLAURIERS, GROULX, LAPERRIÈRE, MAYER, PIRES, *La recherche qualitative. Enjeux épistémologiques et méthodologiques*, Montréal, Gaëtan Morin, 1997.

Allocution du Professeur Alphonse Kapumba Nkodi, Secrétaire général académique de l'Université de Kikwit

Excellence Monsieur le Ministre de l'Enseignement supérieur, universitaire et de la recherche scientifique,

Monsieur le Recteur de l'Université de Kinshasa,

Madame la professeure Marie-Joséphine Idzumbuir,

Distingués invités en vos titres respectifs,

Au nom du Recteur et du Comité de gestion de l'Université de Kikwit, je présente des félicitations à madame la professeure Idzumbuir Marie-Joséphine pour son éméritat. C'est pour nous un honneur et une joie, à plusieurs titres, de participer à cette cérémonie. En effet, la professeure Idzumbuir a été pour l'Université de Kikwit, une personnalité importante dans la construction et l'organisation de cette université. Elle a été celle qui a lutté pour son extension et jeté des bases certaines pour son devenir actuel. On peut se rendre à l'évidence combien notre présence a été souhaitée et nous en sommes très fiers. Qu'il nous soit permis, non seulement d'évoquer ses qualités d'enseignante, mais aussi de ressortir ses capacités de gestionnaire et de *manager*, véritables atouts ayant préparé l'existence de notre institution.

Nous ne pourrons pas, dans le cadre de cette intervention, donner les détails de ce que les Kikwitois retiennent de l'expérience professionnelle de notre lauréate. Quelques faits relevés çà et là pourront, en raccourci, décrire l'itinéraire kikwitois de madame la professeure :

1. De 1992 à 1999, l'Université du Bandundu, ayant le statut d'un fait privé, Madame la professeure ordinaire a été res-

pectivement Vice doyen de la faculté de droit et Présidente de l'APEUB (Association des professeurs de l'Université du Bandundu), en remplacement du professeur Lubini.

2. De 2002 à 2009, Madame la professeure Idzumbuir a été Recteur de l'Université du Bandundu/extension de l'Université de Kinshasa. Nous lui restons reconnaissants dans son effort d'organisation et de mise à niveau des enseignements et de la recherche à l'Université de Kikwit. Pendant son mandat, elle a été reconnue comme une dame de fer, du fait de sa rigueur et de son sens d'excellence. On peut citer çà et là des œuvres et des actes posés pour l'épanouissement de la communauté universitaire : la réhabilitation des bâtiments ; la construction de la clinique universitaire en chantier, du cyber Vodacom, des latrines, du laboratoire ; la mécanisation du personnel académique, scientifique et technique et ouvrier ; l'aménagement du deuxième guest house qui héberge nos enseignants visiteurs, etc. Autant de faits refondateurs dans la mise en place d'une institution où nous pouvons nous considérer à juste titre comme des acquéreurs.

Nous formulons le vœu de voir et de revoir encore Madame la professeure assurer encore quelques cours à l'Université de Kikwit en plus de son soutien habituel et appréciable qu'elle ne cesse d'apporter pour la visibilité et la connaissance de notre université.

La professeure émérite restera pour l'Université de Kikwit un monument. Que son modèle de travail nous aide à mieux faire et à ne jamais nous décourager. Qu'elle trouve ici, l'expression de notre gratitude pour tout ce qu'elle a fait et continue à faire pour la reconstruction de notre *Alma mater*. Qu'elle accepte notre indulgence pour une fin de mandat agitée pour des raisons partisanes.

Vive la Lauréate.

J'ai dit et je vous remercie.

Pour le Comité de gestion de l'Université de Kikwit,
Le Secrétaire général académique,
Professeur Alphonse Kapumba Nkodi

Esquisse d'un portrait d'enseignante et chercheure en criminologie

Gérard Balanda Mikuin Leliel

Professeur émérite
Faculté de droit de l'Université de Kinshasa

À travers la présente contribution, l'auteur se propose de mettre en exergue et de présenter aux lecteurs, quelques traits de caractère de la lauréate dont les mérites lui ont valu de voir son nom servir d'identification du Centre de criminologie de la Faculté de droit de l'Université de Kinshasa, qui avait été inauguré le 16 mai 2013.

En effet, la majorité des discours officiels ou des communications des collègues, qui seront publiés dans le « *Liber amicorum* » dédié à la lauréate, n'ont pas abordé ou n'aborderont probablement pas les aspects de caractère de cette dernière qui, j'en suis certain, ont permis à l'intéressée de devenir ce qu'elle a été et est aujourd'hui.

Il m'a été donné de faire connaissance de Mademoiselle Marie-Joséphine Idzumbuir à Bruxelles en 1963, à la Maison africaine où étaient accueillis tous les étudiants venus d'Afrique. Elle étudiait au début à l'école sociale de Mons (Belgique). À cette époque, la Maison africaine servait, en effet, de centre d'accueil et d'hébergement des étudiants africains. Ces derniers pouvaient y trouver refuge pour passer les fins de semaines. À cette occasion, des manifestations festives, folkloriques et artistiques y étaient souvent organisées.

Marie-Joséphine et moi, fréquentions une même famille amie originaire du Congo. C'est ainsi que de bonne heure, je découvris en elle, tout d'abord, la volonté, et la détermination d'étudier et de se consacrer à l'éducation de la jeunesse car, c'était à cela que conduisaient les études dites sociales qu'elle avait entreprises à Mons où elle était inscrite après un séjour en Angleterre.

Ces traits dominants de son caractère ont marqué trois étapes importantes de sa vie : les études, la vie familiale et professionnelle. C'est ce que nous tenons à évoquer dans cette communication. Elle quitta ensuite Mons et vint poursuivre les mêmes études d'assistante sociale à Bruxelles où elle découvrit l'existence du centre de criminologie Léon Cornil, qui fonctionne au sein de la Faculté de droit de l'Université Libre de Bruxelles (ULB).

Son penchant d'être au service de la jeunesse en général fut orienté vers les études de criminologie de comportement, de traitement ainsi que de protection de la jeunesse en difficulté avec la justice. C'est ainsi qu'après l'obtention du diplôme d'assistante sociale, elle sollicita et fut autorisée à s'inscrire au centre de criminologie Léon Cornil, qui comportait deux années d'études postuniversitaires.

Sa détermination et le courage qui l'animaient lui permirent d'obtenir le diplôme de licenciée en sciences criminologiques avec mention. Il y a lieu de souligner que, aussi bien à l'école sociale qu'à l'ULB, peu d'étudiants congolais de sexe féminin y étaient inscrits à cette époque des années soixante. C'est dès lors, en se mesurant et en côtoyant les étudiants de sexe masculin de toutes les nationalités et origines que Joséphine a vécu longtemps. La compétition a ainsi aiguisé et affermi son caractère.

Peu nombreux en Belgique aux cours des années 1960 à 1970, les étudiants étrangers dont les Congolais, boursiers du gouvernement, devaient chaque fois réussir aux examens sans quoi, la bourse d'études leur était supprimée ; il s'ensuivait qu'ils devaient quitter la Belgique. C'est donc dans un climat continu de volonté de réussir sans oublier les actes d'expression diverse de racisme dont ils étaient victimes que, les étudiants congolais, à l'instar de tous les étrangers en général, ont vécu. Il fallait aussi lutter contre la rigueur du climat hivernal de ces années en Europe.

En 1965, Marie-Joséphine était parvenue à la fin de ses études au centre de criminologie lorsqu'elle se maria. Devenue une mère, une année plus tard, elle était obligée de s'occuper seule de leur premier bébé lorsque son mari fut obligé de rentrer travailler au Congo. Le couple avait, en effet, convenu que la jeune mère devait avoir l'opportunité de préparer les études doctorales. Tout en habitant Bruxelles, la jeune mère devait tous les jours se lever tôt pour donner les premiers soins au bébé et l'amener ensuite à la garderie d'enfants qui se trouvait éloignée du lieu où elle résidait, avant de prendre le train à destination de Louvain où elle avait choisi de préparer son doctorat en sciences criminologiques.

C'est à Louvain qu'elle travaillait avec le professeur Guy Houchon, un ami du professeur Émile Lamy, qui enseignait à l'Université officielle du Congo (UOC) à Élisabethville, devenue Lubumbashi. Émile Lamy était un des doyens qui ont marqué la faculté de droit de cette université. Ces deux professeurs ont joué un rôle déterminant dans l'encadrement scientifique de la doctorante. Nous devons aussi mentionner le soutien de la famille du professeur René Dekkers, recteur à l'époque de l'Université officielle du Congo où Marie-Joséphine était engagée en qualité de collaboratrice scientifique avant de devenir assistante auprès du doyen Émile Lamy.

La famille s'étant agrandie au moment où elle avait décidé de s'inscrire à l'Université de Louvain-la-Neuve pour les études doctorales, Marie-Joséphine devait prendre soin de quatre enfants qu'elle quittait chaque matin à Bruxelles où ils habitaient et qu'elle retrouvait seulement le soir et les samedis si elle ne devait pas se rendre à la bibliothèque. Ainsi, la voici mère modèle et dévouée à suivre en même temps la formation et les devoirs des enfants à domicile tout en faisant face aux exigences de ses propres études doctorales. C'est depuis lors que la jeune mère s'occupait de ses enfants ; elle continuera à le faire jusqu'à leur âge adulte.

Il y a dès lors lieu de rendre hommage au courage et à la femme au caractère trempé dont elle a toujours fait montre, que Marie-Joséphine obtiendra son doctorat en sciences criminologiques à Louvain-la-Neuve.

De retour au Congo, la jeune docteure commença une carrière professorale qu'elle gravira de professeure associée, pour atteindre le sommet avec le grade de professeur ordinaire. On n'oubliera pas aussi ses activités au sein de l'AED (l'Aide à l'enfance défavorisée) aux côtés du professeur Bayona-ba-Meya et de tant d'autres volontaires voués à la protection de la jeunesse congolaise.

Elle est la première congolaise, qui est entrée à la faculté de droit de l'Université de Kinshasa et qui a été admise à l'éméritat. Le parcours scientifique de la professeure Idzumbuir a été marqué par de nombreuses publications dont la valeur scientifique et l'intérêt voué à la cause de la jeunesse dite délinquante et de l'enfance défavorisée, ornent non seulement les rayons de la bibliothèque de l'UNIKIN, mais également ceux des bibliothèques étrangères. C'est dire combien ses ouvrages ainsi que de nombreux articles publiés ont été appréciés.

Tout en se consacrant à la tâche d'enseignante, professeure Idzumbuir a aussi pris grand soin de préparer la relève en se faisant entourer d'assistants parmi lesquels se trouve aujourd'hui le professeur Raoul Kienge-Kienge qui a suivi ses traces. En effet, le professeur Kienge-Kienge est allé, lui aussi, poursuivre les études doctorales de criminologie à l'Université de Louvain. À l'exemple de la professeure Idzumbuir, le jeune doctorant n'a pas tardé ni hésité de regagner aussitôt le pays alors qu'il aurait pu, à l'instar de nombreux jeunes, décider de chercher à se frayer une place qui permettrait de continuer à vivre ou à travailler à l'étranger.

Il y a dès lors lieu de saluer le courage de tous les jeunes docteurs qui acquièrent des titres académiques à l'étranger mais qui, en dépit de conditions peu reluisantes des enseignants nationaux qu'ils connaissent, acceptent néanmoins de rentrer au pays pour se joindre à leurs anciens maîtres en attendant d'en reprendre le flambeau.

C'est à l'allumage d'un de ces flambeaux que la professeure Idzumbuir s'est consacré toute sa vie. C'est en guise de reconnaissance de ses grands mérites que ses collègues membres du Département de droit pénal et de criminologie de l'UNIKIN ont décidé de donner son nom au centre de criminologie qu'ils ont inauguré le jour de la cérémonie officielle de l'éméritat de la professeure Idzumbuir.

C'est une voie royale que cette dernière a ouverte et tracée aux jeunes filles congolaises désireuses de s'engager dans l'enseignement universitaire au Congo. Non seulement cette catégorie de personnes, mais tous ceux qui veulent s'engager sur ce chemin parsemé d'embûches mais aussi de satisfaction intellectuelle intense, tous, devraient savoir que, jusqu'à présent et ce, hélas comme c'est le cas depuis plus de quarante ans, les conditions de vie et de travail ne sont pas aisées. Combien absorbantes sont, en effet, les charges multiples de formation non seulement intellectuelle, mais aussi morale, qui pèsent sur les épaules des enseignants des universités congolaises !

Que tous n'oublient pas dès lors de s'armer de courage mais aussi d'amour et d'abnégation que requièrent l'éducation et la formation de la jeunesse à laquelle la professeure Marie-Joséphine Idzumbuir s'est consacrée toute sa vie. C'est à l'image de cette grande dame que d'aucuns puiseront l'énergie qui leur permettront de gravir, comme elle, les différentes marches qui conduisent à la réalisation d'une existence au service des autres qu'est la profession d'enseignants.

Gérard Balanda Mikuin Leliel

Deuxième partie

La tradition de la recherche criminologique au Centre de criminologie et de pathologie sociale

Vers une criminologie africaine

Guy Houchon

Professeur à la Faculté de droit
Université de Kinshasa[1]

I. La recherche criminologique en Afrique au Sud du Sahara

On ne tentera pas ici de faire le point sur la recherche criminologique en Afrique au Sud du Sahara, mais de situer l'orientation prise par les recherches en République Démocratique du Congo. Un certain nombre de réunions internationales, régionales ou nationales en matière de défense sociale se sont tenues en Afrique : la Conférence interafricaine sur le traitement des délinquants de la Commission de coopération en Afrique au Sud du Sahara (Kampala, 1956), le XIIIe cours international de la Société internationale de criminologie sur « Le développement économique et le problème du comportement social » (Le Caire, 1963), la Réunion du groupe d'experts en matière de défense sociale à Monrovia [organisée] par la Commission économique des Nations unies pour l'Afrique (1964), le XVIe cours international de la Société interna-

[1] L'auteur de cette réflexion est actuellement Professeur émérite à l'Université catholique de Louvain en Belgique. Cette réflexion avait été élaborée alors qu'il œuvrait en tant que professeur à la Faculté de droit de l'Université de Kinshasa et directeur du Centre de criminologie et de pathologie sociale. Le titre complet de cette étude est le suivant : « Vers une criminologie africaine. Travaux du Centre de criminologie et de pathologie sociale de l'Université Lovanium-Kinshasa, République Démocratique du Congo ».

tionale de criminologie à Abidjan (1966), la Conférence sur les problèmes pénaux en Afrique de l'Est au Collège universitaire de Dar-Es-Salam (1966), la conférence annuelle Council of Social Service, qui a porté sur la délinquance juvénile (1965). La consultation des documents de travail de ces diverses réunions scientifiques est certainement très précieuse. On en retire cependant l'impression que les experts criminologues qui prennent part aux travaux ne disposent ni d'une expérience africaine suffisante, ni de données empiriques qui leur permettraient de formuler des hypothèses de travail spécifiques. Quant aux travailleurs locaux, ils manquent d'une formation théorique qui leur permette de lier leurs connaissances intuitives ou empiriques à la théorie du comportement criminel, de sa prévention et de son traitement.

Certains chercheurs ont compilé les informations relevant d'un secteur donné de la défense sociale en Afrique : prévention, traitement, données descriptives, évaluation, etc. Relevons les travaux de W. Clifford (1963, 1964, 1965)[2], J. S. Read (1966)[3] et G. Houchon (1967)[4].

Quelques travaux originaux d'importance doivent également être rappelés : ceux de T. Asuni (1963)[5] sur la délinquance juvénile nigériane, de J. M. Guth (1960)[6] sur la criminalité malgache, de S. Hugot (1968)[7] sur les aspects psychosociaux des

2 W. CLIFFORD, « Évaluation des méthodes utilisées pour la prévention et le traitement de la délinquance juvénile en Afrique au Sud du Sahara », *Revue internationale de politique criminelle,* 1963, n° 21, pp. 21-31 ; *id. « Crime and Criminology in Central Africa », in* T. GRYGIER, H. JONES, J. C. SPENCER (ed.), *Criminology in transition,* Tavistook London, 1964, pp. 210-233; *id.* « Problèmes de recherche dans le domaine de la criminologie en Afrique au Sud du Sahara », *Revue internationale de politique criminelle,* 1965, n° 23, pp. 11-19.

3 J. S. READ, Record of the Conference of Penal problems in East Africa, *East Africa Law Journal,* 1968, vol. 2, n° 1, pp. 1-71.

4 G. HOUCHON, « Les mécanismes criminogènes dans une société urbaine africaine », *Revue internationale de criminologie et de police technique,* 1966, vol. XXI, n° 4, pp. 171-192.

5 T. ASUNI, Preliminary study of juvenile delinquency in Western Nigeria, *Annales internationales de criminologie,* 1963, n° 1, pp. 186-192.

6 J. M. GUTH, « Quelques aspects de la criminalité à Madagascar », *Revue internationale de criminologie et de police technique,* 1960, n° 4, pp. 241 et s.

7 S. HUGOT, *Le problème de la délinquance juvénile à Dakar,* Mémoire de doctorat du 3e cycle, Dakar, 1968.

délinquants juvéniles à Dakar, le travail de Bohannan (1960)[8] sur le suicide et l'homicide, l'enquête du Centre international de l'enfance (1959)[9] sur l'enfance délinquante dans trois pays francophones d'Afrique, les travaux de criminologie marxiste de G. Boeringer (1968)[10] en Tanzanie. Enfin, plus aucun travail criminologique africain ne peut ignorer la somme de renseignements édités par A. Milner (1969)[11] dans une série de descriptions des divers systèmes pénaux en vigueur en Afrique.

De ce bref survol du matériel bibliographique en criminologie africaine, nous voudrions dégager trois groupes de conclusions qui fondent les bases épistémologiques et méthodologiques de notre travail au Centre de criminologie et de pathologie sociale à l'Université Lovanium.

1° L'état de la recherche

a) Les études sur la criminalité en Afrique ne sont pas très avancées, si l'on excepte les travaux d'ethnologie juridique qui nous paraissent d'une nature différente et que nous n'avons pas cités bien qu'il ne puisse être question de les ignorer.

b) Même lorsqu'un appareil méthodologique sérieux a été élaboré comme ce fut le cas dans l'enquête du CIE[12] et dans les travaux de K. Weinberg[13] au Ghana, les résultats ont rarement été analysés dans le cadre des connaissances criminologiques contemporaines.

---

8 BOHANNAN, *African Homicide and Suicide*, Princeton University Press, 1960, 228 p.

9 CIE, *Conditions de vie de l'enfant africain et délinquance juvénile*, Travaux et documents, XII, Paris, 1959, 175 p.

10 G. BOERINGER, *Developments in criminology in Tanzania*, Faculty of Law, University College Dar-Es-Salam, University of East Africa, 1969 (stencil).

11 A. MILNER (ed.), *African penal systems*, London, Routledge & Kegan Paul, 1969, 501 p.

12 CIE, *op. cit.*

13 K. WEINBERG, « Juvenile delinquency in Ghana : a comparative analysis of delinquents and non-delinquents », *Journal of Criminal Law, Criminology and...*, [la suite n'est plus visible suite à la mauvaise qualité du papier utilisé].

c) Parmi les hypothèses de travail utilisées par les chercheurs, on peut distinguer les hypothèses très générales, les hypothèses africaines spécifiques et la mise en œuvre des hypothèses de la criminologie moderne au niveau africain. On distingue, parmi les premières, celles qui consciemment ou inconsciemment reprennent des théories anciennes. Ainsi, par exemple les théories biologiques de type lombrosien ou post-lombrosien de la criminologie Nord-africaine de l'époque coloniale[14] ou les théories multifactorielles reprises sous l'influence de la criminologie européenne. Les hypothèses spécifiques portent essentiellement sur le rôle de la détribalisation ou du néotribalisme, de l'urbanisation et de l'industrialisation, de l'inadaptation de l'enseignement produisant des déclassés sans débouchés, de l'absence de loisirs organisés entraînant la formation des bandes d'enfants. Ces hypothèses fondées sur des facteurs spécifiques de la situation africaine peuvent être utiles à condition de se rendre compte qu'ils composent une configuration où les moyens de réalisation des buts culturellement valorisés et proposés par l'évolution socio-économique des pays anciennement colonisés ne sont pas suffisamment institutionnalisés. Cette évocation de la théorie de l'anomie nous confronte à la troisième catégorie d'hypothèses. La vérification des théories de base de la criminologie nous paraît fondamentale pour le développement de la recherche africaine, car même si elles apparaissent inadéquates et sujettes à révision, elles sont probablement les plus susceptibles d'orienter la recherche dans des voies fructueuses. Cette importante question théorique ne peut être traitée dans cet article. Une discussion intéressante de L. P. de Fleur, basée sur des matériaux sud-américains, mériterait d'être amplement commentée et, à notre avis, critiquée[15].

---

[14] Voy. F. FANON, *Les damnés de la terre*, Paris, Maspero, 1966, pp. 224-235.

[15] L. P. DE FLEUR, « Alternative strategies for the development of delinquency theories applicable to other cultures », *Social problems*, vol. 17, Summer 1969, n° 1, pp. 30-39.

Nous éloignant d'un empirisme extrême qui serait stérile, nous choisissons de considérer, à la suite de T. Parsons, la théorie commune variable indépendante du développement de la science.

2° Une criminologie africaine ?

L'hypothèse d'une criminologie africaine et même d'une criminologie du Tiers-Monde ne repose pas sur l'idée d'une « science régionale » et encore moins d'une science liée à des positions géopolitiques. Il nous paraît raisonnable de tenir compte d'un certain nombre de variables agissant de manière relativement uniforme sur la structure sociale, le processus de socialisation, la formation de la personnalité et les formes prises par la déviance. Il en est ainsi de la décolonisation, du rythme de la mobilité sociale (verticale et horizontale), de l'organisation d'un enseignement participant à l'effort de développement, des conflits de culture, de la recherche d'un équilibre politique nouveau, etc.

Dans cette mesure, on peut dégager des composantes majeures, les unes portant sur les situations de développement, les autres plus spécifiques, tenant compte des aspects particuliers de la structure sociale et de la culture des régions étudiées. Dans cette perspective, on peut, à notre avis, trop encourager le développement d'un Institut régional de Criminologie couvrant l'Afrique subsaharienne.

3° Les systèmes pénaux africains

Le problème classique des rapports entre droit pénal, politique criminelle et criminologie s'est concrétisé de nos jours dans la question des relations entre recherche et pratique criminologiques. Il importe dans ces circonstances de dresser un bref tableau provisoire de la structure pénale actuelle en Afrique, telle que nous l'apprécions tant de notre observatoire qu'à travers la bibliographie juridique et criminologique et la presse quotidienne.

a) La fonction pénale n'est pas encore suffisamment spécialisée parmi les diverses pratiques de contrôle social. Il en découle une absence de philosophie pénale et parfois le triomphe momentané de certaines idées communément reçues mais scientifiquement peu établies (effets des sanctions cruelles, publicité ou application intensive de la peine de mort, etc.).

b) L'observation d'un système judiciaire et répressif africain permet de poser l'hypothèse que les forces qui forment sa structure de décision sont largement étrangères au système lui-même. Le système en tant qu'organisme de solutions aux problèmes criminels montre une certaine incertitude dans la détermination de ses rôles et de sa hiérarchie.

c) La multiplicité des problèmes vitaux (éventuellement économiques) qui se posent aux pays en mutation rapide, impose un ordre de priorité naturelle qui n'accorde pas aux problèmes sociaux une place suffisante. Parmi les problèmes sociaux figure le problème criminel au sujet duquel se développe trop souvent l'impression qu'il peut être jugulé par le recours à la contre-violence.

d) Les progrès accomplis dans le domaine pénal dans les pays très développés sont encore trop récents pour impressionner suffisamment les jeunes États. D'autre part, à quelques notables exceptions près, la politique pénale coloniale – tout en veillant généralement à éviter des excès de rigueur nuisibles aux droits de la personne – était fondée sur des préjugés raciaux qui écartaient les recours aux méthodes modernes comme incompatible avec le développement social ou mental des colonisés.

e) Le système pénal copié sur des législations étrangères et souvent dans ses formes vieillies, est coupé de l'examen des processus sociaux alimentant la criminalité.

f) Le système normatif en vigueur est généralement composé de trois types de normes protégeant des intérêts sociaux distincts :

   1) Les prescriptions et types de procédure d'importation coloniale qui forment l'ossature principale des codes pénaux (ou de l'application de la Common Law en Sierra Léone). Les sanctions ont leurs formes empruntées au droit européen classique, souvent sans le bénéfice de leurs aspects modernes.

2) Les prescriptions et les types de procédure visant la protection des groupes au pouvoir. Les sanctions restent classiques, souvent très répressives. Les procédures sont parfois arbitraires.
3) Les prescriptions et les types de procédure visant la protection de normes traditionnelles coutumières. Les sanctions sont celles tolérées comme compatibles avec le droit écrit.

C'est dans ce cadre général que s'inscrit le développement de la recherche criminologique au Congo depuis 1966. Il importe cependant de mentionner les efforts consentis dans ce domaine pour [par] des chercheurs isolés avant cette date.

II. La recherche criminologique au Congo avant 1966

Il faut d'abord citer les rapports de voyageurs spécialisés en science pénale livrant leurs impressions sur les problèmes pénaux de la période coloniale[16]. L'attention de ces auteurs portait surtout sur les problèmes judiciaires et pénologiques. Un voyage d'étude entrepris en 1958 par l'auteur de ces lignes confirme l'idée que se développait à ce moment une spécialisation des services pénitentiaires dans les services généraux de l'administration de la Colonie et une politique du traitement des détenus axée sur le travail professionnel, l'abolition des châtiments corporels, l'introduction de la libération conditionnelle et l'organisation du système répressif. Cornil s'est également intéressé à la phénoménologie de certains comportements délictueux manifestement liés à des usages commerciaux coloniaux comme l'abus de confiance chez les kapita-vendeurs.

[16] Voy. P. CANNAT, « Réflexions sur la justice pénale au Congo belge », *Revue pénitentiaire et de droit pénal*, 1953, pp. 559 et s. ; P. CORNIL, « Réflexions sur la justice pénale au Congo belge », *Revue de droit pénal et de criminologie*, 1953, pp. 829-851 ; voy. aussi C. MOREAU DE MELEN, « Le traitement des délinquants au Congo belge », *Revue internationale de politique criminelle*, janvier 1954, n° 5, pp. 62-71.

En 1959, E. Lebrun[17] menait une étude sur la délinquance africaine en milieu urbain à Lubumbashi (alors Élisabethville). Il relevait le faible taux de la récidive, l'aspect « sain » de la délinquance, la rareté de l'homicide. Il signalait cependant une vulnérabilité de la société étudiée en raison tant de la neutralisation des contraintes sociales que de l'état de l'anomie qui la caractérisait. Il en déduit le caractère de pathologie sociale de la criminalité africaine plutôt que le résultat des pathologies individuelles.

J. Sohier[18] étudiait la criminalité de sang dans l'ancienne province de Léopoldville. Utilisant une méthode criminographique classique, l'auteur, après avoir étudié la courbe générale de ces formes de criminalité et les types légaux d'infractions, examinait les mobiles tels qu'ils apparaissaient à travers le matériel documentaire des dossiers répressifs et étudiait les caractéristiques des victimes et la répartition géographique des délits.

P. Raymaeckers[19], dans le cadre d'un travail sur l'habitat de squatting à Kinshasa (ex-Léopoldville), examinait certains aspects du vagabondage et de la délinquance juvénile de cette ville et résumait ses recherches dans un article où il insistait sur les problèmes posés par le chanvre, la sensualité, les vols et violences, ainsi que les principaux traits des bandes prédélinquantes et délinquantes.

Au XVIe cours international de criminologie à Abidjan, J. Houyoux[20] décrivait certains traits de la structure sociale congolaise et spécialement ceux qui prévalent chez les jeunes à Kinshasa (famille, situation scolaire, intégration sociale) qui

---

[17] E. Lebrun, « Délinquance africaine en milieu urbain », *Problèmes sociaux congolais – CEPSI*, n° 58, septembre 1962, pp. 3-92.

[18] J. Sohier, « Essai sur la criminalité dans la province de Léopoldville meurtres et infractions apparentées », *Académie Royale des Sciences coloniales*, t. 21, fsc. 1, Bruxelles, 1959, 312 pp.

[19] P. Raymaeckers, « Prédélinquance et délinquance juvénile à Léopoldville », *Revue internationale de politique criminelle,* 1962, n° 20, pp. 49-57.

[20] J. Houyoux, *Pathologie de la socialisation des jeunes au Congo,* Travaux du XVIe cours international de criminologie, Abidjan, 1966, Paris, LGDJ, 1968, pp. 613-630.

rendent compte de la participation des jeunes à la délinquance et aux mouvements de rébellion.

En 1964, S. Braudo[21] décrivait en termes de droit administratif l'organisation de l'administration pénitentiaire congolaise, en insistant sur l'urgence d'une amélioration des aspects matériels de l'équipement pénitentiaire.

Enfin, dans la partie de l'ouvrage édité par A. Milner[22] sur les systèmes pénaux africains, une contribution sociologique anonyme commentait quelques données statistiques très incomplètes sur le mouvement des condamnations et de la population pénitentiaire portant sur les années 1954, 1955, 1956 et 1958.

En conclusion, à l'exception du travail de E. Lebrun, les études descriptives intéressant les problèmes criminels ne présentent pas l'intégration d'un travail criminologique proprement dit.

III. Développement d'une criminologie congolaise

A. Les modèles de développement de la criminologie

L. Radzinowicz[23] a montré pour l'Italie, l'Allemagne, la France, la Belgique, les Pays-Bas, comment des pionniers ont travaillé au développement des criminologies nationales de leur pays respectif. Son analyse de la situation américaine, significativement intitulée « Un vaste laboratoire », est légèrement différente. Les sciences sociales comme discipline universitaire ont joué un rôle prépondérant dans la naissance d'une criminologie américaine. Un autre facteur de développement de la criminologie y fut un phénomène dont on omet souvent de parler : l'importance de la criminalité comme facteur culturel. De nos jours, on ne conçoit plus de travail criminologique qui n'implique à la fois un esprit d'équipe et d'interdisciplinarité[24].

[21] S. Braudo, « Les établissements pénitentiaires au Congo », *Pénant*, 76, n° 710, 1966, pp. 55-72.

[22] A. Milner (ed.), *op. cit.*, pp. 23-32.

[23] L. Radzinowicz, *Où en est la criminologie ?*, Paris, Paris, 1965, 235 p.

[24] G. Houchon, « Méthodologie criminologique et travail d'équipe interdisciplinaire», *Revue internationale de politique criminelle*, n° 23, 1965, pp. 37-47.

On peut distinguer trois grands modèles de développement universitaire de la criminologie moderne : le modèle canadien avec l'Institut de criminologie de Montréal, s'attachant surtout aux perspectives pédagogiques[25], le modèle français avec l'Institut de médecine légale et de criminologie clinique de l'Université de Lyon[26], organisant un service régional de criminologie clinique, et le modèle anglais de l'Institut de criminologie de l'Université de Cambridge[27] où la recherche empirique portant sur les problèmes pénaux nationaux est très poussée.

Un quatrième modèle de développement est certainement celui adopté par les institutions de recherche immédiatement intégrées à la vie des Administrations chargées soit du traitement soit de la prévention de la criminalité. Ainsi la Division of Research de la Youth and Adult Corrections Agency de l'État de Californie. On verra, au cours du bref historique auquel nous réserverons le paragraphe suivant, que ces diverses préoccupations ont également retenu notre attention et que selon les circonstances, nos efforts pourraient se développer dans une des directions suivies dans les modèles que l'on vient de rappeler.

B. Historique[28]

C'est par l'enseignement de la criminologie à la Faculté de droit que s'ouvrent les possibilités de développement de cette discipline au Congo. Un cours obligatoire de criminologie générale distinct du cours de droit pénal et de notions de criminologie fut institué dans le courant de l'année académique 1966-1967. Les étudiants en droit peuvent également suivre un séminaire de criminologie stimulant leurs recherches person-

---

25 Voy. D. SZABO, « Un nouvel enseignement de la criminologie à l'Université de Montréal», *Revue internationale des sciences sociales*, 1961, n° 2.

26 Voy. M. COLIN, « Essai d'une théorie de l'équipement », *in L'équipement en criminologie*, Masson et Cie, 1965, pp. 413-439.

27 Voy. L. RADZINOWICZ, « The study of Criminology in Cambridge », *The medico-legal journal*, 1961, pp. 122 et s.

28 G. HOUCHON, « L'organisation de l'enseignement et de la recherche en criminologie à l'Université Lovanium, Kinshasa (République Démocratique du Congo) », *Annales internationales de criminologie*, 1966, 2, 538-541.

nelles. Un cours de psychologie et de rééducation des enfants délinquants est organisé pour les étudiants en pédagogie et en psychologie, et les futurs sociologues suivent un cours de pathologie sociale et un cours de sociologie des problèmes sociaux. Enfin, le Centre de criminologie assume également la responsabilité de l'enseignement de la criminologie générale et spéciale aux étudiants de l'École nationale d'administration.

Dès le début de l'entreprise, deux orientations ont caractérisé le nouveau programme. D'abord, l'organisation d'un service de recherche. Le type d'enseignement dispensé dans une université francophone d'Afrique ne permet peut-être pas l'association des étudiants à la recherche empirique au même degré que dans les systèmes d'inspiration anglo-saxonne. Cependant, très rapidement, la Faculté de droit de l'Université Lovanium comprit la nécessité de fournir les rudiments de départ d'une recherche criminologique. Cette démarche fut largement facilitée par l'orientation moderne qu'y prend l'enseignement du droit pénal ainsi que par l'existence d'une cellule de recherche en droit coutumier, impliquant des techniques de recherche fort semblables aux nôtres[29].

La seconde caractéristique est la volonté de ne pas isoler la criminologie des autres sciences sociales et tranche ainsi définitivement en faveur du caractère sociopsychologique de cette discipline. Le Service de criminologie et de pathologie sociale devait ainsi orienter ses efforts vers la recherche dans le domaine des phénomènes déviants d'une société en pleine transformation. Des travaux étaient immédiatement entrepris en matière de statistiques pénitentiaires, sur l'état de la délinquance juvénile à Kinshasa, sur les techniques biographiques dans l'étude des processus de déviance et sur le jugement moral des étudiants. Des visites fréquentes étaient faites aux établissements pénitentiaires et un assistant social du service travaillait en permanence au pavillon des mineurs de la prison centrale de la capitale.

---

[29] Voy. A. Rubbens, J. Verhaegen, G. Houchon, « Avis », *in* « L'Assistance en matière pénale aux pays en voie de développement », *Revue internationale de droit pénal*, 39e année, n° spécial, pp. 161-171.

Un élément important du développement de la criminologie congolaise résulte de l'Ordonnance-loi n° 67/311 du 10 août 1967 organisant la politique scientifique en République Démocratique du Congo. Les statuts d'un Office national de la recherche et du développement (ONRD) lui fixent pour mission de développer, d'orienter et de contrôler les recherches scientifiques et techniques de tous ordres et d'analyser pour le gouvernement la conjoncture scientifique. L'Office comprend douze sections, une d'entre elles est la section des sciences juridiques et sociales. Un Département de criminologie y fut créé en décembre 1967. Son orientation devait être résolument de science appliquée et à cette fin, il fallait rendre son principal « client », le ministère de la Justice, sensible à l'intérêt d'une collaboration. Des pourparlers aboutirent à la signature d'un protocole d'accord portant sur la réalisation d'un projet de démonstration dans un établissement de garde et d'éducation de l'État pour l'enfance délinquante. Une tentative d'action directe sur les bandes spontanées de jeunes dans la rue fut entamée pour une période de six mois d'observation, récoltant de précieux renseignements sur les caractères morphologiques des groupements des jeunes désœuvrés et vagabonds. La situation de 1968 apparaissait comme très différente de celle décrite par Raymaeckers en 1961. Il fallut toutefois renoncer à une action directe des travailleurs sociaux détachés faute de crédits et de personnel qualifié. D'une manière générale, l'existence d'un Département de criminologie à l'ONRD accorde à cette discipline une structure officielle qui lui permet d'engager le dialogue avec les autorités du pays responsables de la politique criminelle. La collaboration du département avec l'université est cependant actuellement indispensable pour obtenir les moyens et le personnel de recherche.

Les diverses directions de recherche exigeaient donc une organisation dans le cadre universitaire permettant au seul Centre de recherche criminologique d'Afrique centrale d'asseoir les bases interdisciplinaires de ses travaux. C'est ainsi que naquit le Centre de criminologie et de pathologie sociale de l'Institut de recherches économiques et sociales (IRES) de l'Université Lovanium vers la fin de l'année 1969. L'équipe du centre comprend :

- Un directeur, professeur de criminologie à la Faculté de droit ;
- Un directeur adjoint, docteur en droit, licencié en criminologie ;
- Un chercheur, docteur en droit, licencié en criminologie ;
- Un assistant à la Faculté de droit, licencié en criminologie et en sociologie ;
- Un chercheur, licencié en sociologie ;
- Un docteur en médecine, spécialiste en médecine sociale (à temps partiel) ;
- Un docteur en médecine, neuropsychiatre (à temps partiel) ;
- Un docteur en médecine, pédopsychiatre (à temps partiel) ;
- Un assistant social ;
- Un enquêteur ;
- Une assistante de direction administrative ;
- Un employé.

On notera l'absence dans cette équipe d'un psychologue et d'un ethnologue-anthropologue qui n'ont pu être recrutés tant en raison de l'absence de crédits que de candidats compétents. La collaboration d'étudiants de dernière année est précieuse à condition que le personnel scientifique puisse les encadrer de manière suffisante. Cinq membres du personnel sont des nationaux, dont le directeur adjoint.

IV. Le programme de recherche pour l'année académique 1969-1970

Nous décrirons brièvement chacun des projets de recherche, certains d'entre eux sont entamés depuis 1966, deux seront probablement achevés dans le courant de l'année académique, mais la plupart peuvent être considérés comme des projets continus bien que faisant l'objet de publication et de rapports réguliers.

A. Méthodologie

a) Les techniques biographiques dans l'étude des processus de déviance

Les matériaux statistiques susceptibles d'entrer dans un modèle sociologique classique : variables indépendantes – variables dépendantes – variables intervenantes sont trop rudimentaires pour que l'on n'attache pas une priorité à la méthode monographique des cas individuels. Ce n'est qu'en 1969 qu'apparaissent les premiers résultats d'une étude sociodémographique de Kinshasa, qui permettront de calculer les taux de comportements déviants. Encore s'agit-il d'une enquête limitée par sondage aléatoire stratifié avec fraction sondée constante[30]. Les dernières enquêtes approfondies dataient de 1955. Or, entre cette date et l'indépendance, on estime l'accroissement de la population de 300 000 à 400 000 habitants pour être actuellement évaluée à 901 520 habitants. Selon une hygiène linéaire. Selon une hypothèse linéaire, l'augmentation moyenne et de l'ordre de 75 000 habitants[31].

D'autre part, les formes diverses de déviance sociale (criminalité, délinquance juvénile, vagabondage, alcoolisme, cannabisme, etc.) ne sont pas enregistrées. Les matériaux à partir desquels une statistique scientifique pourrait être élaborée sont souvent inutilisables.

Dans ces conditions, nous avons estimé utile de procéder à l'examen des processus sociaux conduisant à la déviance à partir de l'étude de cas individuels. Une méthode approfondie suit l'inspiration des travaux de l'école de Chicago (Burgess, Shaw, Sutherland). Une méthode plus brève, surtout employée dans le domaine de la délinquance juvénile, s'efforce de mettre en évidence les processus d'étiquetage social et de maturation délinquante. Les matériaux ainsi réunis sont destinés à trois fins :

– la découverte d'hypothèses de travail ;

30 République Démocratique du Congo, ONRD, Étude sociodémographique de Kinshasa, 1967, Rapport général, Institut national de statistique, 1969.

31 *Op. cit.*

- le recours à une formalisation et à une conceptualisation interdisciplinaires ;
- la transformation de l'enquête sociale en un véritable examen sociologique du cas individuel.

b) La mesure unidimensionnelle de la gravité de la délinquance

Une réplication de l'échelle d'estimation de gravité de la délinquance de T. Sellin et M. Wolfgang (1964) a été entreprise en milieu congolais à l'instigation de D. Akman et A. Normandeau[32]. Nous avons obtenu des résultats assez différents de ceux rencontrés pour d'autres cultures[33]. Nous avons toutefois conclu à une application possible de la méthode. La forte corrélation constatée entre deux parties de l'échantillon, indique que les jugements individuels se répartissent autour de certaines valeurs propres à chaque item et communes à l'ensemble des sujets, ce qui permet de conclure à la fidélité de l'instrument. Toutefois, ce travail doit être approfondi, notamment sur le plan méthodologique.

c) L'organisation d'une statistique criminelle congolaise

Avant 1960, date de l'Indépendance, un « Aperçu sur la criminalité » était publié dans le rapport que l'Administration de la Colonie présentait aux Chambres belges. Il s'agissait des statistiques judiciaires permettant tout au plus un dénombrement des principales infractions ayant donné lieu à une condamnation. Depuis 1960, en dehors des statistiques pénitentiaires publiées pour 1963, 1964, 1965 et 1966, plus aucune statistique criminologique officielle n'a été compilée. Un projet visant à organiser une mesure de la criminalité adulte et de la délinquance juvénile du pays pourrait se réaliser en deux étapes : une étape scientifique visant à fixer les principes de

32 A. De Boeck et G. Houchon, « Prolégomènes à une statistique criminelle congolaise », *Cahiers économiques et sociaux*, IRES-Lovanium, VI, 3-4, 1968, pp. 251-279.

33 Comp. A. Normandeau, « Étude comparative d'un indice pondéré de la criminalité dans huit pays », *Revue internationale de police criminelle (Interpol)*, novembre 1969, pp. 15-18.

collecte selon les exigences de la théorie de la statistique criminelle descriptive moderne, une seconde étape visant à appliquer le projet.

B. Sociologie de la maladie mentale

Parmi les comportements conduisant à un processus de réaction sociale et produisant un étiquetage du sujet, ceux associés à la maladie mentale revêtent, en milieu urbain, une importance considérable, en raison des liens évidents existant entre valeurs, normes culturelles, organisations culturelles de thérapie et le niveau de tolérance d'une société aux aberrations de ses membres. Dans une société connaissant de profonds changements, nous avons distingué trois secteurs importants qu'il nous était possible d'examiner.

a) L'analyse sociologique de la population consultant au Centre neuropsychiatrique de Kinshasa de 1963 à 1968

L'examen des fiches de consultation nous permet de distinguer un certain nombre de variables caractérisant la demande de consultation psychiatrique. Les données écologiques seront privilégiées afin de les comparer à un travail en cours sur la répartition géographique des condamnés pénaux. Si certaines données épidémiologiques peuvent ainsi être réunies, nous n'attachons cependant qu'un intérêt limité aux étiquettes nosographiques de la population étudiée. Celle-ci est considérée comme une masse de personnes que certains processus ont conduit à consulter des experts de la médecine moderne sur les problèmes de comportement ou de relation à autrui. L'étude détaillée des données de 1968 doit permettre la mise au point d'une nouvelle fiche de consultation plus proche d'un véritable questionnaire et qui serait susceptible de fournir des matériaux pour la vérification des hypothèses dégagées dans les premières analyses.

b) Maladies mentales et guérisseurs

À côté de la médecine moderne, la médecine traditionnelle est également utilisée tant dans le but de soulager la souffrance que comme agents de contrôle social. Il est intéressant de procéder à une étude qualitative de caractère exploratoire portant sur un nombre restreint de guérisseurs et choisis en fonction des possibilités du terrain. Les travaux descriptifs enrichissent d'ailleurs la connaissance de la culture dont la déviance est notre sujet d'étude. Le centre envisage cependant une étude géographique de la distribution des guérisseurs (de la ville) de certains quartiers de la ville qui permettrait l'ébauche d'une typologie de cette activité sociale.

c) Structure sociale et culture d'une institution

Le comportement déviant de certains citoyens peut les conduire à l'internement. Les conditions de vie d'un tel établissement en Afrique sont sensiblement différentes de celles des « institutions totalitaires » décrites par Goffman[34] et relèvent cependant de la même catégorie. On y observe une plus grande ouverture vers l'extérieur, une liberté de mouvement susceptible d'être perçue comme de l'anarchie, une réorganisation de la vie sociale des diminués sociaux vivant dans des conditions qui ne répondent pas aux normes hospitalières, même dans un pays en voie de développement. Une étude de la structure sociale et de la culture d'un établissement de ce genre est entreprise.

C. Criminologie

Sans anticiper sur un examen rationnel de l'ordre des priorités de la recherche criminologique[35], nous énumérons les quelques critères qui ont effectivement guidé notre action.

i- Pour des raisons déjà exposées, l'approche qualitative a été privilégiée par rapport à l'approche quantitative. Il ne s'agit que d'une option d'opportunité. L'amélioration des données relatives aux variables indépendantes rendra im-

[34] E. Goffman, *Asylums: Essays on the social situation of mental patients and other inmates*, Garden City, Ancher Books, 1961.

[35] Ce travail sera l'objet du rapport général « Les ordres de priorité en matière de recherche criminologique. Quels sont les critères à retenir dans ce domaine ? ». Rapport 1, Section III, VIe Congrès international de criminologie, Madrid, septembre 1970.

périeux le développement de travaux de statistiques criminelles.

ii- Le secteur de la délinquance juvénile est davantage étudié que celui de la criminalité adulte. Des raisons démographiques renforcent l'argument classique qui consiste à étudier par priorité la délinquance à sa source. 62 % de la population de Kinshasa a moins de 20 ans. L'âge moyen calculé sur l'ensemble des habitants de cette ville est de 17 ans et 10 mois. D'autre part, on obtient un plus grand consensus social lorsqu'il s'agit d'étudier un phénomène unanimement ressenti comme dangereux pour l'avenir de la communauté. La presse, les œuvres philanthropiques, les divers ministères, les autorités urbaines sont conscients des dangers qui pèsent sur l'avenir de la jeunesse. Leurs déclarations ou interventions sont parfois inadéquates et même alarmistes, mais elles entretiennent une sensibilisation sociale qui peut être utile au chercheur.

iii- La criminologie africaine doit résolument s'orienter vers l'étude systématique des pratiques pénales et de leurs résultats et vers la pratique quotidienne de l'examen socioclinique du délinquant. Nous avons déjà insisté sur les bases théoriques et méthodologiques de la tâche. En outre, un centre de recherche doit s'articuler le plus rapidement possible sur les lieux de traitement des délinquants. Le Centre de criminologie et de pathologie sociale a exploité la chance d'avoir à proximité du campus universitaire un établissement de garde et d'éducation de l'État pour mineurs délinquants (Mbenseke-Futi). On a pu y organiser un service d'internat de criminologie, un lieu de travail pour l'équipe de recherche et d'apprentissage pour des étudiants stagiaires[36].

---

36 Sur les problèmes d'équipement, voy. G. HOUCHON, « Modèles de recherche et équipement en criminologie », *in* M. COLIN (ed.), *L'équipement en criminologie*, Masson, Paris, 1965, pp. 173-231.

Les projets de recherche portent sur les matières suivantes :

a) Étude sur le jugement moral d'étudiants à Kinshasa

Cette recherche a pour but de savoir quel degré de gravité une population étudiante affecte à divers comportements sociaux (délictueux ou non). Les variables indépendantes de l'étude sont les éléments constitutifs des actes et certaines caractéristiques des sujets (âge, sexe, niveau de formation intellectuelle…). Une échelle de catégories appliquée à 162 items est administrée collectivement à des groupes totalisant 400 étudiants. Une analyse qualitative par interview complétera l'analyse statistique des résultats.

b) Aspects du comportement sexuel chez les mineurs à Kinshasa

La recherche est une contribution à l'étude des théories de l'association différentielle et de l'étiquetage social. Un questionnaire distribué dans trois écoles de jeunes filles portant sur des comportements sexuels déviants a permis d'en dégager la fréquence. On a également examiné la réaction des parents et des enseignants. Face à ce background sociologique, un nombre réduit de jeunes filles étiquetées délinquantes en raison de leur comportement sexuel a été étudié par la méthode des cas individuels.

c) Aspects neurologiques et psychométriques des enfants de Justice

La littérature criminologique africaine attache généralement peu d'importance aux conditions biopsychologiques de criminogenèse en matière d'enfance délinquante, sans toutefois que des données empiriques solides soutiennent cette hypothèse. Il se peut que ces aspects soient négligés dans la mesure où les spécialistes des disciplines intéressées sont rares en Afrique. Une étude systématique sur l'aspect [du] développement des enfants de Justice est entreprise.

d) Développement communautaire et prévention de la délinquance juvénile dans un quartier

L'examen de plusieurs cas des jeunes internés dans un établissement relevant de l'administration pénitentiaire a mis en évidence le désarroi, voire la démission des familles, l'inconsistance des techniques éducatives, le caractère souvent arbitraire des pratiques policières et une politique répressive assez désordonnée. Des réunions des parents dont certains enfants ont été officiellement qualifiés délinquants, visent à obtenir une prise de conscience par des personnes des solutions collectives qu'elles pourraient spontanément suggérer aux autorités administratives et judiciaires au niveau de leur communauté.

e) Projet de démonstration dans un établissement de garde et d'éducation de l'État

Ce projet est l'épine dorsale des activités cliniques du Centre. Il est réalisé en collaboration avec le Département de criminologie de l'ONRD. Les objectifs, les moyens d'action à la disposition de l'équipe scientifique font l'objet d'un protocole signé par le ministre de la Justice. Le programme du projet comprend :

- L'examen de personnalité et des milieux sociaux des mineurs délinquants ;
- L'observation du comportement du mineur en établissement ;
- L'organisation du traitement institutionnel ;
- La formation du personnel.

Il faut insister sur le fait que la mission du personnel scientifique est de conseiller et de guider les efforts du personnel de l'administration, sans aucun abandon des responsabilités de celui-ci. Une réunion mensuelle groupant des représentants de la juridiction de l'enfance, de l'administration et de l'équipe scientifique permet de dégager une perspective nouvelle en matière de traitement de l'enfance délinquante en tenant compte tant des progrès de la science que des réalités quotidiennes d'un pays en voie de développement.

f) Théorie générale d'une criminologie africaine

Les besoins de l'enseignement et l'organisation de nouvelles hypothèses de recherche en criminologie africaine nous font considérer comme nécessaire la rédaction d'un ouvrage réservé à la criminologie générale conçue dans cette perspective. Enfin, nous envisageons l'édition d'un recueil (*reader*) groupant des travaux portant sur divers aspects des phénomènes criminels en Afrique qui sont éparpillés dans la littérature afin de les mettre plus facilement à la disposition d'étudiants en droit, en sociologie et en psychologie.

Conclusion - Planification et défense sociale

On insiste beaucoup depuis un certain temps sur la nécessité d'intégrer les schémas de défense sociale dans le contexte du développement national[37]. On peut penser à juste titre que notre approche est beaucoup plus parcellaire (*piecemeal*), elle s'ajuste à un contexte local dans lequel on rencontre des structures d'intérêts, des institutions préétablies, des usages avec lesquels il faut composer. Il nous a paru, dans une première étape, plus réaliste de tenter de satisfaire les exigences méthodologiques qui ont été dégagées au début de cette note. Dans le cadre du Département de criminologie de l'ONRD, une approche holistique et globale de la défense sociale ne correspondait pas avec la situation de fait dans laquelle nous nous efforçons de promouvoir la criminologie.

Ce premier effort d'organisation de la criminologie comme discipline scientifique au Congo était sans doute une phase nécessaire, qui précède l'instauration d'un dialogue permanent avec les autorités politiques, au sujet de la planification en matière de défense sociale. Cette tâche devrait s'accomplir dans le cadre du Département de criminologie de l'ONRD.

Guy Houchon

[37] Voy. « La défense sociale dans le contexte du développement national (Secrétariat de l'ONU) », *Revue internationale de politique criminelle*, n° 25, 1967, pp. 3-8 ; W. CLIFFORD, « Le crime et la planification du développement », *ibid.*, pp. 9-22.

Sociogenèse et dynamique criminelle de la délinquance juvénile à Kinshasa[1]

G. Atiwiya
G. Houchon
J.-P. Munganga
H. Tshimanga

Service de criminologie et de pathologie sociale
Faculté de droit,
Université Lovanium

Le travail dont nous ne présenterons que quelques aspects, est le produit d'une équipe de recherche que nous avons constituée au Service de criminologie et de pathologie sociale de l'Université Lovanium, [au] Congo-Kinshasa. Faute de personnel spécialisé, il ne s'agit pas d'une équipe interdisciplinaire proprement dite ; composée de criminologues, sociologues et de travailleurs sociaux, elle attend la collaboration d'un psychologue et, si le petit nombre de psychiatres au Congo ne faisait pas apparaître ce vœu comme une chimère, celle aussi partielle d'un représentant de cette discipline.

Les matériaux empiriques[2] qui ont été collectés tant comme sources que comme résultats des réflexions qui vont suivre, por-

[1] Cette étude fut publiée dans la *Revue juridique du Congo*, 1re partie : Droit écrit, 44e année, juillet - août - septembre - octobre - novembre - décembre, 1969, n°s 3 et 4 (publiée par la Société d'études juridiques du Katanga), pp. 231-243.

[2] Ces matériaux n'ont pu être réunis que grâce aux autorisations obtenues auprès des autorités judiciaires et administratives. Nous remercions particu-

tent sur la délinquance juvénile à Kinshasa en 1965 et 1966. Ils ne font toutefois pas l'objet d'une communication détaillée, nos chiffres et les notes bibliographiques étant publiés ailleurs[3]. Nous avons accès à la documentation écrite du Tribunal des mineurs de Kinshasa et aux dossiers des Établissements de garde et d'éducation de l'État. Ces établissements font l'objet d'une observation-participation systématique et continue. Toutefois, l'approche privilégiée consiste en une étude approfondie d'un très petit nombre de mineurs dont l'examen est amorcé en milieu pénitentiaire et comprend une enquête sociologique des milieux de vie. Les cas sont choisis de sorte qu'une libération proche des sujets permette de les suivre en milieu libre. L'approche statistique de départ, qui devait fournir des indications sur la représentativité des cas, est à ce point rudimentaire qu'on ne peut espérer la développer actuellement en une étape autonome valable d'examen du phénomène de masse. Les statistiques criminologiques sont constituées directement par nous en compilant des données officielles brutes très incomplètes. Les informations démographiques, écologiques, économiques et sociales – lorsqu'elles existent – sont toujours trop anciennes, compte tenu du changement social intense, pour pouvoir élaborer un système de corrélations.

Dans ces conditions, l'examen des processus sociaux conduisant à la délinquance se poursuit à partir de l'étude des cas individuels et des groupes de délinquants que l'on peut approcher. Il nous a paru que dans notre dénuement, c'était la moins mauvaise méthode susceptible de susciter des hypothèses de travail scientifique qui représentent le seul résultat du travail effectué jusqu'à présent et entamé dans le courant de l'année académique 1966-1967. Les cas seront donc étudiés dans l'avenir non pas principalement pour en extraire des collections

---

lièrement Monsieur le Juge des Enfants, R. COPPIETERS'T WALLANT, du tribunal de district de Kinshasa et la Direction des établissements pénitentiaires du Ministère de la Justice. Une aide financière a été accordée au Service (de criminologie et de pathologie sociale) par l'IRES-Lovanium.

[3] G. HOUCHON, « Les mécanismes criminogènes dans une société urbaine africaine », *Rev. int. criminol. & pol. techn.* (Genève), n° 4, vol. XXI, 1967, 271-292.

de facteurs ou des séries d'attributs et de caractères, mais pour qu'émerge une typologie de processus. On indiquera d'abord l'impasse en criminologie africaine, plus qu'ailleurs, de l'approche factorielle classique, où une ou plusieurs variables indépendantes brutes sont mises en corrélation avec la variable dépendante (délinquance ou type de délinquance). Nous le montrons en partant des données sur le milieu familial, le milieu scolaire, l'urbanisation et les conditions économiques.

Plusieurs travaux se sont évidemment attachés à mesurer les carences du milieu familial des délinquants africains. Nos propres données – auxquelles selon notre conception nous n'attachons qu'une valeur d'indication rudimentaire – montrent l'importance statistique du décès du père lorsqu'on groupe orphelins de père et orphelins complets. Toutefois, si l'on s'attache au milieu de vie immédiat de l'enfant, à l'époque de l'infraction, c'est l'absence de la mère qui paraît la plus importante. Si l'on examine les différences de fréquences entre ceux qui vivaient avec leurs deux parents et ceux qui vivaient avec un membre de la famille étendue, on s'aperçoit qu'elles indiquent une proportion plus importante et statistiquement significative de délinquants vivant avec un membre de famille étendue, pour chacune des deux années étudiées. D'autre part, en comparant la nature de la délinquance des deux groupes, on remarque que la délinquance de groupe de ceux qui vivent avec un parent éloigné est plus violente. Ces données n'ont cependant qu'une valeur relative et doivent être replacées dans le cadre de la spécificité du milieu familial africain urbain en transformation. Le rôle criminogène du milieu familial inadéquat a été analysé dans les sociétés occidentales comme un facteur susceptible de troubler une socialisation qui devrait s'effectuer pendant les plus jeunes années dans la famille nucléaire par l'identification successive aux deux images parentales. Celle-ci réussit, notamment, grâce à la charge affective des relations parents-enfants[4]. Le rôle de la famille africaine est à la fois plus large et moins axé sur des

[4] Sears, Maccoby, Levin, *Patterns of child rearing,* Row Paterson et Cy. Evanston, 1957; Bandura, Walters, *Social learning and personality development,* Holt & Rinehart, NY, 1963.

relations affectives que sur l'exposition du sujet à des modèles conformes à un certain nombre de valeurs. C'est ainsi que « très jeune, l'enfant Mukongo[5] fait de longs séjours chez d'autres membres du lignage ».

« L'identification qui est demandée à l'enfant, ne vise pas une personne, mais une collective »[6]. Les recherches de Weinberg[7] au Ghana et du CIE[8] à Douala ont également montré qu'il importait davantage de s'interroger sur les motifs du déplacement de l'enfant africain que sur sa mobilité. Dans une société où l'acquisition de l'instruction est une valeur rare, le transfert de l'enfant chez un parent qui, habitant en ville l'hébergera pendant ses études, pourrait être un facteur positif dans le processus de socialisation de l'enfant. Dans les sociétés traditionnelles, le rôle de la famille est à ce point fondamental qu'elle en gagne paradoxalement une certaine souplesse. Une série de structures supplétives interviennent en cas de dissociation par la mort ou le divorce. Il arrive trop souvent que ces mécanismes régulateurs ne fonctionnent plus que très partiellement en milieu urbain et notamment lorsqu'ils sont sollicités en dehors des cas pour lesquels ils ont été prévus. Ainsi, l'oncle maternel d'un enfant Mukongo vivant en régime matriarcal recevra son neveu venant de la brousse, et lui assurera un confort et une aisance matérielle mais pourra n'accorder aucune attention à ses activités, alors qu'il s'en souciera pour ses propres enfants. Ces diverses considérations indiquent la nécessité de préciser de nouvelles unités de recherche. Ces situations dynamiques que l'on pourrait alors quantifier dans des échantillons répondant aux critères de représentativité et de comparabilité peuvent être découvertes sous la forme de séquences dans

---

[5] Originaire de la province du Bas-Congo.

[6] P. ERNY, « Situation Œdipienne chez l'enfant Mukongo », *Psychopathologie africaine*, vol. 11, n° 2, 1966, pp. 179-195.

[7] S. K. WEINPERG, « Juvenile delinquency in Ghana : a comparative analysis of delinquents and non-delinquents », *Journal of Criminal law, Criminology & Police Science*, 1964, pp. 471-481.

[8] CIE, *Études des conditions de vie de l'enfant africain en milieu urbain et de leur influence sur la délinquance juvénile*, Paris, 1959.

l'histoire de vie de délinquants considérés comme « types sociaux ».

Il est malaisé d'établir des corrélations intéressantes entre scolarisation et délinquance juvénile parce que toute une série de concepts demandent à être précisés. Toutefois, l'examen des données africaines indique la naïveté de la conception du XIXe siècle selon laquelle à l'ouverture d'une école correspondrait la fermeture d'une prison. On observe généralement au Congo-Kinshasa un taux de scolarité primaire satisfaisant si on le compare à d'autres pays africains, asiatiques ou sud américains ; mais il n'en est plus de même au niveau de l'enseignement secondaire. D'autre part, quand on étudie en détail le degré primaire, il apparaît que ce sont surtout les premières années qui sont peuplées. Un décalage identique existe entre le nombre d'élèves en première et en seconde année du secondaire. Ces dénivellements joints à l'importance considérable du phénomène de retardement posent la question de la valeur des connaissances acquises et des diplômes acquis sur le marché du travail.

Dans un climat culturel où l'accent est mis sur le prestige de l'instruction, mais où l'on accorde aussi volontiers des effets magiques à l'octroi d'un diplôme, les frustrations se situent à plusieurs niveaux : difficulté de trouver une place dans le réseau d'enseignement, difficulté d'y obtenir une réussite suffisante, difficulté de pousser les études réussies à un stade ultérieur vers lesquelles les premières semblent entièrement orientées, difficulté de valoriser les diplômes et les connaissances acquises sur le marché du travail. Dans ces conditions, chaque échec risque de pousser les jeunes vers l'exploration d'alternatives valorisantes. Si la structure sociale n'offre pas aux jeunes une gamme assez attrayante de rôles et statuts substitutifs en cas de frustration, il est naturel qu'ils renoncent aux buts culturels proposés d'autant plus qu'ils le sont avec beaucoup d'inconséquence – ou qu'ils tentent de les atteindre par des voies illégitimes. On aura reconnu le schéma classique de l'anomie mertonienne. Mais c'est là une généralisation hâtive à partir d'un problème particulier de la structure des possibilités de promotion sociale. Le caractère mécanique du balancier anomique irrite celui qui se pose des questions de criminologie appliquée, aussi ce sont les situations anomiques avec leur *anomia* vécue par le sujet qui nous intéressent à titre d'unité de recherche.

La liaison entre urbanisation et délinquance juvénile dans les pays sous développés est controversée. En réalité, comme l'a montré K. Weinberg à partir de ses observations à Accra, si l'on veut apercevoir le rôle de l'urbanisation sur la délinquance, le premier phénomène devrait être évalué moins en termes de caractéristiques urbaines (taille, densité, mobilité, hétérogénéité) qu'en tant que processus global affectant le territoire urbain. L'intérêt se déplace ainsi des variables formelles vers leur contenu dynamique et répond à une perspective plus culturaliste. Nous doutons, cependant, que l'on puisse appréhender opérationnellement ce processus global et nous croyons devoir l'analyser en divers processus sociaux partiels, d'éducation, de socialisation, de communication interpersonnelle... Or, les données de la sociologie urbaine africaine sont trop éparses pour nous aider. On a bien étudié les aspects formels de la croissance urbaine, on s'est intéressé à la transformation des institutions que les ethnologues avaient étudiées en milieu traditionnel, mais les connaissances sont trop partielles pour servir de stock de variables à une étude sur la déviance. Ici encore, une collection des cas détaillés est susceptible de montrer quels sont les processus sociaux de la carrière. Nous partons évidemment de l'hypothèse selon laquelle la délinquance est un produit de groupe.

On ne peut analyser la situation criminelle d'une ville africaine sans se référer à la misère. Les problèmes d'approvisionnement, de chômage, de logement, de sous-développement sont de ce point apparents que la tentation d'en faire non plus des éléments de la structure sociale dans laquelle éclôt la délinquance, mais les « facteurs criminogènes » par excellence atteignent même certains esprits scientifiques sérieux[9]. Rappelons d'abord que cette misère ne prend tout son sens que confrontée à certains succès, aux inégalités qui suscitent des

---

[9] L. M. Raymondis, « Criminalité dans les pays francophones d'Afrique », *Annales internationales de criminologie*, vol. 6, n° 1, 1967, pp. 19-41.

valeurs contradictoires chez les groupes défavorisés. Les milieux de misère absolue, comme il en existe « à l'intérieur », connaissent certes la révolte, mais la démoralisation, la déviance individuelle ou par petits groupes se développent sur un terrain de comparaison. Il est important de noter qu'actuellement encore la richesse représente pour l'Afrique « la détention, même très provisoire, d'un certain nombre de biens qui lui permettent de participer à un système de relations symboliques »[10]. L'omniprésence du secteur tertiaire joue un rôle déterminant dans la tension que suscitent les problèmes de « status » que connaît le plus miséreux, le plus anonyme, le plus écrasé des chômeurs urbains.

L'exemple du port de lambeaux de chemise sans que ces oripeaux ne remplissent plus aucune fonction de l'habit, ni chaleur, ni protection, ni décoration, mais portés comme symbole pur de l'urbanisé est bien connu. Le rôle des « investissements somptuaires » dans la vie sociale africaine n'est plus à décrire (dot, fête). Les tentatives de les supprimer ou de les réglementer appartiennent aux techniques juridiques occidentales classiques. Elles risquent d'accroître les tensions entre système traditionnel et système importé. Elles ne peuvent que grossir le volume des législations d'acculturation dont on espère une solution miracle au sous-développement. Cet espoir est d'autant plus vain que les organes de contrôle sont faibles.

Face à ce problème économique, examinons la structure de la délinquance juvénile à Kinshasa de 1956 à 1966. Les délits contre les biens intéressent 95 % (1956, date du maximum) à 48,70 % (1966, date du minimum) de l'ensemble de la délinquance. Tandis que le volume de la délinquance juvénile mesuré par le nombre de mineurs jugés a doublé pendant cette période, tandis que croît le nombre de mineurs amenés devant le juge dans une proportion de 1 à 10, la délinquance contre les biens prend une importance plus réduite. On voit s'accroître la proportion des délits de violence (2,14 % en 1959, 5,30 % en 1965, 10,20 % en 1966) des délits sexuels (2,99 % en 1959,

10 P. HUGON, « Les blocages socioculturels du développement en Afrique noire », *Tiers-Monde*, VIII, 31, juillet-septembre 1967, pp. 699-709.

11,80 % en 1965, 19,30 % en 1966) et des délits « divers » (8,57 % en 1959, 21,20 % en 1965, 21,80 % en 1966).

La recrudescence de la violence en ville pourrait bien être un phénomène artificiel résultant, entre autres, du renforcement de l'hétérogénéité du milieu urbain, suscitant des recours plus fréquents aux autorités pour résoudre les conflits au niveau des parents des délinquants. Il s'agit des bagarres entre jeunes qui échouent devant le magistrat parce qu'une entente au niveau des parents des protagonistes a été impossible ou jugée telle par des intervenants privés ou publics. Il en va de même en matière sexuelle où la délinquance est surtout représentée par des viols. En réalité, il s'agit très souvent des relations sexuelles normales et précoces avec des filles dont le consentement est sans valeur juridique et qui n'ont pas abouti à l'indemnisation amiable de la famille ou au mariage. Parmi les infractions diverses, notons l'importance de l'inconduite (8,6 % en 1966). Il s'agit de l'accroissement de la demande en correction paternelle indiquant une baisse du sentiment d'obligation d'éduquer sa progéniture. Le vagabondage généralement lié à la consommation du chanvre représentait 10,2 % de la délinquance en 1966. Dans un autre milieu africain, d'autres chercheurs ont plutôt interprété la demande en correction paternelle comme un appel des parents à des personnes plus fortes qui permettraient une insertion réussie de l'enfant dans un milieu qui « les dépasse ». L'analyse des motivations des familles examinées ne permet pas à Kinshasa, cette observation assez réconfortante[11].

Le vol revêtant l'importance qu'on lui connaît, nous l'analyserons dans ses liens avec l'âge du délinquant et selon la nature du bien volé. Dans nos échantillons, là où les deux renseignements voisinaient avec précision, un tiers des cas étaient représentés par des vols d'argent de jeunes de 17 à 18 ans. La moitié des vols sont des vols d'argent, les sommes volées sont très variables. On notera que les techniques les plus fréquemment rapportées pour les vols de sommes peu élevées sont

[11] ORTIGUES, COLOT, MONTAGNIER, « La délinquance juvénile à Dakar. Étude psychologique de 14 cas », *Psychologie africaine*, vol. 1, n° 1, 1965, pp. 85-130, spéc. P. 93.

élémentaires : vol à l'esbroufe, à la bousculade, à l'arraché. Les vols d'objets divers sont de moitié moins fréquents que les vols d'argent. Ils portent sur des postes de radio, des montres, des cigarettes, des vêtements. On note un seul vol de vélo et pas de vol de véhicule. Il est vrai que les vols de véhicule sont généralement considérés comme des délits de groupes favorisés. Les objets volés sont souvent très immédiatement « consommés » par les sujets eux-mêmes et perçus par eux comme des symboles statutaires. Ce que nous venons de dire au sujet du facteur économique ne peut être interprété comme une négation de l'importance sur la vie sociale. Plus précisément encore il ne s'agit pas de nier que la subsistance représente un problème important pour une grande partie des mineurs de Kinshasa. Mais toute une vie parallèle à la vie économique moderne se développe pour répondre à ces besoins. La situation particulière du sous-développement souligne avec force la nécessité de chercher les traductions sociopsychologiques que subissent les faits économiques bruts pour jouer un rôle tant au niveau de la structure sociale qu'au niveau des comportements du sujet en situation. Toute interprétation économique – paupériste – du vol africain nous paraît entachée d'incompréhension du contenu de l'acte et du rôle symbolique du produit du délit. Il s'agit d'une conception qui réduit l'économiquement faible à un schéma psychosociologique sans substance. C'est la psychologie élémentaire du « ventre » affamé n'a pas d'oreille étendue à tout l'appareil psychique. Il y a là une conséquence des mécanismes psychologiques très subtils engendrés par la panique que suscite chez l'observateur l'identification au sujet affamé. M. K. Bacon, I. L. Child, H. Barry[12] ont montré dans une étude cross-culturelle de la délinquance portant sur quarante-huit sociétés sans littérature qu'une société à haute différenciation statutaire est une société génératrice de vol, tandis qu'une société où règne la suspicion dans les relations interpersonnelles, comme la société traditionnelle, suscite une délinquante violente.

12 BACON, CHILD, BARRY, « A crosse cultural study of correlates of crime », *Journ. Of Abnorm. & Soc. Psychol.*, vol. 66, 4, 1963, pp. 291-300.

L'évolution des données empiriques sur la délinquance en bande est d'ailleurs susceptible d'orienter les recherches. Elle a connu une profonde modification dans les 5 dernières années à Kinshasa. Vers 1960-1962, on a pu décrire un grand nombre de bandes de dimensions importantes, très fortement structurées, attachées à un territoire dont elles défendaient l'accès, exerçant entre elles une activité guerrière (P. Raymaeckers, 1964). Nos données sur la complicité pour 1965 et 1966 indiquent que 22 % de nos cas ont agi en état de participation criminelle ; mais il s'agit des paires, de trois ou de quatuors. Les informations recueillies sur le terrain indiquent que les bandes sont beaucoup moins nombreuses et surtout moins structurées qu'auparavant. Les observateurs sont d'avis qu'une profonde modification de la délinquance associationnelle s'est opérée. Il semble raisonnable de chercher les causes de cette transformation dans le changement social de la vie urbaine. L'examen des cas individuels vise évidemment à préciser les traits nouveaux d'une sous-culture qu'il faudra ensuite localiser tant sur le plan écologique que dans la structure sociale. Les composantes dominantes actuelles sont : adolescence à partir de 15 ans – la limite supérieure est mal connue en raison du chevauchement des catégories mineurs – majeurs –, privation d'un foyer permettant la valorisation individuelle et sociale du sujet, scolarité interrompue, désœuvrement, consommation habituelle du chanvre, sexualité prénuptiale voire érotisme mêlé aux interprétations magiques, larcins et fraudes. Les lieux fréquentés sont quelques centres névralgiques où se développent les moyens de subsistance parallèles : petits travaux, petits services et surtout colportage. L'argot de ces jeunes est mouvant, imagé, emprunté au mythe cinématographique et au mythe de la mobilité sociale. Les valeurs sont centrées sur l'allure « chic », la parade (« crâner »), le prestige. Il y a entre ces jeunes et la police, de nombreuses interactions réciproques : contrôles, arrestations, palabres, détentions prolongées juridiquement floues, qui forment les séquences d'un processus de marchandage marquant continuellement leur existence[13].

[13] Un travail descriptif est actuellement en cours sur le terrain dans le cadre

Les hypothèses dégagées dans cette première approche sur la délinquance dans le milieu urbain africain étudié peuvent suggérer une délinquance juvénile comme produit d'une organisation sociale différentielle insuffisamment contrebalancée par une organisation sociale prônant les valeurs légitimes. Cette hypothèse n'est pas invraisemblable, compte tenu du climat propre aux conflits culturels générateurs de déséquilibres sociaux.

Une alternative serait que le phénomène que nous appréhendons comme représentant la délinquance juvénile ne soit que la partie apparente d'un mode général de vie dans une partie assez large de la société adolescente urbaine et dont un certain nombre de jeunes seraient confinés dans des rôles délinquants par un procédé d'étiquetage social. Quelle que soit l'orientation choisie, l'examen des histoires de vie dans nos recherches ultérieures sera centré sur les processus d'apprentissage des normes et d'adhésions aux valeurs et sur la formation de la conception de soi.

Le cas que nous présentons en illustration a fait l'objet d'une observation par notre équipe à la demande de monsieur le juge des enfants du Tribunal de District de Kinshasa. Toutes les références permettant l'identification du sujet ont été modifiées. Nous avons toutefois maintenu la forme d'un « rapport » tel qu'il s'adressait au magistrat.

X. Tharcisse, né le 4 janvier 1952 à Kisangani, RMP[14]. Situation au moment de la rédaction du rapport : évadé de l'Établissement de garde et d'éducation de l'État de B.

Constellation familiale

Père : Joseph, né à M. en 1915, territoire K., district Lac Léo II, province de Bandundu. Habite rue M…, commune de Kinshasa. Il a fréquenté l'école primaire de son village où il a fait 3 années de scolarité. Il a travaillé à la société F. comme

des travaux de l'année 1968 du Département de Criminologie de l'Office National de Recherche et de Développement.

14 Registre du Ministère public.

coupeur de caoutchouc. Il suit le catéchisme et sera baptisé en 1934. Le 8 juillet 1943, il se présente comme volontaire à la Force publique et poursuivra sa carrière à l'ANC[15] jusqu'au grade de 1er sergent-major. Il a été licencié en 1965 et reçoit une pension (6 Z.). Sa carrière militaire s'est poursuivie d'une manière satisfaisante, il n'a encore aucune condamnation et n'a reçu que deux sanctions disciplinaires au début de sa carrière, l'une pour avoir commis l'adultère avec l'épouse d'une recrue (pratique qu'il définit comme tout à fait courante à la FP) et l'autre pour avoir emprunté un vélo militaire à des fins personnelles. Il a servi dans certaines campagnes, a été blessé, a accompli des actions d'éclat pour lesquelles il a été décoré. Son service semble avoir été très apprécié par certains officiers. Il était sergent avant l'indépendance. Il a épousé N. Christine en juillet 1950.

Mère : N. Christine, territoire K. également, âgée approximativement de 38 ans. Au moment où elle rencontre son futur mari, elle a déjà une fille d'un homme du village qui ne l'a pas épousée. Elle l'allaite au moment de la discussion sur la dot. Joseph reconnaîtra cette fille et l'inscrira sur son livret comme enfant légitime. On peut également avoir des doutes sur la paternité de Joseph à l'égard de son fils Tharcisse. « Après une semaine, sa femme ne voit plus de règles. Les villageois expliquent que comme sa femme ne voyait plus de règles, c'est un signe qu'elle est enceinte. Lui est content » (extrait du rapport d'interview de l'AS[16] du 2 novembre 1968). Plus tard, Joseph reconnaîtra qu'il se pourrait que Tharcisse ne soit pas son enfant.

Fratrie

Philomène : Sœur aînée, première fille dont il est question cidessus, âgée de 23 ans environ. Elle est mère d'un enfant qu'elle a eu d'un homme de la cité qui l'a séduite et abandonnée. Elle

[15] Armée nationale congolaise.
[16] Assistant social.

travaille comme caissière à C. et son salaire complète la pension de son père dans l'entretien de la famille.

Tharcisse

Le sujet est suivi de cinq petites sœurs et d'un dernier petit frère. À noter que Monique qui suit immédiatement Tharcisse d'environ 2 ans, a souffert longtemps de manifestations épileptiques.

Histoire de la famille

Après un premier terme de sept ans à la Force publique, Joseph part en congé de deux mois à son village natal avec le grade de soldat de première classe, il se marie civilement et coutumièrement. Le ménage part pour Kisangani avec la fille Philomène. La mère y accouchera de Tharcisse. La portée de cet enfant semble avoir été difficile et l'accouchement est suivi de maladie de la mère. Les féticheurs ont été consultés sans succès. En 1955, la famille quitte Kisangani, à la fin du deuxième terme du père promu caporal. Il semble qu'il se soit rengagé au camp de Kinshasa. La famille n'a plus quitté la capitale. Prévoyant sa pension, le père a acquis une parcelle dans le squatting de S. qu'il occupe présentement, la maison est en cours de construction.

Qualité des relations entre parents

On ne connaît rien de la vie des époux, si ce n'est que dès le début la situation ne fut pas claire. Actuellement, le père et la mère vivent séparés depuis un an. Le motif de leur séparation semble lié à « l'inconduite » de Philomène qui a mis au monde un enfant illégitime. Le père reproche à la mère cette naissance, qui ternirait l'honneur de la famille ; dans le cours de la discussion, il jeta les affaires de sa femme à la porte de la parcelle, ce qui signifie un renvoi coutumier de l'épouse. La mère est allée vivre chez sa sœur dans la commune de D. avec tous ses enfants, mais le propriétaire de la parcelle de la sœur n'accepte pas cette invasion et les enfants durent retourner chez le père, à commencer par Tharcisse. Pendant la courte période où la mère et les enfants habitaient D., le père leur rendit visite. La mère s'est rendue à la commune de B. pour obtenir le divorce mais Joseph s'y est opposé optant pour la séparation de corps. L'affaire en est restée là et le mari déclare qu'il attend les grandes vacances pour régler toute l'affaire au village. On peut se demander s'il ne criant pas de devoir une indemnisation coutumière. Actuellement, la situation des époux est singulière. La mère se rend quotidiennement à la parcelle de S., elle s'y occupe du ménage, a des conversations apparemment normales avec le père, notamment au sujet de divers ustensiles de travail. Il lui arrive de passer la nuit à la parcelle, mais dans ce cas elle couche dans la petite chambre avec tous les enfants, le père dormant seul dans la grande chambre. D'après Tharcisse, c'est la mère qui a eu tort dans la discussion, elle agressait d'ailleurs fréquemment son mari et le provoquait. Pour le père, « l'âme de la famille » est la fille Philomène qui rapporte un salaire substantiel et s'occupe des enfants. On la demande fréquemment en mariage et elle refuse. Dans les premières rencontres avec l'AS le père s'en remet complètement à Philomène pour répondre aux interviews. Tout ceci est assez inconséquent avec l'origine avancée de la dispute entre les parents. Philomène est retournée une fois au village pour voir son vrai père, elle est rentrée en déclarant qu'elle n'y retournerait plus et qu'elle considérait Joseph comme son père. On ne possède aucun détail sur les petites sœurs de Tharcisse qui ne les mentionne que très incidemment dans le cours des interviews. Il déclare qu'il les aime bien.

Relations parents - sujets

Le père et la mère ont à l'égard du sujet une attitude punitive. Le père demande que son fils soit envoyé à l'ÉGÉÉ[17] de M. pour une période de sept ans au moins, la mère abonde dans le

[17] Établissement de garde et d'éducation de l'État.

même sens et demande qu'avant toute chose l'enfant soit mis au cachot pendant trois mois. Le père décrit l'enfant comme très sage jusqu'à l'âge de 3 ans (arrivée à Kinshasa). À partir de cet âge il lui reproche d'avoir acquis de mauvaises habitudes, d'être voleur, vagabond ; il vole sa sœur aînée et ses propres parents. Après la première évasion de l'ÉGÉÉ (1966), la mère tente cependant de le placer à l'école de O. et le reprenant deux fois en état de vagabondage au grand marché, le nourrira et le suppliera de rester chez elle ; d'autre part, elle lui aurait rendu visite au Centre d'hébergement de la Prison centrale, lui apportant de la nourriture.

Les relations entre Philomène et Tharcisse sont assez tendues. C'est elle qui depuis le début de ses fugues le pourchasse et le fait arrêter dans les cinémas de la ville, ou encore chez une logeuse-receleuse dont il sera question plus loin. Toutefois, c'est elle aussi qui lui apporte régulièrement de la nourriture au Centre d'hébergement de la Prison centrale. C'est surtout à ses objets que Tharcisse s'en prend quand il vole au domicile familial.

Interrogé sur son avenir, Tharcisse déclare ne pas vouloir rentrer chez lui parce qu'il a peur de ses parents. Dans un pêle-mêle de photos on voit le père entouré de ses enfants, d'un côté du père se trouve Tharcisse, de l'autre tous les enfants rangés en ordre de grandeur. Tharcisse déclare que c'est son père qui l'a placé à ses côtés, le père dit qu'à ce moment déjà Tharcisse lui causait des soucis.

Peu avant le transfert de Tharcisse à l'ÉGÉÉ de B., pour la seconde fois, les visites des parents au centre d'hébergement de la Prison centrale ont cessé. Informé de la seconde évasion de Tharcisse de l'ÉGÉÉ de B., Joseph rencontré dans la semaine du 16 au 20 avril n'a pas semblé surpris, puis a rétorqué en lingala : « *A kende kokufa* »[18].

En résumé, le climat familial est caractérisé par des relations souvent équivoques et ambivalentes.

[18] Qu'il s'en aille mourir.

Logement de la famille

Pendant que le père était en service à l'ANC la famille a vécu au camp militaire. Le père a ensuite fait acheter par sa femme une parcelle à S. pour la somme de 6 000 FC, rue M… Un tiers de la parcelle seulement a été construit. Deux chambres sont habitables. Le père surveille la suite des travaux. Une grande chambre est habitée par le père, elle n'a pas de porte, un grand voile pend à l'entrée. Cette chambre semble mal entretenue. Une deuxième chambre plus petite abrite Philomène et tous les autres enfants, elle contient deux lits, un grand cadre avec des photos de famille, les portes et les fenêtres sont en panneaux. Interrogé sur le point de savoir dans quelle chambre il pourrait loger en cas de libération, Tharcisse répond : « dans la même chambre que mon père ». Lors de ses premières fugues prolongées pendant sa première année CO, il rentre très tard chaque nuit et va dormir dans la partie de la parcelle inachevée. La maison se complète d'un w.-c. et d'un endroit destiné aux ablutions sans eau courante.

Scolarité de Tharcisse

Toute l'école primaire a été suivie au camp militaire. Une visite à l'école a permis de collecter de très maigres renseignements dans des archives en désordre. Les fiches individuelles sont incomplètes, celle de Tharcisse n'y figure pas. D'après les registres, le sujet serait né le 8 septembre 1952 et non le 4 janvier ainsi qu'il est indiqué au RE[19] et au RMP. Il fréquentait la 5e année primaire en 1963-1964 ; durant cette période, il s'est montré régulier en ne s'absentant qu'un seul jour. Durant l'année 1965-1966 (quid 1964-1965 ?), il fréquente la 6e primaire ; il est certifié à la fin de l'année se classant 12e sur 29 avec 59,8 %.

[19] Registre pour enfants.

Appréciation du sujet par autrui

Plusieurs personnes s'entendent à le décrire comme intelligent : son père, sa sœur, le maître de 4e à la Prison centrale, c'est également l'avis de l'AS. Aux diverses interviews l'attitude du sujet a été variable. Lors d'une première séance il paraissait confiant, détendu, content d'être interrogé, gai et même – note l'AS – « enthousiaste ». Ceci laisse supposer un état d'euphorie qui est susceptible d'être causé par l'administration de librium[20] (20 mg/jour) recommandé à la suite de l'examen psychiatrique du Dr S. Ultérieurement quand on aura cessé cette administration, faute de médicament à l'infirmerie pénitentiaire, le sujet se montrera méfiant voire agressif. Il insiste fréquemment sur les relations entre l'AS et le JE[21]. Il refuse de répondre aux questions en présence du maître de 4e et demande que le cahier de notes de l'AS soit détruit. Il semble sous l'influence des camarades qui définissent ce dernier comme un « espion » du juge.

Nous savons déjà quels sont les sentiments des parents à son égard. Il leur aurait expliqué qu'il deviendrait un « second *Angwalima* »[22]. Il aurait déclaré à un autre mineur qu'il aimerait devenir chauffeur de taxi pour se préparer à devenir un grand assassin. Interrogé sur ses perspectives de vie, il déclare qu'il se mariera à 26 ans et qu'il aurait son premier enfant vers 27 ou 28 ans. Le sujet a été trahi plusieurs fois par d'autres jeunes qui étaient en état de vagabondage ; il déclare avoir été persécuté par des aînés à l'ÉGÉE de B., il ne présente pas les caractéristiques d'un « dur » qui serait respecté dans les milieux de jeunes délinquants.

Enfin, le dossier judiciaire contient un avis psychiatrique qui tient en trois lignes ; ce rapport date du 4 février 1967 : « Nous pensons que les troubles caractériels que présente l'intéressé sont de type névrotique. Puisqu'une psychothérapie ne peut être envisagée, je vous propose de faire administrer du librium

20 Tranquillisant relaxant indiqué dans les états de tension anxieuse, de névrose ou d'instabilité émotionnelle.

21 Juge des enfants.

22 Un bandit réputé de la ville de Kinshasa dans les années soixante.

20 mg/jour ». Ces données seront examinées lors de la discussion du cas.

Aspects criminologiques de l'histoire de vie du sujet

Méthode biographique

Nous avons vu que le père situe les premières difficultés de son fils à une époque qui correspond à son arrivée à Kinshasa. Il signale que pendant sa scolarité, l'enfant a pratiqué l'école buissonnière et vendait des mangues au marché (ne peut situer l'époque). À un moment qu'il est difficile de préciser, Tharcisse a fait une fugue et sa sœur Philomène a mobilisé des amis pour aller le rechercher en pleine séance de cinéma.

La première séquence importante de la carrière délinquante du sujet semble se situer après l'école primaire. La mère trouve une place pour lui à l'Athénée de K. Avant de commencer les cours, le directeur du CO demande la présentation du bulletin de l'école primaire. Tharcisse part à l'école accompagné de deux petites sœurs. En cours de route, il laisse ses petites sœurs partir seules vers l'école et retourne vers la commune de B. À hauteur de l'avenue E., il voit exposé en vente devant une parcelle un paquet de vingt-cinq piles de radio. Il s'empare de ces piles, mais est aperçu par le boy de la maison. Il est conduit à la commune de B. Il passe deux jours au cachot. La mère est prévenue par un voisin qui est agent communal et fait libérer son fils sans payer d'amende. Elle le ligote et lui met du pili-pili[23] dans les yeux. Après le départ de la mère, il se libère de ses liens et se sauve ; il entre dans la chambre de sa mère, prend son certificat scolaire et fuit le toit paternel ; il vagabondera le jour et une partie de la nuit ; il rentre tard chez lui, escalade le mur et dort dans la partie inachevée du domicile ; le matin il repart à 5 heures. Pour manger, il pratique un petit commerce de mangues qu'il cueille frauduleusement au camp de police de L. et qu'il revend au marché ; il se fait ainsi un pécule journalier variant entre 70 et 150 F. Il vit de la sorte pendant deux mois

23 Il s'agit du piment.

environ. Il fait alors la rencontre de Victor qui va l'initier aux pratiques du vol et le conduire au vagabondage complet. En effet, il ne rentrera plus à la maison la nuit, mais couchera devant les portes des magasins avec son nouvel ami. Quand il aperçoit ses petites sœurs, il leur tournera le dos pour ne pas être reconnu. Il apprend certaines techniques de vol, notamment en harponnant des foulards au moyen d'un bâton par les fenêtres brisées des magasins. Il quitte son camarade pour des raisons inconnues et s'intègre dans une bande dont il cite nommément 8 membres, ajoutant que d'autres garçons en font partie. Le siège de la bande est la véranda de l'Hôtel R., les garçons ne sont toutefois pas autorisés à nommer le nom de leur repaire qu'ils appellent entre eux : « *Nganda ya courant* »[24].

Ces événements se situent en 1966, ensuite à la B.S.P.E[25]., enfin au Parquet où ils seront écroués à la prison centrale, et transférés séparément après au moins six mois à l'ÉGÉÉ de B. Comparaissant devant le juge pour enfants (JE), Tharcisse donne un faux nom « afin de ne pas être trop connu ».

La seconde phase de la vie délinquante du sujet se situe pendant et après l'évasion de l'ÉGÉÉ de B. Les circonstances de cette évasion et les motivations ne sont pas nettes. Il est certain que Tharcisse et son complice, ainsi qu'un troisième, Robert, se plaignent d'avoir été victimes de sévices de la part de codétenus plus âgés. Un jour, conduits par eux dans la brousse, ils ont été plus malmenés que d'habitude et auraient décidé de fuir. Cependant, un autre facteur semble avoir pesé, au moins dans la décision de fuir à un moment donné. Vers juillet 1967, ils apprennent la venue à Kinshasa du FC Santos et du « Roi Pelé » et ils décident d'assister au match. Ils s'évadent en marchant le long du chemin de fer de M. Passant près d'un quartier N., ils rencontrent la cousine de Tharcisse dont ils ignoraient qu'elle habitait cette région. Tharcisse et Robert sont arrêtés (?) par la cousine, tandis que Victor parvient à se sauver. La cousine monte avec les deux garçons dans un bus TCC et les conduit (ils

24 « *Nganda ya courant* » pourrait se traduire en français par la « Terrasse de l'électricité ».

25 Brigade spéciale de protection de l'enfant.

ont 15 ans !) chez la mère de Tharcisse à D., qui habite avec la propre mère de la cousine à la suite de la discussion avec son mari. La tante qui est seule présente, nourrit les deux garçons de riz et de poule [poulet] ; ils ont mangé vers 11 heures et à midi s'enfuit [ils se sont enfuis] vers le stade Tata Raphaël. Ils y fraudent l'entrée du stade et attendent le match. Après le match, ils partent vers la ville et y passent trois jours. Ils sont ensuite arrêtés, dans des circonstances peu claires, par des policiers assistés des secouristes de la Croix-Rouge. Les policiers les conduisent à la BSPE, ils s'en évadent.

Il semble qu'à cette époque, le sujet se soit rendu chez sa mère qui l'a accueilli et qui lui a trouvé une place à l'Athénée de O. Par deux fois, il s'échappe au grand marché et fait l'école buissonnière malgré les supplications de sa mère qui, quand elle le retrouve, le nourrit et l'abrite.

La troisième phase de la carrière délinquante date de sa rencontre avec Olivier ; elle se poursuit jusqu'à la date de son arrestation le 21 novembre 1967. Olivier est un délinquant connu du Service de criminologie[26], de descendance angolaise, présentant une assez grande sophistication délinquante. Il conseillera à Tharcisse d'aller habiter chez maman X. Il s'agit d'une logeuse qui offre le gîte et la nourriture à des jeunes vagabonds à charge pour eux de voler des biens qu'elle recèle, elle habite une parcelle qu'elle partage avec sa sœur aînée. Celle-ci n'est pas appréciée par les enfants, qui semblent au contraire aimer maman X., célibataire, qui « est belle et bonne ». Elle accepte de loger Tharcisse, lui impose cependant une pension de 40 K. et le charge de voler des habits. Pendant son séjour de six mois chez cette femme, Tharcisse volera environ six fois, notamment trois pièces de Wax, deux blouses de dame, des sandales. Il y avait à ce moment douze garçons chez maman X., ils sont répartis en deux équipes de six, selon leurs affinités personnelles. Tharcisse « travaille » dans l'équipe d'Olivier qui l'a recruté. Il y a un chef de bande des deux groupes qui se fait appeler *Kuvu* (brigand, gangster). On ne peut douter que cette

26 Il s'agit bien du Service de Criminologie et de Pathologie Sociale de l'Université Lovanium.

organisation exige une certaine fidélité de ses membres, ainsi Tharcisse dut déchirer l'abonnement au bus TCC que sa mère lui avait procuré pour fréquenter l'école de O., indiquant ainsi sa volonté de rompre avec une vie régulière. Toutefois, la discorde naîtra entre la receleuse et ses protégés. En juillet 1967, pendant la manifestation MPR[27], à la suite de l'attaque des mercenaires, certains magasins du boulevard du 30 juin étaient pillés. Les pensionnaires de maman X. en ont profité pour voler un grand nombre de montres pour lesquelles elle aurait remis 50 zaïres à la bande. Une discussion s'est ensuivie, les protégés ont décidé de voler leur logeuse, ils lui ont repris une partie des montres, des habits et des objets personnels, les ont revendus et se sont réparti les bénéfices. Tharcisse aurait reçu 40 zaïres. La femme a alors porté plainte contre les mineurs (?). Tout le monde a été arrêté, mais les femmes relâchées. La suite de cette affaire est assez confuse. Elle pourrait se terminer par l'arrestation des mineurs, cependant le récit de Tharcisse et de sa famille comprend une variante importante.

Il semble en effet que c'est la sœur Philomène qui est parvenue à connaître la retraite de son frère en soudoyant des jeunes qui le connaissaient. Le père et la mère auraient alors retrouvé leur enfant et l'auraient remis au juge en lui demandant de l'interner à l'ÉGÉÉ de M.

En décembre 1967, les mineurs du Centre d'hébergement de la Prison centrale ont bénéficié d'un camp de Noël à Z. (Congo central), certains mineurs en ont profité pour s'évader. Tharcisse notamment saute du camion en marche et s'est enfui. Il a vagabondé à la cité, voyant passer l'AS du Service de criminologie, il lui a tourné le dos, mais trois jours plus tard, il est aperçu par le maître de 4e primaire de la Prison centrale. Celui-ci l'a « arrêté » (?) et reconduit à la prison. Par rancœur, Tharcisse qui jusque-là avait bien travaillé en classe, s'est mis à paresser.

Après une détention à la prison, Tharcisse a été transféré à nouveau à l'ÉGÉÉ de B., le transfert paraissait le satisfaire, il

[27] Mouvement Populaire de la Révolution (qui devient peu après Parti unique dirigé par M. Mobutu).

signalait toutefois que s'il était à nouveau victime de sévices de codétenus, il s'enfuirait une fois de plus. Le rapport du 18 avril de l'AS du Service de Criminologie signale que deux mineurs transférés de [l'ÉGÉÉ de] B. à la Prison centrale racontent que plus de vingt évasions ont eu lieu au début d'avril à [l'ÉGÉÉ de] B. Parmi eux se trouverait Tharcisse.

Discussion

a) Méthode biographique[28]

Les matériaux recueillis sont contestables, parfois plusieurs versions sont présentées pour une même séquence. Le choix est difficile, la mémoire des acteurs est infidèle. D'autre part, on observe ce fait bien connu en psychologie africaine de la difficulté qu'éprouve l'homme moyen de se situer dans le temps. On obtient toutefois plus de précisions sur la nature des relations interpersonnelles, même lorsqu'elles sont ambivalentes.

b) Lacunes

Dans le domaine médical et de la psychologie armée, nous ne disposons d'aucune information faute de collaborateurs spécialisés. Retenons seulement les difficultés de protée de la mère de Tharcisse, le soupçon d'épilepsie chez la sœur qui le suit immédiatement, sa fiche médicale signale encore des symptômes de hernie à la jambe à la date du 13 janvier 1967. On signale aussi de la toux et de la fièvre. Tharcisse ne se présenterait pas aux traitements à l'infirmerie. L'administration du librium a été suspendue à une époque qu'il n'est pas possible de déterminer. En résumé, soulignons la probabilité d'un terrain fragile. Enfin, la dynamique familiale indique qu'il eut été utile de réunir le père, la mère et la grande sœur autour du sujet et de mener une interview de groupe.

---

[28] Une recherche du service actuellement en cours avec la collaboration d'A. DE BOECK, porte sur la méthodologie de l'histoire de vie comme technique sociologique en milieu africain.

c) Diagnostic

Partant du diagnostic psychiatrique, on pourrait avoir tendance à rechercher quels sont les symptômes permettant d'appuyer le diagnostic de troubles névrotiques. Nous croyons cependant que ces étiquettes nosologiques, surtout lorsqu'elles sont étayées de si peu de commentaires, n'ont qu'une valeur réduite en criminologie clinique. Il faut cependant admettre que le cas de Tharcisse n'est pas un cas banal de simple socialisation dans la délinquance. Son premier délit connu, le vol des piles, paraît immotivé et requiert donc une interprétation. On peut le rapprocher de l'angoisse que connaît le sujet dans une situation scolaire nouvelle à laquelle il cherche à échapper. On ne peut pas omettre non plus de signaler l'ambivalence des images féminines dans son existence : sa mère, sa sœur, la cousine qu'il rencontre par le plus grand des hasards (?) au moment de son évasion de [l'ÉGÉÉ de] B. Le rôle de maman X, comme substitut maternel ne peut être écarté. Mais ces divers éléments, à défaut d'un examen psychologique armé (tests), ne sont que conjecturaux. Ils indiquent vraisemblablement que le cas est plus complexe que la moyenne des petits voleurs de Kinshasa, et que la psychothérapie souhaitée par l'expert devrait être entreprise. Il semble même qu'on ne pourrait entreprendre d'emblée une psychothérapie du groupe, sans au moins des séances individuelles de soutien.

Toutefois, nous abordons un terrain plus sûr quand nous signalons les particularités du milieu familial et le processus de maturation délinquante dans lequel le sujet a progressé très avant. Le milieu familial est marqué par certaines tensions qui ont été mises en évidence au début de ce rapport. Le rôle de Philomène nous paraît devoir être particulièrement étudié. D'autant plus que, bien que le caractère nuisible de sa relation avec Tharcisse paraisse certain au point de vue étiologique, on ne peut cependant négliger ce membre de la famille suffisamment jeune, dynamique pour l'organisation d'une thérapeutique. La place du sujet dans la fratrie doit également être prise en considération. Il est le seul garçon. L'écart avec sa demi-sœur aînée qui occupe un statut très particulier dans la famille fait de lui un quasi-aîné, mais il est frustré des avantages de cette position, par la présence de Philomène. D'autre part, les petites filles qui l'ont suivi lui auront ravi l'attention de sa mère, d'autant plus que Monique a présenté des problèmes particuliers. Or le père signale que les difficultés commencent quand Tharcisse a plus ou moins 3 ans.

Le processus par lequel Tharcisse s'est enfoncé dans une carrière délinquante est classique. Il s'agit d'un cas net de maturation criminelle. Ce processus se développe à partir d'une série d'échecs du sujet dans les domaines familial et scolaire. Ces échecs peuvent ne pas être réels, il suffit qu'ils soient vécus intensément par le sujet. Celui-ci interprète ses échecs comme liés à des événements ou des personnes extérieures et non comme le résultat de ses propres insuffisances. Il extériorise alors son ressentiment par des petites fugues ou des actes antisociaux mineurs. Tout dépendra alors du mode de réaction du milieu aux premières manifestations déviantes. Dans ce cas, particulièrement fragile au départ on l'a vu, l'arrestation en plein cinéma, le pili-pili dans les yeux, etc. n'ont fait qu'accentuer l'aliénation du sujet à l'endroit de sa famille. Il a ensuite franchi les diverses étapes d'étiquetage social du délinquant. Jusque-là, le cas ne présente cependant de réelle gravité qu'en raison des risques névrotiques signalés au rapport psychiatrique. Mais le sujet a été recruté dans la sous-culture déviante des jeunes de Kinshasa par étapes progressives que nous avons décrites dans les diverses phases de sa carrière délinquante. Ceci est beaucoup plus grave. Les très longues périodes qu'il a passées avec pour seules normes celles du groupe des pairs déviants, l'isolement à l'endroit d'un modèle d'identification sous la forme d'un adulte valable ont fait de Tharcisse un enfant inaccessible aux méthodes classiques d'amendement.

d) Pronostic

Sans vouloir jouer les « prophètes faciles », nous tenons cependant à signaler qu'en apprenant le transfert du sujet à [l'ÉGÉÉ de] B., nous avions prévu son évasion. Il n'est pas difficile de prévoir que son comportement actuel est celui d'un vrai

« *Ngiliba*[29] » et qu'il ne vit que du produit de ses délits ou de la solidarité de ses pairs en délinquance. Si toutefois l'ambivalence de son comportement devait le conduire dans une « rencontre » avec un membre de sa famille, l'occasion devrait être saisie immédiatement de provoquer une réunion du groupe familial.

e) Traitement

Les formes classiques d'internement n'ont pu que renforcer l'aliénation de Tharcisse. Il est encore trop jeune pour être livré à lui-même dans [sans] le support du milieu familial qui est cependant loin d'être idéal. Il est à noter que lors de ses deux transferts à [l'ÉGÉÉ de] B. et lors de la dernière évasion, sa famille n'a pas été tenue au courant du sort du mineur. Nous ne pouvons que suggérer un entretien approfondi avec la sœur Philomène, laquelle doit comprendre qu'il faut un effort spécial pour sauver le garçon de la famille. Un lien spécial doit être maintenu entre elle et le Tribunal ou toute personne chargée d'une thérapie individuelle. Après une phase de psychothérapie – qui peut être menée par une personne avertie, mais pas nécessairement selon les règles d'une psychothérapie d'obédience stricte – on pourra songer à une intégration de Tharcisse dans un groupe de traitement ou dans un groupe valorisant quelconque. Le renvoi aux ÉGÉÉ de B. et de M. est contre-indiqué.

G. Atiwiya
G. Houchon
J.-P. Munganga
H. Tshimanga

29 Vagabond total vivant en groupe.

Les mécanismes criminogènes dans une société urbaine africaine[1]

Guy Houchon

Chargé de cours associé
à l'Université Lovanium, Kinshasa,
République Démocratique du Congo[2]

Introduction

Il existe peu de publications systématiques sur la criminologie africaine, et ce, malgré les travaux d'importantes rencontres internationales telles que la conférence interafricaine sur le traitement des délinquants de la Commission de coopération en Afrique au sud du Sahara (Kampala, 1956), le XIIe cours international de la Société internationale de criminologie sur « Les causes et la prévention du crime dans les pays en développe-

---

[1] *Revue internationale de criminologie et de police technique*, vol. 21, n° 4, Genève, oct. - déc. 1967, pp. 271-292.

[2] Les données empiriques ont été rassemblées par l'équipe de recherche du Service de Criminologie et de Pathologie Sociale dirigé par l'auteur de cet article à la Faculté de droit de l'Université Lovanium. Cette équipe comprend : J. P. MUNGANGA, Assistant à la Faculté de droit, G. ATIWIYA, licencié en sociologie, H. TSHIMANGA, technicien social, J. WATERHOUSE, éducateur et F. HOUCHON, secrétaire. Les travaux du service portent sur plusieurs sujets de recherche auxquels nous avons puisé pour la rédaction de cet article très général. Une importante partie des crédits a été fournie par l'Institut de Recherches économiques et sociales de l'Université Lovanium dans le cadre des travaux du Centre de Sociologie et d'Ethnologie (Dir. Prof. P. CAPRASSE). Nous remercions le Juge des enfants du Tribunal de district de Kinshasa, MM. R. COPPIETERS, WALLANT et ses collaborateurs pour l'accueil et la compréhension qu'ils nous réservent pendant nos travaux de recherche.

ment » à l'Université hébraïque de Jérusalem (Israël 1963), le XIIIe cous international de criminologie sur « Le développement économique et le problème du comportement social » au Caire (septembre 1963), le groupe d'experts en matière de défense sociale réuni à Monrovia par la Commission économique des Nations unies pour l'Afrique (1964), le XVIe cours international de criminologie à Abidjan en septembre 1966.

En parcourant les documents de travail de ces diverses réunions scientifiques, on a le sentiment, souvent partagé et manifesté par les participants, que l'on manque de données empiriques élémentaires pour apprécier l'évolution et la nature des phénomènes délictueux dans les régions africaines, qui connaissent d'ailleurs des degrés très différents de développement.

Les raisons de notre ignorance résultent essentiellement de l'état d'inorganisation de la recherche criminologique dans ces pays. L'urgence des problèmes vitaux pour les États, pour leur indépendance, pour leur économie, entraîne une hiérarchisation dans l'importance des questions sociales, qui se présentent simultanément à des administrations perturbées par le processus de décolonisation. La tentation est forte, lorsque ces problèmes mettent en cause des déviants, de recourir aux mécanismes sociaux élémentaires du rejet et de l'élimination. Dans ces conditions, même si l'opinion s'émeut des phénomènes de déviance qui menacent la jeunesse par exemple, les pouvoirs publics ont tendance à renforcer les mesures coercitives dont l'efficacité est depuis longtemps mise en doute, et dont les effets pernicieux ont été mis en évidence par la science criminologique.

Le climat n'est pas propice à la mise en état d'une documentation officielle à partir de laquelle pourrait s'apprécier la délinquance. Les statistiques, notamment, sont rudimentaires, souvent fausses, sinon inexistantes. Si le chercheur se tourne vers la personnalité du délinquant, c'est son ignorance sur les données psychoculturelles des pays étudiés qui freine son progrès dans la compréhension des phénomènes déviants.

Cette situation a conduit W. Clifford, criminologue d'une longue expérience africaine, à souhaiter des publications portant sur des résultats même fragmentaires et méthodiquement déficients[3]. L'amical appui de ce collègue au début de nos recherches africaines et les encouragements du professeur J. Graven ont levé nos craintes de livrer des résultats qui n'échappent pas aux défauts que nous venons de mentionner.

Appliquant à nos travaux le principe des niveaux d'interprétations en criminologie, nous nous sommes attachés à rassembler les informations existant sur le phénomène de masse de la délinquance juvénile à Kinshasa, afin de les comparer à d'autres données africaines et de préparer une seconde étape déjà en cours : l'étude monographique des personnalités délinquantes en milieu urbain africain. Conduites dans la logique des travaux de statistique descriptive, nos interventions devraient cependant aboutir à l'organisation d'une approche de la personnalité du délinquant juvénile congolais.

I. Morphologie de la délinquance

A. Statistiques de masse dans le temps

On ne dispose que de peu de renseignements sur l'évolution à longue échéance de la délinquance juvénile en Afrique noire. Les législateurs coloniaux n'ont introduit un régime spécial pour les mineurs délinquants qu'après en avoir eux-mêmes fait une longue expérience. Ainsi pour le Congo, le Décret du 6 décembre 1950 sur l'enfance délinquante n'a été mis en application qu'au Bas et au Moyen-Congo à dater du 1er janvier 1954[4]. Une Ordonnance du Président de la République du 1er mai 1966 a étendu son application à l'ensemble du territoire de la République. Cependant, dans certains pays, la statistique policière a tenu compte des groupes d'âge. Ainsi F.Y. St. Léger[5]

---

[3] W. Clifford, « Problèmes de recherche dans le domaine de la criminologie en Afrique au sud du Sahara », *Revue internationale de politique criminelle*, 1965, n° 23, pp. 11-19.

[4] G. Lafontaine, *La législation sur l'enfance délinquante au Congo belge et son application*, Larcier, 1957, 74 pages.

[5] F. Y. Saint-Léger, « Crime in Southern Rhodesia. Human Problems in Central Africa », *The Rhodes-Livingstone Journal*, n° 38, décembre 1965, pp. 11-42.

a pu présenter un tableau de l'évolution des taux de condamnation pour la Rhodésie du Sud, pour les mineurs de 7 à 20 ans.

TABLEAU 1. – Statistique de Saint Léger
Rhodésie du Sud, 1913-1963

Années	Taux pour 10 000 du groupe d'âge	Taux des Africains id.
1913-1918	0,72	
1923-1930	0,98	1,1
1931-1940	1,45	1,6
1941-1945	1,44	1,5
1946-1949	1,05	1,1
1954-1957	0,80	0,90
1959-1963	0,93	1,0

W. Clifford[6], examinant les chiffres de la Zambie, montre que les chiffres absolus sont en augmentation considérable avec 218 cas en 1939 contre 1 888 en 1961. Pour la même région, P. Ibbotson[7] signale une aggravation qualitative de la délinquance juvénile, les infractions graves devenant plus nombreuses de 1939 à 1943. L'accélération des années 1958-1964 apparaît nettement si on en juge par les chiffres publiés par le Zambia Council of Social Service en 1965[8].

TABLEAU 2. – D'après le Zambia Council of Social Service

Années	Mineurs condamnés	Infractions contre les biens non compris les délits d'astuce %
1958	1 170	80,51
1959	1 196	77,25
1960	1 135	73,74
1961	1 226	75,54
1962	1 983	75,64
1963	2 276	58,93
1964	1 864	66,05

(Données que nous avons calculées d'après les chiffres bruts de la source citée)

6 W. CLIFFORD, « Crime and Culture, an African Study », *Rev. canad. criminol.*, 1966, pp. 157-166.

7 P. IBBOTSON, « Enquête sur la délinquance juvénile en Rhodésie du Nord », *in* D. FORDE (ed.), *Aspects sociaux de l'industrialisation et de l'urbanisation en Afrique*, Unesco, 1956, pp. 191-193.

8 Zambia Council of Social Service, Report of the annual Conference 1965, *Juvenile delinquency in Zambia*, 114 pages.

On observera que l'augmentation des chiffres absolus n'est cependant pas accompagnée d'une augmentation proportionnelle des délits contre les biens (vols et vols avec violence ou extorsions) contrairement aux observations d'Ibbotson pour la période de 1939-1943. D'autre part, Clifford[9], dans une enquête effectuée en 1963 portant sur 153 312 élèves des écoles du pays, montre que selon les autorités scolaires 0,22 % seulement de cette population avait déjà fait l'objet d'une comparution devant les tribunaux.

À Madagascar, Guth[10] fournit des chiffres absolus de 1954 à 1959 qui sont relativement peu alarmants ; Ortigues *et al.*[11], pour Dakar, donnent des chiffres qui ne sont pas très élevés pour une ville de cette importance.

TABLEAU 3.- Madagascar et Dakar d'après Guth et Ortigues *et al.*

Années	Madagascar		Dakar
	Poursuivis	Condamnés	Statistique du Tribunal (garçons)
1954	307	139	
1955	311	199	
1956	391	272	
1957	374	207	
1958	325	152	
1960			191
1961			132
1962			117
1963			194

9 CLIFFORD, *op. cit., Rev. canad. criminol.*, 1966, pp. 157-166.
10 M. GUTH, « Quelques aspects de la criminalité à Madagascar. Le problème de la délinquance juvénile », *Rev. int. criminol. et pol. techn.*, 1961, pp. 257-269.
11 M. C. ORTIGUES, A. COLOT, M.T. MONTAGNIER, « La délinquance juvénile à Dakar, Étude psychologique de quatorze cas », *Psychopathologie africaine*, 1965, n° 1, pp. 85-129.

TABLEAU 4.- La délinquance juvénile à Kinshasa 1954-1966

Années	Mineurs amenés devant le JE	Affaires inscrites	Affaires jugées	Affaires classées	Données démographiques
1954[12]		322	123		
1955[13]		394 (367)	174 (166)	220	Moins de 20 ans 115 680[14]
1956[15]		409	199	210	
1957[16]		358	169	169	
1958[17]		301	131	170	
1959[18]		290	132	158	Moins de 20 ans 183 516[19] (54,56 % population).
1960[20]		320	140	180	
1961[21]		360	170	190	
1965[22]	1 223		328		
1966[23]	1 352		302		

Tooth[24], pour la Côte-de-l'Or (Ghana), signale que le nombre de mineurs traduits devant les tribunaux a augmenté de plus de 10 % de 1937 à 1945. Pour examiner les données congolaises de

[12] LAFONTAINE, *op. cit.*

[13] LAFONTAINE, *op. cit.* ; LESSEDJINA, *Le décret du 6 décembre 1950 sur l'enfance délinquante et son application dans la ville de Léopoldville*, mémoire de licence, Université libre de Bruxelles, s.d. : Les chiffres entre parenthèses indiquent les données pour le ressort de la ville de Léopoldville (actuellement Kinshasa). Les chiffres 3, 4, 5 comprennent le Moyen et le Bas-Congo dont l'apport n'est pas considérable.

[14] LESSEDJINA, *op. cit.*

[15] Nos données qui ne portent que sur le Tribunal de district de Kinshasa.

[16] L. BAECK, « Léopoldville, phénomène urbain africain », *Zaïre*, 1956, p. 613. En 1949 les moins de 20 ans représentaient 48 819 mineurs.

[17] M. J. ROELS, Problèmes de la jeunesse à Léopoldville, analyse quantitative de la délinquance juvénile, I.R.E.S.-Lovanium, *Notes et documents* n° 18/Sc 3 août 1964.

[18] *Ibid.*

[19] *Ibid.*

[20] *Ibid.*

[21] *Ibid.*

[22] *Ibid.*

[23] *Ibid.*

[24] G. TOOTH, « Enquête sur la délinquance juvénile en Côte-de-l'Or », *in* D. FORDRE (ed), *op. cit.*, pp. 98-103.

Kinshasa, nous avons puisé à plusieurs sources, certaines qui n'ont servi que de contrôle ne sont pas citées ici et sont d'ailleurs des documents officiels ou semi-officiels non publiés. Nous avons corrigé certains chiffres en nous inspirant des données qui nous paraissent les plus sûres. Il n'a pas été possible de transformer les données brutes en taux pour 10 000 mineurs des catégories d'âge « exposées », car les données démographiques sont inexistantes ou ne correspondent pas à nos catégories. Nous indiquons dès lors, en regard des années 1955 et 1959, deux chiffres de population des moins de vingt ans qui peuvent servir d'indication grossière de l'ordre de grandeur des phénomènes. La compétence normale du juge des enfants porte sur les mineurs de [moins de] 18 ans au moment des faits (art. 1 du Décret de 1950).

Ces données sont hétérogènes, elles indiquent au moins après le trou dans notre information de 1961 à 1965, un doublement des mineurs jugés. Toutefois, les données démographiques dont nous disposons pour 1949, 1955 et 1959 indiquent un accroissement vertigineux de la population juvénile. Les séries monotones de 1954 à 1960 semblent donc traduire davantage la capacité d'absorption de la juridiction des mineurs que le mouvement réel de la délinquance. La colonne relative aux « mineurs amenés devant le juge » qui figure dans nos données est beaucoup plus inquiétante. Nous l'avons calculée à partir d'un registre comprenant les noms et les adresses de tous les mineurs amenés devant le juge. On sait que la théorie de la statistique criminelle accorde de plus en plus d'importance aux chiffres les plus éloignés des statistiques de jugement. Bien que nous ne disposions pas de chiffres de la police, ces indications sont celles qui s'en rapprochent le plus, sans cependant pouvoir être assimilées aux « affaires inscrites ».

D'autre part, les études en cours sur le terrain, les contacts avec les mouvements de la jeunesse, avec la Brigade spéciale de la protection de l'enfance, nous ont convaincus de l'inefficacité des moyens officiels de détection de la délinquance. Enfin, on a signalé dans une étude qualitative l'importance que revêt la population prédélinquante[25]. Nous avons pu constater qu'une frange sous-

25 P. RAYMAECKERS, « Prédélinquance et délinquance juvénile à Léopoldville », *Revue internationale de la politique criminelle,* 1962, nº 20, pp. 49-57.

culturelle déviante alimente le nombre des délinquants qui ne sont légalement reconnus comme tels que soit à la suite d'une série de hasards dans le fonctionnement des institutions policières (rafles par exemple), soit parce que le statut du délinquant a été conféré à un nombre, d'ailleurs réduit, de récidivistes identifiés.

Sur le plan scientifique, le problème de la mesure de la délinquance juvénile à Kinshasa, comme d'ailleurs dans d'autres centres urbains africains, reste entier. La solution nous paraît reposer sur deux conditions nécessaires. Premièrement l'existence d'une police spécialisée et consciencieuse utilisant des techniques simples et standardisées d'enregistrement des faits délictueux, deuxièmement un dispositif de valorisation scientifique des résultats. Dans cette perspective, notre service a entrepris une « réplication » partielle de l'échelle de délinquance de Sellin et Wolfgang (1965) en collaboration avec Akman et Normandeau qui ont déjà réalisé un travail semblable pour Montréal[26]. Les données empiriques portant sur des questionnaires ont été rassemblées, la recherche est au stade du dépouillement des données.

D'une manière générale, les chiffres du phénomène de masse étudié dans le temps n'apportent aucune donnée précise sur l'évolution de la délinquance juvénile en Afrique. Pour Kinshasa, un doublement du chiffre des mineurs jugés s'est amorcé entre 1961 et 1965, mais on ne dispose pas des données intermédiaires qui permettent de fixer la progressivité, ni de la mesurer adéquatement en tenant compte de l'accroissement démographique de la ville.

---

26 Akman, Normandeau, Turner, « Replication of a delinquency and crime index », *in* French Canada, *Rev. canad. criminol*, 1966, 8/1, pp. 1-19; Normandeau, « The measurement of delinquency in Montréal », *Journ. Crim. Law, Criminol. and Pol. Sc.* 1956, 57, pp. 172-178; Normandeau, « Sur la statistique criminelle et son application », *Rev. int. crim. et pol. techn.*, 1966, 2, pp. 107 et ss.

B. Nature de la délinquance

a) Données générales

Le vol est le type de délit dominant, mais dans des proportions très diverses. Il semble également qu'il prenne une proportion de plus en plus importante au fil des années. Clifford[27] signale qu'en 1939, le vol représente 39 % de l'ensemble de la délinquance de la Rhodésie du Nord, en 1961 ce chiffre monte jusqu'à 60 et 77 % de la délinquance zambienne. Les formes du vol deviennent également plus dangereuses ; le même auteur signale pour 1939, 9 % de voleurs par effraction parmi les délinquants africains, ce chiffre passe à 27 % en 1961. Si l'on rapproche ces données de celles d'Asuni pour le Nigeria[28], il semble que le processus d'urbanisation joue un rôle dans cette aggravation : en effet, tandis qu'à Abeokuta, ville de type traditionnel, le pourcentage des vols est de 43,75 %, Ibadan, ville plus occidentalisée, offre un pourcentage de 60 % de vols.

À Madagascar, Guth[29] observe une augmentation progressive de la délinquance violente et « le caractère endémique » des vols de véhicules. À la conférence de Kampala, on relève pour Togo 10 % de délits contre les personnes, 70 % de délits contre les biens, 7 % de délits sexuels et 13 % de délits divers. Pierre *et al.*[30] à Dakar signalent, pour une période s'étendant entre 1953 et 1961, 49 % de vols de biens mobiliers et 18 % de vols de numéraires. Mangin[31], comparant des données de Madagascar, de Dakar, de Guinée et de la Côte d'Ivoire, compte sept fois plus des délits contre les biens que les délits contre les personnes.

Tooth[32] observe que les délits contre les biens représentent 80 % des délits commis au Ghana de 1937-1945. Comme l'a fait observer Mangin, en comparant ses données à celles de la

---

27 Clifford, *Rev. canad. criminol., loc. cit.*

28 Asuni, *Preliminary study of juvenile delinquency in Western Nigeria*, 12e Cours international de criminologie, Université Hébraïque de Jérusalem, vol. 1, pp. 186-194.

29 M. Guth, *loc. cit.*

30 Pierre *et al.*, *loc. cit.*

31 G. Mangin, « La délinquance juvénile dans les territoires d'Outre-Mer », *Rec. Penant*, 1959, pp. 259-303.

32 Tooth, *loc. cit.*

France, la proportion des délits contre les biens est souvent plus élevée qu'elle ne l'est en Europe. On notera l'absence presque totale de délits sexuels (il n'en est pas de même, on le verra à Kinshasa) tandis que la criminalité violente comportait 10 % au maximum de la délinquance. Enfin, on aura lu au tableau 2 que les infractions contre les biens (non comptées les formes rusées) n'ont pas augmenté en Zambie proportionnellement à l'accroissement général de la délinquance.

b) Âge et type de délit

Des données existent pour Douala et Abidjan dans le seul travail méthodologique satisfaisant qu'il nous soit donné de citer sur la délinquance juvénile africaine, soit l'enquête du Centre international de l'enfance (CIE)[33].

TABLEAU 5.- Âge et type de délit d'après l'enquête du CIE

Âges	Auteurs de vol dans les catégories	
	Douala	Abidjan
10-12	91	85
12-14	80	73
15-18	81	77
19	83	

Pour Douala, l'enquête fournit également des chiffres sur la nature des objets volés et l'âge des délinquants, tandis que pour Abidjan, on dispose d'une répartition pour l'ensemble de la population. Il apparaît que les mineurs de 10 à 12 ans sont significativement plus attirés par l'argent que les autres catégories d'âge (vérifié au Chi²). On ne peut manquer d'être frappé par la proposition très modeste des vols d'alimentation, qui occupent 8 % de l'ensemble à Douala et 5 % à Abidjan.

c) Données congolaises

En regroupant les données de Lessedjina et les nôtres et en calculant les pourcentages pour l'ensemble, nous obtenons le tableau suivant :

[33] Centre international de l'Enfance, « Conditions de vie de l'enfant africain et délinquance juvénile », *Travaux et Documents*, XII, Paris 1959, 175 pages.

TABLEAU 6. – Répartition par groupe de délits de la délinquance juvénile à Kinshasa 1955-1966

Années	Délits contre les biens (vols et vols qualifiés extorsions)	Délits contre les biens avec astuce	Délits de violence	Délits sexuels	Délits divers
	%	%	%	%	%
1955[34]	56,38	7,77	13,33	6,66	15,83
1956[35]	54,12	12,64	9,89	2,75	20,63
1957[36]	90,88	3,84	3,04	1,93	0,28
1958[37]	90,48	3,46	2,60	2,60	0,86
1959[38]	76,50	9,40	2,14	2,99	8,97
1965[39]	59,60	2,10	5,30	11,80	21,20
1966[40]	47,00	1,70	10,20	19,30	21,80

Avant de commenter les données, il paraît utile d'entrer dans plus de détails en examinant la répartition par infractions pour 1965 et 1966, années sur lesquelles portent particulièrement nos recherches.

TABLEAU 7. – Répartition de la délinquance juvénile à Kinshasa 1965-1966

Infractions	1965 (321)[41]		1966 (302)	
1. Contre les personnes		5,3		10,2
Coups et blessures	4,3		8,6	
Homicides volontaires et tentatives de meurtre	0,7		1,6	
Haine raciale	0,3		0	
2. Contre les biens		61,7		48,7
Vols simples et tentatives	34,8		31,8	
Vols qualifiés	24,6		13,9	
Escroqueries	0,7		0,6	
Cels frauduleux	0,7		1,5	
Abus de confiance	0,9		0,6	
Destructions méchantes	0		0,3	

34 D'après les chiffres bruts de LESSEDJINA et suivant notre classification.

35 *Ibid.*

36 *Ibid.*

37 *Ibid.*

38 *Ibid.*

39 Nos données.

40 *Ibid.*

41 7 cas sans information

3. Contre les mœurs		11,8		19,3
Attentats à la pudeur	1,9		2,7	
Débauche et prostitution	3,4		8,9	
Viols	6,5		7,7	
4. Divers		21,2		21,80
Inconduite	8,1		8,6	
Vagabondage et chanvre	10,5		10,2	
Faux et usage de faux	0,7		0,6	
Roulage	0		0,3	
Réglementation sur la protection enfance (spectacles et couvre-feu)	0,3		0,3	
Atteintes à la sécurité de l'État	0		1,6	
Rébellions	1,5		0	

On observera d'abord que si le rang que prend chaque groupe de délits et même chaque infraction varie peu d'une année à l'autre, les proportions sont tout de même très variables. Comme partout ailleurs en Afrique et dans le reste du monde, le vol dans ses formes élémentaires demeure l'infraction la plus importante. Un rapport portant sur la population de l'établissement de garde et d'éducation de l'État, (ÉGÉÉ) de Kasapa à Lubumbashi (ex-Élisabethville), note que 63 % des détenus étaient prévenus ou condamnés pour vol. L'assistant social, commentant ces chiffres, observe toutefois que le vol à Lubumbashi n'est pas « un petit vol » comme on le constate pour Kinshasa, « mais un vol important de sommes d'argent ou d'objets de grande valeur qui se pratique la nuit en bande armée »[42].

Dans le domaine de la violence, on notera une certaine recrudescence de deux dernières années par rapport aux années 1956-1959. Il s'agit de bagarres entre jeunes qui arrivent devant le magistrat parce qu'une entente entre les parents des protagonistes n'a pas été possible. Il en va de même en matière sexuelle où la délinquance est surtout représentée par des viols. En réalité, il s'agit de relations sexuelles normales mais précoces, avec des filles dont le consentement est sans valeur juridique, qui n'a pas abouti à l'indemnisation de la famille de la jeune fille. Celle-

[42] T. M. KANKOLONGO, *Rapport de mission effectué à l'Établissement de garde et d'éducation de l'État de Kasapa*, 1966.

ci risque de perdre une partie de la dot à la suite de ces rapports prémaritaux. La preuve en est que lorsque c'est possible et conformément à certaines coutumes, les familles envisagent le mariage, le fiancé ne pouvant évidemment invoquer la défloration pour réduire le prix de la dot[43].

Parmi les infractions diverses, on notera l'importance de l'inconduite (8,1 % et 8,6 %) (demande en correction paternelle) et du vagabondage généralement lié à la consommation du chanvre (10,5 % et 10,2 %) ; ces deux derniers motifs de comparution devant le juge des enfants ne figurent pas dans toutes les législations africaines, ce qui perturbe les bases de comparaison avec d'autres pays.

Nous ne pouvons malheureusement pas accorder ici la place qu'il mérite au problème du chanvre à fumer, dans la délinquance juvénile africaine. Cette étude devrait être menée séparément et en partant de données cliniques. Cependant les observations dont nous disposons sur la structure sociale et les usages des lieux de détention des mineurs, que nous n'exposerons pas dans ce travail, révèlent un approvisionnement aisé et fréquent en chanvre chez les mineurs détenus. On peut également associer la consommation du chanvre à fumer à cette zone sous-culturelle de recrutement des délinquants judiciairement reconnus comme tels[44]. Bornons-nous à rapporter que parmi les nombreux termes argotiques qui signifient « chanvre » à Kinshasa, on relève le vocable frappant de « mineur ».

---

43 Voir dans le même sens pour les adultes à Lubumbashi, E. LE BRUN, « Délinquance africaine en milieu urbain », *Problèmes sociaux congolais (CEPSI)*, 58, septembre 1962, p. 18.

44 Sur le chanvre, voyez P. RAYMAECKERS, *loc. cit.* ; T. A. ASUNI, *Drug traffic in Nigeria with especial reference ti Indian hemp*, Proceedings of the XIIth International Course of Criminology, The Hebrew University, Jerusalem, vol. 2, Part II, pp. 344-355; H. COLLOMB, M. DIOP, AYATS, « Intoxication par le chanvre indien au Sénégal », *Cahiers d'Études africaines*, 1962, III, 9 (1 cahier) pp. 119-144 ; O. M. ANDRADE, « The criminogenic action of cannabis and narcotics », *UN Bulletin of Narcotics*, 1964, vol. 26, n° 4, p. 23; A. HAWORTH, « The Psychiatric aspects of juvenile delinquency », *in* Zambia Council of Social Service, *op. cit.*, pp. 41-68; S. TANNER, « Drug addiction in East Africa », *Int. J. Addict.*, 1966, 1/1, res. *Excerpta Criminologica* 7, 2, 1967, n° 522.

Le vol revêtant l'importance que l'on connaît, nous l'analyserons dans ses liens avec l'âge du délinquant et selon la nature du bien volé pour les cas où nous disposons des informations nécessaires.

TABLEAU 8.- Répartition par âge et nature des biens volés par mineurs à Kinshasa, 1965-1966 (chiffres absolus de nos échantillons)

Bien volé	Âge	7-8	9-10	11-12	13-14	15-16	17-18	+
Argent		1	2	2	7	19	2	33
Vêtements				1	5	6	1	13
Nourriture					1	3	1	5
Divers			2	1	5	6	2	16

Parmi les vols dont la nature est connue, environ la moitié est des vols d'argent. Les sommes volées sont très variables. Signalons le vol le plus élevé de 4 millions de francs congolais par une bande de quatre jeunes gens [âgés] de plus de 16 ans. À titre exemplatif, notons des montants de 80 000 F, 32 000 F, 14 000 F, ainsi qu'un nombre plus important de vols portant sur des sommes variant entre 3 000 F et 1 000,00 F On notera que les techniques les plus fréquemment rapportées sont le vol à l'esbroufe ou à la bousculade, et le vol à l'arraché. Les vols d'objets divers sont de moitié moins fréquents que les vols d'argent. Ils portent sur des postes de radio, des montres, des cigarettes, etc. ; on note un seul vol de vélo et pas de vols de véhicules[45]. Les objets volés peuvent pour la plupart être considérés comme symboles statutaires. On enregistre également le vol incompréhensible d'une bobine de film d'actualité par quatre élèves. Les vols de vêtements suivent de près les vols d'objets divers. Les vols de nourriture ne représentent qu'un très petit aspect de la délinquance étudiée et nous y avons rangé un vol de 9 caisses de bière et 1 vol de bonbons. Lorsqu'on analyse les rapports entre l'âge et la nature des biens volés, on ne trouve pas de résultats semblables à ceux de l'enquête du CIE.

45 On tend d'ailleurs à considérer les vols de véhicules comme des délits de « groupes falousis », V. D. C. GIBBONS, « Problems of causal analysis in Criminology : a code illustration », *Journ. of Research in Crime and Delinquency*, 1967, janvier, pp. 47-52 et les nombreuses études citées.

d) La récidive

Dans le domaine de la délinquance juvénile africaine, nous ne fournissons quelques chiffres qu'à titre purement indicatif. Déjà dans les pays très développés, les recherches sur la délinquance cachée ont indiqué le caractère relatif des données sur la récidive criminologique. En Afrique, et singulièrement au Congo, le casier judiciaire est trop peu organisé pour pouvoir prétendre couvrir, même particulièrement, le phénomène de la récidive. La récidive « pénitentiaire » n'est même pas enregistrée systématiquement dans les ÉGÉÉ.

Pierre E. *et al.*[46] signalent pour Dakar, de 1953 à 1961, 80 % de délinquants primaires. Pour Vincent[47], faisant la synthèse de diverses données sénégalaises, un quart des infractions sont commises par les récidivistes. Le CIE[48] a examiné pour Douala le nombre d'infractions commises par les délinquants : une infraction : 81 % ; deux infractions : 11 % ; trois infractions : 5 % ; quatre infractions : 2 % ; cinq infractions : 1 %. Donc 19 % peuvent être considérés comme ayant récidivé.

À la conférence annuelle du Zambia Council of Social Service de 1965[49], le responsable de la police du Copperbelt a signé une aggravation qualitative de la délinquance juvénile liée au phénomène de la récidive, malgré une baisse des chiffres généraux de 1963 à 1965. Les données de la police indiquent 37 % de récidivistes, tandis que 60 % des cambriolages et 66 % des vols de véhicules ont été perpétrés par des récidivistes.

Pour Kinshasa, nos données des années 1965 et 1966 reposent sur un échantillonnage que nous allons utiliser pour le reste de ce travail et dont on exposera d'abord la composition. À partir de la statistique des décisions du juge des enfants, nous avons arbitrairement composé deux échantillons selon les étapes suivantes :

---

46 Pierre, Flamand, Collomb, « La délinquance juvénile à Dakar », *Rev. int. politique crim.*, 1962, déc., pp. 27-35.

47 J. Vincent, « Problèmes de l'enfance inadaptée dans les pays en voie de développement », *Sauvegarde de l'Enfance*, déc. 1964, pp. 439-461.

48 CIE, *op. cit.*

49 Zambia Council for Social Service, *loc. cit.*

1. Nous n'avons retenu que les garçons.
2. Nous avons prélevé le tiers de chaque groupe 1965 et 1966 en respectant la proposition des délits obtenus pour chaque année.
3. Pour retenir le délit caractérisant chaque cas, nous avons choisi le délit le plus grave au point de vue pénal, en cas de récidive ou de concours d'infractions.

Nous obtenons ainsi un groupe de cent délinquants pour 1965 et de quatre-vingt pour 1966, formant le matériel auquel nous nous référons en parlant de nos données. Pour chacun de nos cas, nous plaçons sur fiche un certain nombre de renseignements extraits du dossier social de la juridiction de l'enfance. Les données obtenues ne représentent pas nécessairement le profil de la population délinquante de chaque année. En effet, les délais entre la commission du fait et le jugement peuvent être considérables, allant parfois jusqu'à deux ans.

La consultation des documents mis à notre disposition révèle cinq cas de récidive en 1965 et deux cas en 1966. Il est clair que l'information judiciaire ne couvre en rien la réalité criminologique. Il est même hautement probable que les antécédents judiciaires ne sont pas enregistrés dans la majorité des cas. Le matériel qualitatif dont nous disposons indique que de nombreuses situations dangereuses tombant sous le coup du Décret – vagabondage, consommation de chanvre, fréquentation des lieux interdits aux mineurs – précédant très fréquemment la commission des délits et spécialement les vols. Dans ce domaine, il faut admettre que le larcin habituel devient rapidement un ingrédient du style de vie des mineurs qui nous intéressent.

e) Complicité et bandes délinquantes

Dans quelle mesure les délinquants agissent-ils seuls, en complicité ou en bande ? Parmi les délinquants de l'enquête du CIE pour Douala, 20 % déclarent fréquenter des camarades de rue ou de bande, pour Abidjan 44 % avouent s'associer à des groupes divers en dehors de camarades de classe ou de travail. On ne peut manquer d'observer l'importance des chiffres qui traduisent d'une manière ou d'une autre le rôle de la vie de groupe dans la délinquance. Dans l'enquête de Douala, 37 % de délinquants n'ont pas agi seuls. Weinberg[50], dans son enquête à Accra, met en évidence une sous-culture comprenant les éléments dominants suivants : désobéissance aux adultes, fugues de l'école et du foyer, flânerie le soir, règle du silence, méfiance à l'endroit des adultes et agressivité.

Pour le Congo, E. Lebrun[51] signale qu'en 1958 on a répertorié trente gangs à Léopoldville (Kinshasa) et une vingtaine à Élisabethville (Lubumbashi). Il a donné ce nom à des groupes qui « possèdent leur nom propre, présentent une certaine cohérence et se manifestent principalement par des activités antisociales ». Les bandes d'Élisabethville dont il a pu examiner les dossiers, trouvent leur origine dans les groupes de jeu, elles disposent d'une organisation spécifique, il note le rôle des symboles : nom du chef, noms des membres de la bande, des rites et des objets d'agression. L'auteur signale que la lecture d'une littérature à bon marché alimente puissamment l'élaboration d'une imagerie dans la bande.

C'est un autre type de bande que décrit Raymaeckers[52] dont les travaux sur les bandes à Léopoldville (Kinshasa) de 1960 à 1962 sont remarquables, mais dont malheureusement une partie infime est publiée. Examinant les formes dynamiques de délinquance ou de prédélinquance l'auteur, qui a travaillé sur le terrain d'une manière exhaustive et dispose d'une documentation unique sur cet aspect de la délinquance à cette époque, écrit que « tout le monde propre de la jeunesse urbaine sert de cadre à ces bandes » ! Nos investigations personnelles qui n'ont pas eu une même base empirique mais qui comprennent de nombreuses heures d'observation au quartier des mineurs à la prison de Makala, nous ont également convaincus de la puissance sous-culturelle de ces « cadres ». Pour Raymaeckers, trois

50 S. K. WEINBERG, « Juvenile delinquency in Ghana: a comparative analysis of delinquents and non-delinquents », *Journal of Criminol. law, Criminology and Police science,* 1964, pp. 471-481.

51 E. LE BRUN, « Délinquance africaine en milieu urbain », *Problèmes sociaux congolais*, 58, septembre 1962, pp. 3-93.

52 On trouve quelques éléments *in* P. RAYMAECKERS, *L'organisation des zones de squatting,* Éditions Universitaires, Paris, 1964, 283 pages.

éléments dominent l'activité des bandes : le problème de la subsistance, celui du chanvre, celui des filles. Il appuie notamment son analyse sur une répartition statistique de 455 mots d'argot recueillis pendant une enquête effectuée entre 1960 et 1961.

On verra que nous avons tendance à insister davantage sur le rôle du prestige que sur celui de la subsistance, mais nos observations se situent cinq ans après celles de Raymaeckers. Enfin on notera que selon cet auteur

> malgré de sérieuses recherches... il n'a pas été possible en cinq mois d'investigations de repérer, en dehors d'équipes sportives organisées, de mouvements des jeunes ou des cercles dirigés par un ou des intellectuels, une seule bande qui, après un an d'existence, aurait échappé à la délinquance.

Ces données dynamiques, quand elles sont figées dans les renseignements judiciaires, ne donnent qu'un pâle reflet de la réalité criminologique. Nous trouvons ainsi que dans nos échantillons [de] 1965 et 1966 rassemblés 22,2 % de nos cas ont agi en état de complicité, dont 18,8 % pour lesquels nous avons pu établir les composantes. Ils forment un ensemble de treize groupes dont neuf paires, quatre quatuors. Parmi les neuf paires, il y a huit cas de vol et un cas de viol. Chez les groupes de quatre, on relève trois vols dont un cambriolage de 4 millions de francs congolais, un vol resté inexplicable d'un film d'actualités et un viol collectif. Pour les paires, en dehors de deux frères de 11 et 18 ans récidivistes du vol au marché, les différences d'âge sont au maximum de deux ans, tous les autres ayant 15 ans ou plus. Dans les quatre groupes, en dehors d'une bande de quatre jeunes gens âgés de 14, 14, 18 et 18 ans, les mêmes conditions prévalent. Parmi les huit paires qui se sont livrées à des vols, sept paires sont formées de jeunes chômeurs, les frères déjà signalés fréquentent l'école, la paire de violateurs est composée de deux élèves l'un en 2e orientation, l'autre en 3e scientifique. Parmi les quatuors, les voleurs du film d'actualités sont des élèves, les voleurs de 4 millions sont tous désœuvrés, une bande de voleurs comprend un jeune garçon qui suit un enseignement, les trois autres sont désœuvrés, enfin, les auteurs du viol collectif sont élèves tous les quatre. Parmi les vingt-six garçons pour lesquels nous obtenons des renseignements familiaux, quatre vivent seuls, sept chez un frère ou un oncle, six avec le père ou la mère, neuf avec les deux parents, parmi ces derniers figurent les quatre auteurs du viol en bande.

Nos données n'excluent évidemment pas l'existence des complicités inconnues ou des bandes plus importantes que celles que nous décrivons. Ainsi dans le cas d'un garçon de 15 ans arrêté pour vol simple et en état de vagabondage, élève irrégulier d'un centre social, l'enquête sociale révèle qu'il est mêlé à des affaires des vols simples, coups et blessures et tentatives de viol accomplis par une bande de cinq garçons. D'autre part, nos études dans les ÉGÉÉ indiquent qu'un grand nombre de jeunes se connaissent – même quand ils n'habitaient pas le même quartier – avant d'être détenus. Toutefois, en dehors de quelques monographies dont l'élaboration est toujours en cours, nous n'avons pas encore effectué des travaux sur le terrain apportant des données nouvelles par rapport à celles rassemblées par Le Brun ou Raymaeckers. Les bandes délinquantes paraissent cependant beaucoup moins nombreuses et moins structurées en 1966-1967 qu'elles ne l'étaient aux périodes des investigations des auteurs précités.

Nous sommes cependant devant une série d'éléments qui indiquent la présence d'un ou des plusieurs types de sous-cultures déviantes dont les composantes sont : adolescence de 15, 19 ou 20 ans, privation foyer complet ou harmonieux, scolarité interrompue, désœuvrement, habitude de consommation du chanvre, sexualité prénuptiale, voire érotisme mêlé aux interprétations magiques, larcins et fraudes. Les lieux fréquentés sont quelques points névralgiques d'approvisionnement et de vente de produits de colportage (chewing-gum, cigarettes, allumettes, conserves, bijouterie de pacotille…), les environs des bars et des cinémas. L'argot particulier de ces jeunes est mouvant, imagé, emprunté aux modèles et aux mythes cinématographiques au fur et à mesure de la projection des films et notamment de violence à la cité. Les valeurs sont centrées sur l'allure « chic », la parade (« crâner »), le prestige.

On trouve des liens étroits entre l'importance accordée au prestige dans la culture générale – séquelle notable d'une période de domination coloniale – mais aussi valeur traditionnelle considérable.

Des recherches ultérieures doivent encore préciser plusieurs dimensions de ces groupes : utilitaire – hédoniste, structuré – lâche, à courte ou à longue existence, à recrutement ethnocentrique ou écologique… ainsi que les liens avec la structure sociale. On peut dès maintenant souligner le caractère anomique de la culture urbaine et tout particulièrement dans les squattings. Il est trop tôt cependant pour vérifier la validité des diverses théories sur les sous-cultures déviantes, d'origine américaine ; les premières recherches effectuées dans ce domaine, pour les pays en voie de développement, suggèrent qu'il s'agit de modèles utiles mais dont les contenus risquent d'être très différents de pays à pays[53]. D'autre part, les données empiriques se modifient très rapidement puisqu'on peut supposer qu'elles dépendent dans une large mesure de l'évolution socioculturelle et économique générale.

f) La délinquance juvénile : phénomène urbain

Les données comparatives portent toutes sur des zones urbaines et on affirme généralement le caractère urbain de la délinquance juvénile africaine. Vincent[54] note cependant que la délinquance de brousse, sans être inexistante, n'est pas recensée. Pour Magin[55], nier l'existence de l'enfance délinquante en brousse est un moyen facile d'éluder la question ; si elle se pose avec moins d'acuité qu'en ville, de nombreux facteurs de délinquance s'y trouvent réunis. On a également signalé en Zambie[56] l'existence d'une délinquance rurale liée à l'exode des hommes adultes.

Disons immédiatement que le problème nous paraît mal posé. Le délinquant représente une catégorie de déviant social : c'est par un processus artificiel que la société lui accorde ce sta-

---

53 Voyez L. B. De Fleur, « Juvenile delinquency in Cordoba, Argentina: a cross cultural test of the delinquent subculture », 1965, résumé *in Crime and delinquency abstracts,* vol. 4, n° 3, p. 5279.

54 Vincent, *loc. cit.*

55 Mangin, *loc. cit.*

56 Zambia Council of Social Service, *loc. cit.*

tut. Un acte s'écartant des comportements habituels suscite en ville une des réactions beaucoup plus formelles qu'en milieu traditionnel, où la détection d'une déviance naissante sera par ailleurs plus aisée parce que l'ensemble de la communauté adulte se sent concernée par l'éducation de l'ensemble des enfants. Il ne s'agit que d'un effet de la solidarité mécanique liée à une certaine forme de division du travail social (Durkheim). Le comportement délinquant, quand il se manifeste en ville, donne lieu à certaines conséquences qui se répercutent sur le statut du sujet et son comportement ultérieur. Dans ces conditions, la délinquance juvénile pose un problème spécifique de passage à l'acte dans une structure sociale qui érige des interdits et organise des procédures stéréotypes de réaction aux transgressions. Dans des pays où ne règne pas une certaine uniformité des structures sociales et judiciaires, on ne peut qu'étudier séparément la déviance urbaine et la déviance rurale[57].

Quant au problème urbain, on ne peut l'aborder comme un problème global. Southall[58] a distingué deux types principaux de milieux urbains en Afrique. Divers facteurs de différenciation entrent en ligne de compte : la nature des liens entre le centre de population et la zone tribale avoisinante, le degré de diversité ethnique et de différence des statuts ethniques, la diversité ou l'uniformité de la culture régionale et de la structure sociale, les caractéristiques de l'emploi, les niveaux des revenus, la politique du logement et d'administration, le degré d'industrialisation et la force des missions religieuses. À partir de cette constellation de variables, on distingue un centre urbain de type A, comprenant d'anciennes villes en évolution relativement lente, et des centres de type B à évolution accélérée « classique ». Au Congo, la plupart des villes – Kinshasa notamment – appartiennent à cette catégorie, elles présentent une plus grande hétérogénéité que la ville de type A et ainsi des problèmes sociaux plus consi-

57 Il n'en va peut-être plus de même dans les sociétés hautement industrialisées où se développe un tissu urbain relativement différencié. Voyez D. Szabo, *Crimes et Villes*, Paris, Cujas, 1960, p. 15 et p. 225.

58 A. Southall (ed.), *Social change in Modern Africa*, Oxford University Press, 1963.

dérables. On peut retrouver un écho de cette distinction dans le travail d'Asuni[59] qui a comparé la délinquance de deux villes nigériennes, l'une traditionnelle, Abeokuta, l'autre plus acculturée : Ibadan.

II. Les caractéristiques personnelles des délinquants et leur milieu de vie

A. Le sexe

La délinquance des filles est partout très réduite. Tout comme pour les femmes, on ne peut cependant omettre d'y ranger la prostitution qui, selon les textes régissant la protection de l'enfance, s'intègre parmi les phénomènes de la délinquance juvénile. Mais on observe une politique répressive assez désordonnée à cet égard, et notamment une grande inconsistance dans les attitudes de la police. Le caractère relâché de la déontologie policière conduit souvent à un certain laxisme. D'autre part, les membres de la juridiction de l'enfance à Kinshasa ne dissimulent pas que l'absence de structures d'accueil adéquates empêche de prendre en charge des jeunes prostituées ou délinquantes, presque toujours issues de milieux familiaux désorganisés mais qu'on ne sait où placer. Dans le domaine de la prostitution, et particulièrement des toutes jeunes filles, il faut signaler l'inquiétante apparition d'un proxénétisme qui jusqu'ici était fort discret à Kinshasa, les prostituées disposent plutôt d'une organisation sociale de type matriarcal. Il n'en reste pas moins vrai que la délinquance juvénile africaine est davantage un problème de garçons et des jeunes gens, ainsi l'atteste le tableau de synthèse que nous proposons d'après plusieurs sources.

---

59 Asuni, *loc. cit.*

TABLEAU 9. – Répartition des sexes dans la délinquance juvénile africaine

Lieu	Année	Proportion	Source
Yaoundé	1961	1 fille pour 100 garçons	Tschoungi et Zumbach[60]
Douala	1961	1 fille pour 21 garçons	
Dakar	1953 à 1961	1 fille pour 9 garçons	Pierre *et al.*
Madagascar	1955	1 fille pour 6,8 garçons	conférence internationale de Kampala
Togo	1955	1 fille pour 8,8 garçons	
Cameroun	1955	1 fille pour 20,4 garçons	
Kinshasa	1965	1 fille pour 13 garçons	Service de criminologie et pathologie sociale, Université de Lovanium

Dans ces conditions et compte tenu des formes particulières de la délinquance féminine, nous avons limité la plupart de nos recherches à la délinquance masculine.

B. L'âge

Dans l'examen de la morphologie de la délinquance, nous avons déjà étudié l'âge dans ses relations avec certaines formes de délinquance.

TABLEAU 10. – Pourcentage de la répartition par âges de la délinquance zambienne 1958-1964 (calculés d'après les chiffres bruts de Zambia Council for Social Service)

		Par âges										
Année	Total en chiffre brut	8	9	10	11	12	13	14	15	16	17	18
1958	1 170	0	1,45	1,97	2,05	4,87	8,04	9,57	14,87	19,15	18,29	19,74
1959	1 196	0,84	0,50	2,84	3,34	10,12	6,02	11,71	15,30	16,14	17,56	15,63
1960	1 135	0,18	1,06	1,85	3,43	7,05	8,37	12,25	16,03	14,27	18,24	17,27
1961	1 226	1,06	1,14	2,36	5,39	10,29	7,84	10,92	11,84	15,11	15,68	18,46
1962	1 983	0,10	1,32	3,89	5,10	8,88	10,29	8,68	15,69	15,23	15,69	15,03
1963	2 766	0,07	0,90	3,06	3,31	6,55	5,87	13,79	15,67	15,93	15,52	19,81
1964	1 859	0,05	0,59	1,07	3,16	5,69	7,46	12,88	14,81	17,49	17,60	18,88

Guth (déjà cité) signale la répartition suivante pour Madagascar : 4 %, jusqu'à 13 ans, 32 % de 14 ans à 16 ans, 64 % de

60 TSCHOUNGI, ZUMBACH, enquête citée.

16 ans à 18 ans. Vincent, rassemblant les données de Mangin (1959) et de Sankale et de Pene (1960) pour Dakar, présente la répartition suivante : 58 à 60 %.

Les données les plus complètes peuvent être calculées à partir des chiffres bruts zambiens d'après le rapport du Zambia Council for Social Service. Malgré une certaine inconstance dans l'évolution, il se dégage néanmoins de ce tableau un pattern assez net. Si l'on examine graphiquement les courbes de 1958 et de 1964, on dispose de deux courbes à ascension vertigineuse avec un premier élan vers 11 ans, un second vers 14 ans et une moitié moins raide à partir de 16 ans. La grande partie de la délinquance se manifeste donc à partir de cet âge. Pour Kinshasa, des chiffres portant sur les années 1961 et 1965 ont été publiés dans un rapport présenté par la délégation congolaise au XVIIe cours international de criminologie à Abidjan, mais il faut formuler tant des réserves sur les techniques de confection des statistiques présentées qu'on se bornera à en tirer une indication générale, celle du groupement de plus de 50 à 60 % de la délinquance à 17 et 18 ans. Pour nos données, nous avons détaillé par année d'âge les pourcentages de l'échantillon de 1965.

TABLEAU 11. – Répartition par âge de la délinquance juvénile à Kinshasa, 1965 (pourcentages)

1965					
8	9	10	11	12	13
0,85	0,85	0,85	0,85	2,57	4,48
14	15	16	17	18	19[61]
5,98	11,97	11,97	29,06	28,79	5,98

On aperçoit que le groupe 17-19 ans inclus comprend 59,83 % de la délinquance et qu'une participation importante ne se manifeste qu'à partir de 15 ans. Malgré la rareté des données démographiques, on peut tenter de donner une signification aux chiffres sur la délinquance en examinant la

[61] Par prorogation de la compétence du juge des mineurs.

répartition des groupes d'âge pour les garçons à Kinshasa en 1960 d'après les données de M. J. Roels[62].

TABLEAU 12. - Groupe d'âge à Kinshasa 1960 (d'après M. J. Roels)

Groupes d'âge	Chiffres bruts
1-5	44 665
6-10	30 978
11-15	17 926
16-20	12 027
(21-35)	(17 271)

On peut donc observer que la pyramide des âges d'une population que nous devons prendre comme population de référence, faute de données plus récentes, est inverse à la structure d'âge de la population délinquante. Il en est de même des données comparatives, mais dans d'autres pays africains la cassure est moins nette et la progression se prépare depuis le groupe de 15 et même de 14 ans.

C'est également une progression plus lente que l'on obtient en Europe, ainsi les recherches du Centre Vaucresson[63] indiquent que les conduites répréhensibles des jeunes de 10 à 13 ans ne peuvent être retenues car elles sont d'une autre nature (fausse délinquance), et les conduites antisociales des aînés se répartissent comme suit d'après la statistique judiciaire française de 1960 : 14 ans : 14,4 % ; 15 ans : 23,2 % ; 16 ans : 30,4 % ; 17 ans : 32,0 %. Aux USA, Cohen et Short[64] déclarent que la plupart des jeunes conduits devant les tribunaux relèvent des catégories les plus âgées et que la partie la plus délinquante de la population est celle âgée de 18 ans. Examinons maintenant les diverses formes de délinquance par tranche d'âge :

62 M. J. Roels, *Problèmes de la jeunesse à Léopoldville, analyse quantitative de la population juvénile*, IRES, Lovanium, août, 1961, 74 pages, stencil.
63 Centre de Formation et de Recherches de l'Éducation surveillée, *Cinq cents jeunes délinquants*, Paris, Cujas, 1963.
64 A. K. Cohen, J. F. Short, « Juvenile delinquency », *in* R. K. Merton, R. A. Nisbet, *Contemporary Social Problems*, Harcourt, New-York, 1963, p. 85.

TABLEAU 13. – Répartition des infractions commises en 1965-1966 (échantillon de Kinshasa)

Délits âge	7-8	9-10	11-12	13-14	15-16	17-18	+
Contre les personnes		1	1	3	6	1	
Coups et blessures			1	2	5	1	
Homicide volontaire		1		1	1		
Contre les biens		1	2	5	1		
Vols simples	1	2	2	4	15	25	9
Vols qualifiés				1	16	18	6
Autres[65]						2	
Contre les mœurs				2	7	11	8
Attentats à la pudeur				1	3	3	
Viol				1	4	8	8
Divers	2		4	10	5	15	11
Inconduite			1	3	4	5	2
Vagabondage et							
Chanvre	1		3	7	1	7	8
Autres[66]	1					3	1
Total	3	3	7	20	49	72	34 188

On peut relever que 76 sur 188 délits sont des crimes contre les biens commis par des jeunes de 15 à 18 ans. Seule l'infraction principale a été retenue dans ce tableau, les cas de concours d'infractions se présentent surtout lorsque le mineur est inculpé de vagabondage et « chanvre ». Nous avons voulu étudier tous les cas de vagabondage et les comparer avec les délits avec lesquels ils entrent en concours. Nous obtenons les observations suivantes déduites du tableau 14.

[65] Escroquerie, cel frauduleux.

[66] Rébellion, faux et usage, roulage, atteinte à la sûreté, règlement de protection de l'enfance.

TABLEAU 14. – Vagabondage combiné à d'autres infractions à Kinshasa (échantillon de 1965-1966)

Combinaison d'infractions	7-8	9-10	11-12	13- 14	15-16	17-18	+	Somme
Vagabondage isolé ou avec chanvre ou inconduite	2	1	4	7	4	2		20
Vagabondage + vol			1	3	4	12	1	21
Vagabondage + autre infraction						1		1

50 % des vagabondages accompagnent une affaire de vol, un seul cas de vagabondage accompagne une autre affaire (sexuelle). Le reste présente un vagabondage isolé ou accompagné de « chanvre » ou d'inconduite. Une corrélation avec l'âge vient se superposer à cette distribution, 14 sur 20 des vagabondages seuls ont moins de 15 ans ou plus, et 13 sur 21, 17 ans ou plus. On distingue donc nettement deux types selon l'âge, confirmant aussi l'existence d'une prédélinquance vers 15 ans. Il n'est pas possible avec nos informations pour les 50 % de vagabonds-voleurs de situer les deux faits dans une séquence temporelle, toutefois, c'est un fait connu dans la littérature criminologique que le vagabondage des garçons s'accompagne généralement de vols et celui des filles de prostitution.

C. La situation familiale

Tous les auteurs signalent que les familles des délinquants connaissent des rapports perturbés. Pour Pierre *et al.* (déjà cité), de 1953 à 1961 à Dakar un taux constant de vie familiale désorganisée se manifeste chez les délinquants, un tiers seulement a une vie familiale normale. Asuni, qui dispose d'un groupe-contrôle, observe que 27,5 % parmi les délinquants avaient des parents divorcés, contre 12 % chez les non délinquants. 27 % des parents délinquants vivent ensemble, pour 48 % chez les non délinquants. Nous avons calculé les pourcentages des données de Tschoungi et Zumbach pour le Cameroun.

	Douala	Yaoundé
		%
Les parents vivent ensemble	56,76	30,30
Le père est décédé	19,82	30,30
La mère décédée	7,21	7,58
Les deux sont décédés	7,21	12,12
Séparés	6,30	19,70
Père inconnu	2,70	

Dans l'enquête CIE à Douala, on a comparé les deux populations : délinquante et parente en regard du décès des parents, et découvert une différence significative (P < 0,01), les enfants délinquants étaient plus souvent orphelins complets ou de l'un des deux parents. Dans l'enquête d'Abidjan, une même situation se retrouve avec force. Tooth au Ghana en 1946-1947 a comparé des délinquants à des groupes témoins, constatant que les premiers appartenaient davantage à des familles dissociées par décès ou séparation. Mais à l'intérieur du groupe des délinquants, on n'a pas enregistré de différence entre le nombre de délits commis par les groupes vivant avec leurs parents ou en famille dissociée, et les autres délinquants. Il observe que le type de contrôle exercé sur l'enfant importe plus que la parenté existant entre lui et la personne chargée du contrôle. Il s'agit, nous le verrons, d'une remarque extrêmement importante.

Ibbotson pour la Rhodésie du Sud signale dans les populations de mineurs institutionnalisés qu'il a étudiés, un nombre élevé d'enfants venant de familles dissociées ou de familles où règnent une absence de surveillance et le mauvais comportement des parents.

Dans notre recherche à Kinshasa, nous avons examiné trois questions particulières : l'enfant est-il orphelin ? Avec qui l'enfant vit-il au moment de la perpétration de l'infraction ? Quel est le pourcentage d'infraction de chaque type commis par les sujets vivant avec un membre de la famille étendue ou une personne étrangère à la famille ?

TABLEAU 15.- Pourcentage d'orphelins de nos échantillons de délinquants à Kinshasa 1965-1966

	1965	1966
Orphelins complets	4	5
Orphelins de père	15	13,75
Orphelin de mère	8	13,75
Non orphelin	73	77,50

TABLEAU 16. – Milieu de vie familiale des délinquants au moment de l'infraction à Kinshasa 1965-1966

Avec qui l'enfant vit-il au moment de l'infraction ?	1965		1966 %	
Avec les deux parents	12		23,75	
Avec le père seul, la mère étant décédée ou divorcée	10		11,25	
Avec la mère seule, le père étant décédé ou divorcé	10		2,50	
Avec un membre de la famille ou une connaissance[67]	43		42,50	
Seul	1		0	
Indéterminé	24		20	

TABLEAU 17. – Participation des enfants vivant avec un membre de la famille étendue ou une personne étrangère aux diverses formes de délinquance, Kinshasa 1965-1966

Délits	1965	1966
Vols simples	53	75
Vols qualifiés	48	21
Viols	30	27
Attentats à la pudeur		75
Vagabondage, chanvre		75
Inconduite	50	

Les tableaux 15, 16 et 17 peuvent donner lieu aux observations suivantes : les indications relatives aux orphelins montrent le rôle important du décès du père par la combinaison des orphelins complets et des orphelins de père. Toutefois, si l'on se demande avec qui vit l'enfant au moment du délit, on constate

67 Souvent l'oncle maternel. La prise en charge par l'oncle maternel est une obligation du régime matrilinéaire des Bakongo.

une importance plus grande de l'absence de la mère. Si l'on examine la différence des fréquences entre ceux qui vivaient avec les deux parents et ceux qui vivaient avec un membre de la famille étendue, on s'aperçoit qu'elle est significative pour les deux années étudiées (vérifié au Chi^2). D'autre part, en comparant la délinquance de ces derniers, on s'aperçoit qu'ils présentent une criminalité plus violente (vérifié au Chi^2). Il faut cependant noter que les données du tableau 16 contiennent certainement une grande imprécision, car nous n'avons pas confectionné nous-mêmes les dossiers de base, aussi le fait de vivre avec les deux parents, ou avec la mère ou le père, ne signifie pas nécessairement que ces personnages sont les géniteurs, il peut parfois s'agir d'un beau-père ou d'une belle-mère.

Ces données doivent donc être prises avec discernement. De plus nous devons tenir compte de certaines caractéristiques propres au milieu familial urbain en Afrique. Certes il est banal de rappeler l'importance primordiale du milieu familial comme milieu privilégié de socialisation de l'enfant. Dans les sociétés traditionnelles, l'homme n'existe que grâce à la liaison que maintient la structure familiale avec les ancêtres, à la fois dépositaires des principes d'organisation sociale et fin dernière proposée au sujet qui a mené sa vie terrestre. Mais la famille ne manque pas de souplesse, son rôle est à ce point primordial qu'une série de structures supplétives interviennent en cas de dissociation par la mort ou le divorce. Ces mécanismes régulateurs ne fonctionnent plus que très partiellement en milieu urbain, et souvent d'une manière formelle. Ainsi, l'oncle maternel recevra son neveu qui vient de la brousse, qui espère faire des études en ville, il lui assurera un confort et une sécurité matérielle, mais pourra n'accorder aucune attention à ses activités, alors qu'il s'en souciera pour ses propres enfants.

Le rôle criminogène du milieu familial a été analysé par les criminologues européens et américains, comme un facteur troublant une socialisation qui devait s'effectuer préférentiellement pendant les plus jeunes années dans le noyau familial, par l'identification successive aux deux images parentales. Le rôle de la famille africaine est à la fois plus large et moins spécifiquement axé sur des relations effectives que sur l'exposition du sujet à des modèles conformes à un certain nombre des valeurs[68].

Weinberg, au Ghana, a recherché chez les délinquants des indicateurs d'instabilité familiale qui découlent de l'organisation normative de la famille ghanéenne. Il révèle notamment que dans certaines ethnies les époux vivent séparément et ne se rencontrent que certains jours, que le petit enfant est confié à la femme, agent principal de socialisation, et qu'il peut être placé plus tard chez un parent ou un étranger pour y être élevé ou s'inscrire dans une école, ou être pris en apprentissage ou en service ; Weinberg examine les raisons des placements familiaux et trouve plus des raisons négatives de déplacement chez les délinquants et plus de raisons positives chez les noms délinquants. Ainsi, les délinquants ont été plus souvent déplacés en raison de décès d'un parent ou d'un divorce (statistiquement significatif).

Dans l'enquête du CIE à Douala, il est apparu que les non délinquants changeaient de milieu pour des raisons scolaires, plus que pour d'autres raisons. Weinberg a également montré qu'il y avait corrélation entre le nombre de fugues et le nombre de déplacements dont l'enfant fait l'objet ; la situation de l'enfant se détériore et le pousse progressivement au désespoir. D'autre part, dans la même enquête, l'absence du père semble jouer un rôle plus important que celle de la mère. Il appartient en effet, d'après l'étude des cas, que les mères des délinquants tendent à être plus permissives et à négliger davantage leurs devoirs éducatifs[69].

Dans nos données pour Kinshasa, nous avons des indications identiques en cas de décès du père, par contre si l'on s'attache au milieu de vie actuel de l'enfant, le rôle de l'absence du père

68 « Dès son jeune âge, l'enfant (Mukongo) est amené fréquemment à faire de longs séjours chez d'autres membres du lignage et à entretenir avec les figures d'un entourage nombreux, des relations de même type qu'avec les parents »... « l'identification qui est demandée à l'enfant ne vise pas une personne, mais une collectivité. », voyez PERNY, « Situation œdipienne chez l'enfant Mukongo », *Psychopathologie africaine,* vol. 2, n° 2, 1966, pp. 179-195.

69 Sur ce point voyez S. et E. GLUECK, *Family Environment and delinquency,* Routledge and Kegan Paul, 1962, pp. 158 et s.

est moins marqué. Cependant, ces données sont insuffisantes pour conclure et s'effacent peut-être devant l'importance primordiale de la catégorie des délinquants vivant sans l'un ou l'autre membre de la famille « nucléaire » et surtout de ceux qui vivent chez un parent éloigné ou un étranger.

D. La situation sociale du sujet et de sa famille

Il est difficile actuellement en criminologie africaine, d'étudier avec précision le statut socio-économique des délinquants, étant donné l'impossibilité d'élaborer une théorie de la stratification sociale pour cette partie du monde. Les seuls éléments réunis dans les diverses enquêtes portent sur la position professionnelle des sujets et même là, les données sont très générales et imprécises. Nous examinerons d'abord les données sur la famille, ensuite celles qui portent sur le sujet lui-même, pour discuter enfin le retentissement théorique des données.

a) La famille

Tschoungi et Zumbach donnent des statistiques sur la profession du père. Pour Yaoundé (1961) on relève quarante-six cultivateurs, quatre fonctionnaires, cinq manuels salariés, huit employés ou commerçants, sept divers, huit sans activité et trente-trois pères décédés ou inconnus. Pour Douala (1961), on signale dix-huit travailleurs indépendants, cinq manuels salariés, deux divers, treize sans activité et vingt-huit pères décédés ou inconnus. L'enquête du CIE à Douala nous renseigne d'une manière plus systématique sur les ressources familiales.

TABLEAU 18. - Revenus familiaux des délinquants et non délinquants à Douala

	Salaire fixe	Salaire aléatoire	Sans revenus	Non déclarés
Pourcentage de délinquants	43	26	-	31
Pourcentage de non délinquants.	81	10	2	7

Dans la même enquête, en utilisant comme indice du standing de vie le type d'habitation, on n'obtient aucune différence significative. L'enquête d'Abidjan indique que plus de non-délinquants habitent des maisons en « dur » par opposition à des maisons en bois ou en « poto-poto ».

Tooth relève dans ses conclusions qu'il faut rejeter l'existence d'un lien entre délinquance et pauvreté, quoique celle-ci puisse jouer un rôle indirect en ce sens que les enfants des foyers pauvres sont parfois envoyés à la ville pour étudier ou effectuer un apprentissage. Tandis que Ibbotson pour la Rhodésie, remarque que le manque de ressources, sans être la cause unique des vols, en provoque un bon nombre.

b) Le sujet

Ici aussi les catégories sont très grossières ; notons que la question particulière de la scolarité sera examinée dans la section suivante. Si l'on rapproche les données pour Douala et Abidjan dans l'enquête du CEI on obtient le tableau suivant :

TABLEAU 19. – Situation sociale comparée des délinquants et des non délinquants dans l'enquête CIE

	Douala		Abidjan	
Situation sociale	Non délinquant	Délinquant	Non délinquant	Délinquant
Écoliers	74	35	49	13
Apprentis	5	3	14	4
Travailleurs	10	23	17	49
Sans profession pas écoliers	11	41	20	33
Indéterminés	0	1	0	1

Observons cependant que pour Douala, les enquêteurs ont signalé que le groupe de délinquants est d'une moyenne d'âge plus élevé que les non-délinquants, il est donc normal que les catégories « travailleurs » et « sans profession » y soient davantage représentées. L'enquête d'Abidjan insiste néanmoins sur le caractère significatif des différences. Les données pour Kinshasa sont élémentaires, rappelons encore que nous ne sommes pas maîtres de nos catégories, mais que nous les dégageons par l'analyse du contenu de la documentation de la juridiction de l'enfance ; enfin la réalité elle-même ne présente que des catégories assez frustres.

TABLEAU 20. – Situation sociale des délinquants Kinshasa 1965-1966 (nos échantillons)

	Par année	
Situation sociale du sujet	1965	1966
A. Élèves	26	45
B. Boys	17	10
C. Ayant une occupation	5	7,50
D. Sans travail	50	22
E. Indéterminés	2	15,5

Si nous éliminons les « indéterminés » et que nous cherchons à comparer ceux ayant une préoccupation (A+B+C) aux « sans travail », et si nous examinons la nature de la délinquance, on obtient une délinquance sexuelle significativement plus fréquente (vérifié au Chi^2) chez ceux qui ont une occupation ($P < 0,05$).

c) Discussion

Ce paragraphe renvoie à l'inévitable théorie économique de la criminologie. Au début du développement de cette science, l'Europe, où s'est affirmée la théorie de Bonger notamment et de l'École socialiste, se trouvait dans une situation qui, par certains côtés, était proche de celle de l'Afrique actuelle, notamment en ce sens que la grande masse de la population connaissait une misère considérable tandis que des fortunes florissantes en petit nombre y créaient un contraste scandaleux. De même, le pouvoir politique dépendait d'une oligarchie réduite. La non-diversification des produits élémentaires permettait que l'on analyse l'existence des corrélations entre les prix de produits de base comme le blé, et la criminalité ou certaines de ses formes. Il est apparu que sans reposer sur des données empiriques fausses, ces théories ne nous conduisaient nulle part lorsqu'il s'agissait de passer du phénomène de masse à l'interprétation du comportement individuel, et qu'en dehors de recommandations évidentes sur la nécessité de lutter contre la misère, qu'il est bien inutile d'appuyer en agitant le spectre de la criminalité, elle ne nous conduisait pas très loin non plus sur le plan de la prévention.

Par contre, si l'on distingue chez les délinquants des situations socio-économiques défavorables et un accès inégal aux possibilités de réaliser les aspirations que suscite en eux le climat socioculturel (théories R. K. Merton, Cloward et Ohlin), on s'oriente tout naturellement vers la découverte d'un sentiment de frustration chez le sujet, et une délinquance qui peut traduire une inconsistance statutaire et un désir de s'élever d'une manière ou d'une autre dans la pyramide sociale. Quelques études de cas que nous effectuons à Kinshasa semblent indiquer que les délinquants juvéniles contre les biens, notamment – et nous avons vu leur importance statistique – sont bien davantage soucieux de prestige que talonnés par une misère qui les pousserait mécaniquement à l'acte délictueux. Ceci ne signifie nullement que la situation matérielle des jeunes à Kinshasa soit favorable, très loin de là. Cela signifie plutôt que la misère est un problème social général, intéressant toute l'enfance, qui ne permet pas une approche distinguant d'une manière suffisamment efficace, les délinquants des non-délinquants. Selon l'expression heureuse du ministre congolais des Affaires sociales, Madame Sophie Lihau-Kanza, il serait faux de croire que certains problèmes sociaux sont des problèmes « résiduels » qui seraient éliminés par le progrès économique[70].

E. La scolarité

Il est difficile d'établir des corrélations intéressantes entre scolarisation et délinquance juvénile, dans un pays neuf, notamment parce que toute une série de concepts demande à être clarifiée. L'examen de données africaines indique la naïveté de la conception du XIXe siècle, selon laquelle à l'ouverture d'une école correspondait la fermeture d'une prison.

70 Dans le même sens, l'analyse de F. FERRACUTI, à Porto-Rico indique un pays en pleine expansion économique, mais où l'on rencontre de nombreux indices d'une pathologie sociale élevée. *Juvenile Delinquency and Social Change in Porto-Rico*, 1966, APA Meeting N.Y., 8 pages ronéot.

Les diverses questions portent sur le taux de scolarité d'un pays, sur le décalage d'un niveau d'enseignement par rapport à un autre, sur le retard scolaire et sur la valeur de l'enseignement du point de vue de la demande sur le marché du travail.

Pour évaluer les taux de scolarité au Congo, en 1963-1964, M. J. Houyoux[71] a utilisé la méthode des services statistiques de l'UNESCO et obtient :

- Taux de scolarité primaire 94,8
- Taux de scolarité secondaire 8,4
- Taux de scolarité supérieure 0,29

On peut observer que si le taux de scolarité primaire paraît satisfaisant, il n'en est pas de même au niveau de l'enseignement secondaire. D'autre part, quand on étudie en détail le niveau primaire, il apparaît que ce sont surtout les premières années qui sont chargées. Un décalage identique existe entre le nombre d'élèves en première et en deuxième année au niveau du secondaire[72]. Sur le retard à l'école primaire officielle, voici les données publiées par l'IRES Lovanium[73] pour cinq écoles de Kinshasa.

TABLEAU 21. – Retard scolaire à Kinshasa[74]
(données de l'IRES - Lovanium, M. J. Roels)

	Nombre d'élèves	Retardés scolaires
1re école	1 571	800
2e école	636	527
3e école	658	298
4e école	660	330
5e école	686	377

71 J. HOUYOUX, *Pathologie dans la socialisation du jeune congolais d'aujourd'hui*, communication au Cours international de criminologie d'Abidjan, 1966, p. 23.

72 M. J. ROELS, *loc. cit.*, p. 31. Les statistiques scolaires du Ministère de l'Éducation nationale indiquent les taux suivants pour 1963-1964 : 72 % enseignement primaire, 5 % enseignement secondaire, 1,1 % enseignement supérieur. Pour cette même année, les trois premières années primaires groupent les trois-quarts des effectifs de ce niveau.

73 Voir la référence n° 62 ci-dessus.

74 Nous entendons ici par retardés, des élèves ayant 1 à 5 ans de plus que l'âge normal de la classe dont ils suivent les cours.

Le dénivellement que l'on peut observer dans l'enseignement primaire et secondaire, joint à l'importance considérable du phénomène de retardement, pose la question de la valeur des diplômes obtenus sur le marché du travail. Un enseignement qui s'adresse à un grand nombre de retardés scolaires, qui n'ont pas l'occasion de poursuivre des études, devrait équiper les jeunes en connaissances qui leur permettent de s'adapter à la vie socio-économique du pays. On devrait également veiller à ce que cet enseignement ne suscite pas des frustrations chez les jeunes, tout en éveillant suffisamment au goût de l'étude ceux qui auront la possibilité de s'élever vers les études supérieures. Il ne semble pas que ce soit le cas actuellement. M. J. Houyoux écrit de l'école primaire que pendant six ans, on y prépare les enfants au secondaire…

Le marché du travail absorbe-t-il une grande partie de ces jeunes gens ? Il semble que non. M. J. Roels signale que lors d'un sondage effectué dans le cadre de l'examen de la conjoncture socio-économique de Kinshasa (15 mai 1961) sur quarante-quatre entreprises, vingt seulement déclaraient avoir engagé des jeunes de moins de 20 ans. Le chiffre global était de 771 jeunes de 16 à 20 ans. Groupant d'autres sources, l'auteur du rapport estime qu'environ 2 000 jeunes de 16 à 20 ans étaient au travail au moment de l'enquête. La comparaison des scolarités de cette tranche d'âge et de la population masculine laisse 5 320 désœuvrés. Les mêmes calculs produisent un chiffre de 11 378 pour la tranche suivante de 21 à 25 ans. Si l'on rappelle que chacune de ces deux tranches d'âge comprenait respectivement 12 027 hommes et 17 271 femmes, on aperçoit la dimension du problème.

Toutefois, l'ampleur du problème ne conduit à aucune conclusion criminologique immédiate. Comme le signale Weinberg pour la délinquance ghanéenne, on ne peut pas, par exemple, placer en séquence chronologique le phénomène de l'école buissonnière et celui de la délinquance juvénile. L'enquête du CIE à Douala, indique que le taux de scolarisation des délinquants est très voisin de celui des non-délinquants, par contre le délinquant reste moins longtemps à l'école. L'enquête à Abidjan a montré que le taux de scolarisation des délinquants était de très peu inférieur à celui des non-délinquants, cependant 14 % seulement parmi les délinquants ont un diplôme CEP, contre 55 % chez les non-délinquants.

Parmi nos données à Kinshasa, on ne relève que trois illettrés complets sur 180 délinquants. En 1965, 68 % des mineurs délinquants ont fréquenté l'école primaire, 18 % continue à suivre les études primaires, 14 % ont fréquenté l'école secondaire, 8 % y poursuivent leurs études, pour 16 % de l'échantillon nous ne disposons d'aucun renseignement valable. Les chiffres de 1966 sont à peu près identiques.

Dans un climat culturel où l'accent est mis sur le prestige de l'instruction, mais où l'on accorde aussi volontiers des effets mécaniques à l'octroi d'un diplôme, les frustrations se situent à plusieurs niveaux : difficulté de trouver une place dans le réseau d'enseignement, difficulté d'y obtenir une réussite suffisante, difficulté de pousser les études réussies à un stade ultérieur vers lequel les phénomènes semblent entièrement orientés, difficulté de valoriser les titres acquis sur le marché du travail.

Dans ces conditions, chaque échec risque de pousser le jeune vers une exploitation d'alternatives valorisantes. Si la structure sociale n'offre pas aux jeunes une gamme assez attrayante de rôles et statuts substitutifs, il est naturel qu'ils renoncent aux buts culturels proposés ou qu'ils tentent de les atteindre par des voies illégales. On aura reconnu le schéma classique de l'anomie mertonienne.

F. Le milieu écologique

Dans ce paragraphe nous nous en tiendrons à des généralités, notre enquête ne nous a, en effet, apporté aucun renseignement de type écologique utilisable à une fréquence suffisante pour nos échantillons. Les questions qui se posent sont celles de la localisation du ou des milieux de vie du sujet, et celui des faits délictueux ; on peut y annexer les renseignements sur la mobilité horizontale du sujet. Un point important au niveau statistique est la durée du séjour en ville, l'âge du départ du milieu traditionnel en cas d'immigration, l'ancienneté urbaine du milieu familial, etc. Il apparaît notamment à la suite de l'enquête du

CIE que ces renseignements ne peuvent être colligés que partiellement à l'enquête judiciaire, malgré les risques de confusion nuisible à la sincérité du sujet. Nous avons rencontré les mêmes conditions du travail, ce qui est en soi un indice de la haute mobilité des délinquants, mais il n'est pas possible de comparer avec celle de la population générale, dont on sait cependant qu'elle est également élevée. Nous n'obtiendrons des résultats que pour les sujets qui apparaîtront dans le follow up de nos échantillons, soit parce qu'ils récidiveront, soit parce que nous les retrouverons dans un établissement de garde et d'éducation de l'État.

L'étude de Tschougi et Zumbach indique que la plupart des mineurs ne sont pas nés en ville. Pierre *et al.* constatent que 36 % de leur échantillon sont sans domicile fixe et que 5 % seulement résident dans le quartier de l'autoroute, le plus misérable de Dakar. Les auteurs font cependant observer que ces statistiques ne révèlent peut-être rien d'autre que le niveau de tolérance d'un quartier à la délinquance de sa population mineure, et l'efficacité policière dans une région donnée. 60 % de leurs délinquants sont d'origine urbaine, nés et élevés dans ce milieu, 24 % d'origine rurale, 17 % ont été transplantés durant leur jeunesse d'un milieu dans un autre. Les délinquants ruraux commencent leur carrière plus tard, mais leur délinquance croît avec l'âge. Les délinquants urbains sont plus jeunes, mais leur délinquance décroît avec l'âge. Ces données confirment ce que l'on sait sur le cycle délinquant depuis les travaux de Glueck en 1940. La délinquance connaîtrait un cours naturel qui s'interromprait d'autant plus vite qu'il commencerait tôt[75]. L'enquête du CIE, n'a pas pu vérifier une hypothèse selon laquelle la distance d'avec le lieu de naissance serait en liaison avec la délinquance. On n'a pas constaté de différence non plus entre délinquants et non-délinquants quant à l'origine géographique.

75 Voyez T. C. N. Gibbens, R. H. Ahrenfeldt, *Cultural Factors in Delinquency*, Tavistock, 1966, pp. 40 et 41.

Conclusions

L'étude de la délinquance juvénile en Afrique noire est encore à un stade très peu avancé. Même lorsqu'un appareil méthodologique sérieux a été élaboré, comme ce fut le cas dans l'enquête du CIE, les résultats n'ont pas été analysés dans le cadre des connaissances criminologiques contemporaines.

De la mosaïque des résultats obtenus et de nos propres données très insuffisantes, nous tenterons de tirer une orientation théorique qui permettrait le passage du niveau d'interprétation du phénomène de masse à celui du phénomène individuel. On guiderait ainsi les efforts de criminologie sociale et de criminologie clinique qui doivent tenir compte de la spécialité de la délinquance africaine tout en demeurant dans le cadre des hypothèses de travail criminologiques éprouvées.

Nous examinerons d'abord les hypothèses très générales, ensuite les hypothèses africaines spécifiques, enfin nous tenterons de proposer un certain nombre d'orientations susceptibles de diriger l'action thérapeutique.

Nous rencontrons en premier lieu une tendance reproduisant les thèmes de l'école socialiste du XIXe et du début du XXe siècle liant immédiatement le phénomène de masse et le phénomène individuel à l'état de misère. La mauvaise situation économique des masses africaines est à ce point évidente que l'on songe rendre compte d'un phénomène déviant. Nous devons toutefois observer que nous ne sommes pas en mesure de préciser l'accroissement réel de la délinquance juvénile ou ses transformations, et que les chiffres officiels restent plutôt stationnaires. Nous ne sommes d'ailleurs pas plus en mesure de montrer que la délinquance juvénile africaine présenterait un aspect essentiellement utilitaire. D'autre part, la misère n'est pas moins grande dans les régions rurales que dans les zones urbaines et cependant l'attention n'est attirée que sur la déviance dans ces dernières régions.

Dans un deuxième cadre théorique, on tend à analyser la délinquance juvénile africaine comme un phénomène lié à l'urbanisation. Toutefois, certaines études portant sur la délinquance juvénile des pays en voie de développement admettent qu'il n'est guère prouvé que l'industrialisation et la concentration démographique (caractéristiques de l'urbanisation) soient les causes directes d'un accroissement d'un phénomène déviant[76].

Comme l'a montré K.Weinberg[77], si l'on veut tenter d'apprécier le rôle de l'urbanisation sur la délinquance, ce phénomène devrait être évalué moins en termes de caractéristiques urbaines : densité, taille, mobilité, hétérogénéité, mais davantage en tant que processus global affectant le territoire urbain. Nous préférons, quant à nous, analyser ce processus global en divers processus partiels : de contrôle social, d'éducation, de socialisation, de communication interpersonnelle. L'essentiel est que l'on recoure à l'analyse dynamique. Dans ces conditions, on peut plutôt rechercher les mécanismes spécifiques qui ont pour cadre l'écologie urbaine.

L'enquête du CIE, suivant cette dernière voie, a retenu trois hypothèses de travail :

- a) La détribalisation entraînant la dissociation familiale avec ses conséquences connues ;
- b) L'inadaptation de l'enseignement produisant des déclassés sans débouchés ;
- c) L'absence de loisirs organisés entraînant la formation de bandes.

Chacun des trois facteurs retenus trouve des appuis parmi les statistiques que nous avons étudiées. Ils peuvent être utiles à condition de se rendre compte qu'ils composent – avec d'autres – une configuration où les moyens de réalisation des buts cultu-

---

76 Voyez : La prévention des formes de criminalité résultant des changements sociaux et accompagnant les progrès économiques dans les pays peu développés, IIe Conférence des Nations Unies pour la prévention du crime et le traitement des délinquants, *Rapport du Secrétariat,* Londres, 2-8 août 1960, n° 9 et s. *Contra,* M. B. Clinard, « The organization of urban community development services in the prevention of crime and juvenile delinquency, with particular reference to less developed countries », *Rev. int. politique crim.,* 1962, n° 19, pp. 14-22.

77 K. Weinberg, « Urbanization and Male Delinquency in Ghana », *Journ. of Research in Crime and Delinquency,* July 1965, pp. 85-94.

rels proposés par l'évolution socio-économique des pays anciennement colonisés ne sont pas suffisamment institutionnalisés. D'un point de vue théorique, l'étude de l'anomie en Afrique présente donc un intérêt incontestable. D'un point de vue pratique, les trois données énumérées ci-dessus ne présentent pas une spécificité criminologique suffisante pour exiger une action plus originale que la mise sur pied d'une politique sociale. L'intégration des préoccupations sociocriminologiques dans les plans de développement socio-économique est toutefois recommandée par le Comité consultatif d'experts en matière de prévention de crime et du traitement des délinquants créé pour mettre en œuvre une résolution du Conseil économique et social des Nations unies. On notera à titre d'exemple, les effets néfastes d'une politique mal intégrée de renvoi de diverses catégories de déviants dans leurs zones rurales d'origine lorsqu'elle se pratique sans discrimination. En effet, les personnes ainsi déplacées en milieu traditionnel y deviennent de doubles échecs : sur le plan urbain dont elles sont expulsées, sur le plan rural où leur réadaptation est impossible.

Toutefois, la politique socio-économique générale n'atteint pas les mécanismes spécifiques de la délinquance[78]. Par exemple, c'est un fait bien connu que les organisations de loisirs des jeunes touchent rarement les groupes enclins à la délinquance. Ce phénomène s'est vérifié en Afrique. Ainsi, dans une expérience d'organisation de la vie active et des loisirs des jeunes à Bukavu[79], les responsables ont dû admettre que

> les jeunes de plus de 15 ans se soumettaient difficilement aux règles du mouvement et le quittaient pour reprendre une vie plus ou moins déréglée. Aussi peut-on penser à une action portant sur une unité intermédiaire entre les phénomènes de masse et la personnalité du délinquant, soit le groupe à proactivité déviante situé dans un cadre socioculturel donné.

[78] Cette opinion est implicitement soutenue par le compte rendu de la Réunion du groupe d'experts de défense sociale à Monrovia (1965). Voyez *Rev. int. politique criminelle*, n° 23, 1965, notamment p. 71.

[79] R. AMURRIO, « Les 'Cheche' de Bukavu, une expérience de rééducation des jeunes citadins désœuvrés », *Congo-Afrique*, mars 1967, 13, pp. 127-134.

Nous sommes alors renvoyés à notre ignorance des variables écologiques de la délinquance africaine. Les recherches pourraient s'orienter dans ce sens afin d'organiser la pénétration par des équipes d'action psychosociale des milieux semi-structurés où circulent les modèles et se développent les attitudes favorables à l'éclosion de rôles déviants. La question qui se pose est de savoir si cette délinquance est le produit d'une organisation sociale différentielle insuffisamment contrebalancée par une organisation sociale prônant des valeurs légitimes. Cette hypothèse n'est pas invraisemblable compte tenu du climat propice aux conflits culturels générateurs de ces déséquilibres sociaux[80]. Une alternative serait que ces phénomènes que nous percevons comme représentant la délinquance juvénile ne soient que la partie apparente d'un mode général de vie dans une portion assez large de la société adolescente urbaine, et dont un certain nombre de représentants seraient confirmés dans des rôles délinquants par un procédé d'étiquetage social[81].

Au niveau du phénomène individuel, nous ne pouvons en rester au stade d'un multifactorialisme complètement inopérant sur le plan clinique et thérapeutique[82]. La recherche des mécanismes criminogènes ne peut s'effectuer que sur la base de collections d'histoires de vie des délinquants. Notre service a commencé à s'atteler à cette tâche difficile demandant un temps considérable et dont on s'est peu préoccupé en Afrique[83]. De la

---

80 Voyez G. BALANDIER, « Déséquilibres socioculturels et modernisation des pays sous-développés », *Cah. int. sociol.*, 1956, pp. 30-44.

81 On se réfère ici brièvement à la théorie du *Social labelling process*. Ses origines remontent à un exposé de E. LEMERT en 1948 sur la théorie générale du comportement sociopathique. Depuis environ deux ans, elle regagne en actualité et fait l'objet de recherches systématiques de H. S. BECKER, J. I. KITSUSE, K. T. ERIKSON, T. J. SCHEFF. Voyez la bibliographie *in* J. C. HACKLER, « An underdog approach to correctional research », *Rev. canad. criminol.*, vol. 9, n° 1, janvier 1967, pp. 27-37.

82 *Cf.* cependant F. FERACUTI, « Ricerca eziologica e prevenzione della delinquenza nei paesi a rapide mutamento sociale », *La Scuola Positiva,* fasc. I., 1966, p. 41.

83 Parmi les rares matériaux colligés, on distinguera : W. CLIFFORD, « Profiles in Crime », *Northern Rhodesia, Social Welfare Research monograph*, n° 3, 1964, 65 pages (dix cas) et ORTIGUES, COLOT, MONTAGNIER, La délinquance juvénile

documentation rassemblée à ce niveau de la recherche, on peut extraire des hypothèses de travail. Le jeune citadin qui a perdu le rôle d'attente de la vie adulte, qui lui était réservée dans la grande famille traditionnelle, risque de connaître des modèles éducatifs incohérents dans le milieu familial nucléaire urbain. L'organisation scolaire le prépare imparfaitement à assumer un rôle d'adulte dans le marché de l'emploi. Ces difficultés paraissent avoir le plus de risques de le conduire à la délinquance vers l'âge de 17 à 18 ans. On peut à partir des données disponibles distinguer provisoirement trois types cliniques :

a) Le jeune désœuvré de 17 à 18 ans accomplissant des délits contre les biens dont la nature peut difficilement indiquer une corrélation étroite avec un état de besoin absolu, mais plutôt une recherche de symboles de prestige[84] lui permettant de s'affilier socialement dans une société dont les expectatives sont imprécises à son endroit.
b) Un type de délinquant plus précoce, encore écolier, dont seule la recherche future pourra nous indiquer s'il suffit de dégager comme source de la révolte l'inadaptation aux gratifications scolaires ou s'il s'agit de problèmes psychologiques beaucoup plus délicats exigeant une analyse plus fine, notamment en cas de délinquance sexuelle violente[85].

à Dakar : étude psychologique de quatorze cas, *Psychopathologie africaine*, vol. 1, n° 1, 1965, pp. 85-130 (dans cet article les auteurs présentent trois cas avec quelques détails).

84 Dans le même sens au sujet du prestige, voyez W. CLIFFORD, « Profiles in Crime », *op. cit.*, pp. 9 et 61, sur les problèmes statutaires, voyez l'histoire de vie d'un Muluba congolais *in* W. H. CRANE, « Application in the new African Society », *Social Compan.*, 12 (b), pp. 367 et ss.

85 D'une manière générale, on reconnaît dans diverses cultures deux types distincts de carrières délinquantes chez les violents et les acquisitifs. PETERSON, « Stabilities in deviance : a study of assaultive and non assaultive offenders », *Journ. crim. law*, 1962, pp. 44-48; T. DOI, I. SUGIMOTO, « Deux catégories de mineurs récidivistes (au Japon) : ceux qui s'attaquent à la propriété et ceux qui se livrent à la violence », *Rev. int. police crim.*, 1967, n° 204, pp. 24-28. Toutefois les données empiriques diffèrent fortement d'une culture à l'autre et les tentatives d'aller au-delà des distinctions élémentaires pour traduire les différences en des termes utiles à une conception théorique, se soldent jusqu'à présent par des échecs. Voyez M. J. MOLOF,

c) Un type composé de jeunes occupant des emplois de service (boys), de niveau intellectuel peut-être faible, soumis à des pressions considérables par l'étalage d'un luxe qu'ils manipulent même partiellement comme le leur dans le cadre de leur emploi. Les délits sont surtout des vols domestiques et quelques attentats à la pudeur contre les enfants des familles dans lesquelles ils travaillent.

Ces trois types demandent à être complétés et diversifiés, mais il est clair qu'ils requerront une approche clinique différente ainsi qu'un effort spécial d'intégration dans des milieux de socialisation.

Ceci nous conduit au traitement du délinquant juvénile africain. Nous disposons des données sur les décisions du juge pour nos échantillons à Kinshasa, mais nous devons réserver à un autre travail, l'exposé de ces faits et les intégrer à la description des structures officielles du traitement, ainsi que du fonctionnement réel des institutions congolaises. Constatons seulement que les magistrats sont nécessairement très dépendants du nombre et de la qualité de leurs auxiliaires ainsi que des structures d'accueil. Il nous paraît que pour une grande partie des délinquants actuellement détenus dans des institutions fermées, ou semi-ouvertes, une solution d'assistance éducative serait préférable. Si l'on objecte le manque de crédit pour rémunérer du personnel qualifié, on peut répondre que les économies dues à l'allégement de crédit des établissements de garde qui ne seraient plus ensemble, peuvent servir à rémunérer le personnel de l'éducation surveillée. Si l'on constate un manque pur et simple de personnel qualifié, nous nous trouvons devant une difficulté très importante qui ne peut être résolue que par une assistance technique provisoire. Rien cependant ne sera réglé sans l'organisation d'un service social national formé par des jeunes agents du pays, y ayant grandi et si possible ayant conservé des liens étroits avec les divers milieux

Differences between Assaultive and no Assaultive Juvenile Offenders, State of California, Department of Youth authority, Feb. 1967, 74 pages.

culturels où foisonnent leurs clients[86]. Rappelons enfin le caractère rigoureusement provisoire de ces conclusions, dont l'aspect théorique a été volontairement accentué afin de stimuler la recherche ultérieure.

Guy Houchon

86 Voir à ce sujet l'intéressant article de P. Zumbach, « Diagnostic sur la délinquance juvénile au Cameroun », dans *Rev. internat. criminol. et police techn.*, 1965, n° 2, pp. 193-204, notamment la conclusion.

L'analyse de système en sociologie juridique[1]

Guy Houchon

Professeur à la Faculté de droit
Directeur du Centre de criminologie et de pathologie sociale
Université Lovanium

La création d'un Laboratoire de sociologie juridique (LSJ) a été évoquée pour la première fois en 1970 lors d'une réunion extraordinaire de professeurs de la Faculté à l'occasion d'une

---

[1] Note rédigée par l'auteur le 6 décembre 1971 portant sur *Le laboratoire de sociologie juridique* (LSJ) que nous avons décidé de publier à cause de sa pertinence. Elle fut destinée aux étudiants de troisième licence en droit dans le cadre du cours de sociologie juridique avec le commentaire qui suit : Le cours portant sur une matière, qui n'a jamais été enseignée à la Faculté, a été placé au second semestre. Il est cependant souhaitable de vous familiariser dès maintenant avec les thèmes principaux de la matière et de fournir certains travaux permettant un début d'évaluation continue des aptitudes et des connaissances. Vous disposerez à cet effet, de 3 notes à partir desquelles vous fournirez un travail de réflexion et de lecture.
a) – une note bibliographique.
b) – une note sur l'analyse de système en sociologie juridique.
c) – une note sur l'analyse sociologique de la jurisprudence.
C'est la seconde de ces notes qui vous parvient aujourd'hui. Il s'agit d'un travail rédigé à l'intention des professeurs de la Faculté dans le courant de l'année académique 1970-1971. Après l'avoir étudiée vous tenterez de répondre par écrit aux questions suivantes ;
- Formulez un sujet juridique susceptible d'une étude sociologique par l'analyse des systèmes en détaillant les composantes structurales, culturelles et productives. À défaut indiquez un sujet relevant d'une de ces composantes seulement et proposez un plan d'étude.
- Indiquez par la même occasion si votre sujet personnel de travail de fin d'études vous paraît susceptible de bénéficier d'une approche de sociologie juridique.

Veuillez remettre votre travail au secrétariat du Centre de criminologie et de pathologie sociale avant le 25 décembre.

prise de conscience de l'existence d'une série de pratiques para-judiciaires d'une légalité douteuse. Cherchant à réagir contre une pareille insécurité juridique, en restant dans la ligne même de sa mission scientifique, la Faculté de droit envisageait d'étudier dans les faits la mesure dans laquelle les principes enseignés à la Faculté trouvent une application effective de la part des agents de l'État. Ainsi se concrétisait à nouveau la pensée de deux grands sociologues : K. Marx qui, dans l'étude des bénéfices secondaires du crime, observait que l'influence du criminel sur le développement des forces productrices peut être détaillée[2] et É. Durkheim qui, en relevant la normalité du crime dans une société, indique aussi son utilité dans l'évolution sociale. Il permet en effet au groupe de réaffirmer les normes qui lui paraissent indispensables à la poursuite de ses objectifs[3].

Dans son discours-programme de l'année académique 1970-1971, le Doyen de la Faculté rappelait l'urgence de ce projet en lui donnant un infléchissement plus documentaire, il suggérait la création « d'un Centre d'études judiciaires ».

> Ce sera le Centre d'enregistrement de tous les comportements judiciaires que l'on peut observer dans l'administration de la justice au Congo. Ce sera la justice prise sur le vif. L'on y conservera les archives de tous les organes appelés à participer de près ou de loin à l'œuvre juridictionnelle. L'on y entendra de vive voix pour information et dialogue ceux qui sont engagés dans les réalités judiciaires, depuis le commissaire de police jusqu'au surveillant de prison en passant par les magistrats du Parquet, les juges, les avocats, les greffiers et les huissiers.

Lors de sa réunion du mois de décembre, le Département judiciaire confrontait les deux formes de ce projet de la création d'un nouvel organe de recherche tourné vers la réalité juridique du pays. On y discuta l'organisation d'un travail systématique de documentation portant sur les instruments de la pratique judiciaire, ainsi que le recueil de diverses informations sur la manière dont se pratique le droit dans la République (Formulaires, dossiers, statistiques, circulaires, enregistrements d'inter-

---

[2] K. MARX, *Théorien über den Mehrwert*, vol. I, s.l., s.d. pp. 385-367.

[3] É. DURKHEIM, *Les règles de la méthode sociologique*, Paris, PUF, s.d., pp. 65-72.

views, etc.). Les limites d'une telle perspective ont été cependant indiquées[4]. Il fallait craindre que la routine recouvre rapidement la collecte des faits réunis sans but plus particulier que celui du rassemblement d'une « documentation ». La poussière s'accumulerait rapidement sur les rayons d'un « musée du droit », coûteux et d'une utilité marginale. Toute science commence, comme l'a noté Linton, par une phase de collectionnisme, d'assemblage hétéroclite des faits jugés intéressants, de « chasse au pittoresque »[5]. C'est la phase concrète de « la formation de l'esprit scientifique » (Bachelard, 1960), elle doit être suivie des phases la faisant tendre vers l'abstraction, l'hypothèse de travail, voire le modèle. Aussi la collecte des faits peut-elle mieux s'ordonnancer autour d'un objectif de recherche précis. Rien n'empêche toutefois que celui-ci est ambitieux : ainsi la recherche des explications sociologiques rendant compte des écarts constatés entre la pratique du droit et les principes qui se dégagent de son enseignement.

Le Département judiciaire devait retenir le nom de Laboratoire de sociologie juridique indiquant notamment par là que d'autres disciplines juridiques que celles qui concourent à l'activité des tribunaux étaient intéressées aux travaux de l'organe de recherche, notamment le droit administratif et le droit fiscal (psychosociologie de l'impôt). D'autre part, la notion de sociologie juridique n'exclut nullement l'étude des faits juridiques du droit traditionnel par les ethno-juristes. On peut penser que l'expression d'anthropologie juridique eut mieux indiqué cette inclusion. C'est d'ailleurs la terminologie retenue au Département de droit africain de la Faculté de droit de Paris (créé en 1964- Professeur M. Alliot[6]). L'étiquette sociologique souligne cependant avec une clarté suffisante la démarche méthodologique souhaitée, qui sera précisée plus loin.

4 v. Procès-verbal de la réunion du 17 décembre 1970 du Département judiciaire.

5 LINTON, *Le fondement culturel de la personnalité*, Paris, Dunod, 1959.

6 J. POIRIER, « Situation actuelle et programme de travail de l'ethnologie juridique », *Rév. int. sc. soc.* n° spécial, Tendances de la science juridique, XVII, 1970, 3, pp. 509-527.

Le Département judiciaire créa une commission de professeurs chargés d'organiser le plan de travail du Laboratoire. La réunion de cette commission devait à nouveau faire apparaître les trois tendances qui se dégagent des débats antérieurs :

- Politique juridique – soit une recherche poursuivant un objectif normatif et finaliste tendant à mettre en évidence certaines pratiques erronées voire certains abus et à chercher des solutions aux conflits qui en découlent.
- Pédagogie vivante – soit le rassemblement d'une documentation et d'une information visant à mettre l'étudiant, le chercheur et le professeur en contact avec le « droit vivant » et complétant ainsi le « droit mort » des bibliothèques.
- Recherche fondamentale – soit une nouvelle démarche de recherche scientifique dans l'étude des faits et des comportements judiciaires, complétant les techniques classiques de l'analyse juridique (études des motivations du législateur par les travaux préparatoires, logique et raisonnement juridiques, rapprochement des textes, étude jurisprudentielle, droit comparé) par les techniques empiriques des sciences humaines (observation du comportement, interview, enquête, questionnaire, étude de cas, statistique, informatique, analyse de système, etc.).

Si les trois tendances sont également valables, elles ne nous paraissent pas d'égale importance hiérarchique. Aussi, m'écartant de l'objectivité d'un rapport de commission, je choisirai d'exprimer un légitime droit de tendance, en indiquant toutefois les points sur lesquels il n'est pas douteux que la commission soit arrivée à un accord.

L'occasion malheureuse qui engendra la prise de conscience d'une recherche juridique plus concrète renforce certainement les légitimes préoccupations de politique juridique. L'urgence des recherches qu'elle soulève ne peut être niée dans le contexte d'une société de transition. Elle peut toutefois être satisfaite dans une répartition judicieuse des priorités dès que les questions méthodologiques auront été suffisamment examinées. On pourrait en effet objecter à cette recherche engagée ce qui a été reproché à la sociologie juridique de M. Weber. « Sa tendance (…) d'utiliser la sociologie du droit pour justifier le dogmatisme de la logique juridique et du formalisme normativiste du droit »[7]. De surcroît, la recherche fondamentale dépassionalise considérablement le débat et accorde au droit sa place exacte soit « une technique relative poursuivant des buts pratiques variables qui dépendent des cadres sociaux »[8]. Ainsi échappe-t-on plus facilement aux tentations finalistes d'un ethnocentrisme juridique faisant apparaître le droit aux profanes comme un obstacle plutôt qu'un moyen de progrès social (v. à ces sujets les déclarations des officiers du CND[9] à un professeur de la Faculté).

On a suffisamment résumé les objections formulées à une approche documentaliste de notre question. Il faut cependant relever le leurre qui consiste à la représenter comme une première démarche. Non soutenue par un raisonnement théorique solide, elle s'enfonce rapidement dans le ritualisme « Qui ne recherche rien, ne trouve rien ». Il me paraît toutefois évident qu'il faut considérer les tâches documentaires comme une routine indispensable.

Qu'entend-on donc par sociologie juridique ? Il s'agit bien de l'étude des phénomènes juridiques pris dans leur contexte social, par opposition à l'étude analytique des normes[10]. Elle implique :

- L'approche empirique et l'emploi de la méthodologie adéquate dans le recueil des informations. Ceci exige pour nous une adéquation supplémentaire : les méthodes doivent convenir à la culture dans laquelle s'effectue le travail (étude des biais).
- La confrontation des faits juridiques et des comportements judiciaires avec d'autres faits sociaux. Ces faits doivent être choisis comme étant les plus significatifs

7 G. GURVITCH, « Problèmes de sociologie du droit », *in Traité de sociologie*, t. 2, s.l., s.d., pp. 183 et s.

8 *Ibid.*, p. 85.

9 Centre national de documentation (un service de sécurité sous le Président Mobutu).

10 « Sociologie of law », *in* J. GOULD, W. KOLB, *Dictionary of the social sciences*, s.l., The free Press, 1964.

compte tenu du problème étudié (études antérieures, examen du terrain, hypothèses spécifiques).

- La vocation à construire des hypothèses sur le fonctionnement réel de la justice. En effet, une théorie de la sociologie du droit n'est pas moins indispensable que dans tout autre domaine scientifique ne serait-ce que pour effectuer un tri raisonnable parmi les phénomènes empiriques qu'il y a lieu de vérifier dans la recherche.

Nous suggérons ci-dessous une des approches possibles dans le cadre de laquelle on peut étudier « l'insertion sociale de la règle de droit dans la réalité même »[11].

L'analyse de système est une méthode générale permettant notamment l'étude des organismes depuis le virus jusqu'au système planétaire, on y procède à la construction de modèles qui formalisent la structure de l'organisme étudié en mettant en évidence les relations les plus importantes qu'on y découvre. L'analyste choisit quels sont les facteurs qui sont les plus pertinents pour l'étude de la question qu'il examine, il quantifie ces facteurs et indique les relations qui existent entre eux[12]. Un système sera donc un ensemble (au sens mathématique) d'objets et de relations entre les objets et leurs attributs[13]. Le modèle ne peut cependant être statique, il doit signaler la direction des relations. On peut de cette manière étudier par exemple l'administration de la justice criminelle d'un pays. On représentera graphiquement (*flow-chart*) le sort de l'input (crimes commis et connus) à travers le réseau répressif, on suivra le chemin parcouru par le volume des affaires et leur retour à l'environnement du système par les diverses voies du classement sans suite, de l'acquittement faute de preuve, de la condamnation conditionnelle et de ses modalités d'application, de la liberté conditionnelle, de la fin de la peine, de l'évasion du déte-

11 H. LEVY-BRUHL, Juristique, s.l., s.d. ; M. RIVIÈRE et Cie, *Aspects sociologiques du droit*, Paris, 1935, pp. 33-45.

12 A. WIDLAUSKY, « The political Ecology of Efficiency : Cost-benefit analysis, System-analysis and program budgeting », *Publ. adm. rev.* XXVI, 1968, p. 298.

13 A. D. HALL, R. E. FAGEN, « Definition of system », *in General systems*, vol. 1, 1956, pp. 18-28.

nu, etc. On pourra notamment évaluer l'efficacité du système en examinant les taux de récidive ou de retour à l'input, soit par des échappées latérales, soit par l'*output*. Un début de travail de ce genre est entrepris à titre de travail de fin d'études par un étudiant de la 3e licence et porte sur le traitement judiciaire de l'enfance délinquante à Kinshasa.

Rien n'empêche de construire de pareilles représentations dans d'autres domaines du droit. Elles sont particulièrement précieuses là où les usages sont pas ou peu codifiés (droit coutumier) ou dans une matière fort peu connue (droit pénal militaire), mais elles réservent des surprises intéressantes partout où il devient évident que la pratique judiciaire innove, supplée des carences, rencontre des obstacles méconnus par le législateur. Ainsi conçue, la notion de système présente des considérables avantages sur la notion traditionnelle du système juridique telle qu'elle apparaît notamment chez les comparatistes.

– Notion traditionnelle de système juridique. Les comparatistes l'utilisent comme base même de leur typologie. On parle de système du droit civil, entendant par là la conception napoléonienne du droit codifié, du système de la Common law, du système du droit socialiste. Ces systèmes sont des classifications semblables aux taxomonies de la biologie ou de la botanique. Les droits sont qualifiés par certaines de leurs caractéristiques identifiées comme importantes par les juristes. Basée sur l'évolution historique, la classification s'efforce de découvrir des parentés et des filiations des droits sans méconnaître évidemment certains croisements. Ces croisements représentent précisément une des pierres d'achoppement de la méthode. En quoi notre connaissance du droit japonais progresse-t-elle si nous voulons étudier l'insertion du droit japonais dans la société japonaise hyperindustrialisée et que, pour ce faire, nous mettons à nu ses strates tour à tour française, allemande et américaine ?

Avons-nous un tant soit peu progressé dans la compréhension du droit congolais comme élément de la société congolaise en le classifiant comme droit franco-belge ? Sommes-nous plus avancés en modérant cette affirmation par le rappel d'un pluralisme juridique existant au niveau du droit civil en raison de la survie du droit coutumier ? « Le concept conventionnel de système légal basé sur l'évolution historique et sur les caractères juridiques formels ne nous est d'aucun secours si notre classification doit nous aider à saisir les rapports existant entre droit et société »[14]. Il faut aussi ajouter que dans cette conception les phénomènes juridiques et singulièrement la loi, apparaissent comme les variables dépendantes d'une entreprise explicative, alors que les problèmes posés par le thème droit et développement les font davantage poser à titre de variables indépendantes[15].

– Nous pouvons donc revenir à la notion sociologique d'analyse de système[16]. Dans cette perspective, le système juridique apparaît comme un processus ou une suite de processus. Quelle est l'activité dans les institutions et comment s'y déroule-t-elle ? Aussi le système est-il perçu comme une unité opérante du système social qui est son environnement et dont il est un sous-système. Il traite des matériaux qu'il transforme, il existe un output du système juridique qui permet d'en mesurer l'efficacité. Dans cette perspective, l'étude du système juridique implique :

i) L'étude des sollicitations du système,
ii) L'étude des réponses du système aux sollicitations,
iii) L'effet de la réponse sur la société.

Nous pouvons maintenant examiner les composantes fondamentales d'un système juridique. Ces composantes sont nécessaires et suffisantes. Elles se retrouvent dans tout système réel et suggèrent concrètement quelles sont les principales lignes de recherche que peut suivre un laboratoire de sociologie juridique qui se servirait de l'analyse de système. On examinera les composantes suivantes : structurales, culturelles, et productives.

---

14 L. M. FRIEDMANN, « Légal culture et social développement », *Law and society*, août 1969, pp. 29-44.

15 Voyez également sur ces problèmes J. G. VAN LOON, « Conclusion », *in* R. TREVES, VAN LOON, *Norms and Action, National Reports on Sociology of Law*, La Haye, Martinus Nijhoff, 1968, pp. 283 et s.

16 Sur cette question, voyez L. M. FRIEDMANN, *op. cit.*

Les composantes structurales

[Les composantes structurales] sont les institutions ellesmêmes, leurs formes, les activités qu'elles accomplissent. On y trouve un relevé statistique des cours et tribunaux, des organes juridictionnels divers, des règlements d'ordre intérieur, des règles de procédure codifiées. Les composantes structurales ont fait l'objet de travaux importants tant en Allemagne de l'Est qu'en Allemagne Fédérale. On y a notamment étudié le personnel judiciaire, ses caractéristiques personnelles, son mode de recrutement. En Allemagne de l'Est, on s'est posé la question de savoir si la structure judiciaire reflétait les modifications idéologiques introduites dans la loi[17].

Il me paraît évident que le Laboratoire de sociologie juridique devrait exprimer la composition du personnel judiciaire congolais. Il n'est pas absolument exact de dire que l'on a dû improviser un remplacement à la suite du vide laissé par le pouvoir colonial. C'est une série de nouvelles tâches et une structure de type différent sur bien des points qu'il a fallu créer. Comment cette adéquation s'est-elle faite ? Il n'est pas nécessaire dès le départ de lancer une enquête portant sur tout le personnel judiciaire ou sur l'ensemble des composantes structurales du système. Certains secteurs pourraient être privilégiés à titre expérimental. Aux États-Unis, les recherches ont surtout porté sur la Cour suprême.[18] La phase documentaire d'une pareille entreprise devrait être aisée pour nous, compte tenu de nombreuses relations personnelles existant entre la Cour et la Faculté. Je concède toutefois que cette relative intimité ne contient pas que des avantages scientifiques.

Je donnerai un exemple apparemment bénin d'une recherche possible au sujet du fonctionnement de la Cour suprême. Il y existe un service des relations publiques. Je me souviens que ma première réaction à son existence (sans doute

---

[17] H. STEINER, « L'origine sociale et la structure des juges en République Démocratique Allemande », *Rev. de droit et législation de la République Démocratique Allemande*, 1967, pp. 49-62.

[18] Une très abondante documentation peut être obtenue au Service de criminologie.

largement ethnocentrique), fut un haussement d'épaules. « Encore un résultat du clientélisme africain ». Les Cours de cassation françaises ou belges ont-elles un service des relations publiques ? Mon attitude devait rapidement se modifier lorsque j'ai dû moi-même passer par ce service pour obtenir que se matérialise un rendez-vous chez le Procureur général. J'ai été frap-frappé du nombre de personnes de toute appartenance sociale qui sollicitaient une entrevue avec divers magistrats de la Cour suprême. Le contraste est frappant avec l'atmosphère feutrée, la variété et la sélectivité des contacts sociaux que les hauts magistrats européens ont avec des groupes ultra-spécialisés. À titre de symbole, rappelons qu'en droit belge l'avocat-avoué à la Cour de cassation est seul à pouvoir y introduire une procédure, la liste de ces intermédiaires entre le plaideur et la Cour est limitative… et ce, malgré qu'un pourcentage très élevé des affaires soit du domaine fiscal ou du roulage. Aussitôt le petit organe – apparemment parasitaire – que nous examinons, pose-t-il une question formidable de sociologie juridique. Si les contacts entre le public et les magistrats de la Cour suprême sont si fréquents, n'est-ce pas parce que ceux-ci sont autrement perçus qu'en Europe ? Quelles formes de solution à des conflits d'intérêts sollicite-t-on d'eux ?

Du coup la notion même d'administration de la Justice risque d'être fort différente de celle qui est traitée dans l'étude des textes. La vocation de conciliation du droit traditionnel y réapparaît. Une analyse de système traitant les sollicitations du public comme élément de l'*input* peut examiner cette question. Alors seulement pourrons-nous aborder les problèmes de politique juridique tels que la compatibilité entre la fonction juridictionnelle du magistrat et les obligations qui découlent de son prestige social dans une structure sociale donnée.

Une des questions les plus intéressantes posées par les composantes structurales, est une question mieux connue des anthropologues et des sociologues. Savoir que des institutions apparemment similaires peuvent avoir des significations et des fonctions profondément différentes selon les contextes culturels et normatifs dans lesquels elles fonctionnent. Une juriste roumaine a pu observer à propos du passage du capitalisme au socialisme que

> même des réglementations à contenus normatifs similaires, obtiennent, sous l'incidence d'un contenu socio-économique différent, une valeur, une signification et des finalités différentes de celles qui caractérisent leur existence et leur action dans le cadre d'un système de droit antérieur[19].

Les composantes culturelles

Elles portent sur les valeurs et les attitudes qui déterminent la place du système légal dans son environnement culturel. Voici une série de questions posées par le professeur Friedmann de l'Université de Stanford : Qu'est-ce les gens pensent du droit ? Le public saisit-il volontiers les cours et tribunaux ? Pour quel genre de problèmes s'adresse-t-on aux juristes ? Y a-t-il dans le public un vrai respect pour le droit, le gouvernement, la tradition ? Quelles relations existe-t-il entre classes sociales et non recours à la justice ?[20].

Ces composantes culturelles représentent un vaste champ de recherche encore largement vierge en Europe et même aux États-Unis. Ce n'est que pour la Commission présidentielle sur le fonctionnement de la justice pénale (1968) que des sociologues de l'Université de Michigan se sont mis à évaluer le volume de la criminalité en interrogeant systématiquement les gens sur les actes criminels dont ils avaient été victimes sans déposer plainte. L'écart, traditionnellement appelé chiffre obscur de la criminalité, entre ce qui était officiellement connu d'une partie au moins du système et la « victimisation » est apparu considérable. Le Laboratoire de sociologie criminelle de la Faculté de droit de l'Université de Paris (Professeurs Levasseur et Carbonnier) s'est tout récemment penché

---

19 A. H. NASCHITZ, « Développement social et économique et développement du droit », *Revue roumaine des sciences sociales*, Série de sciences juridiques, 14, 1, 1970, p. 8.

20 Voy. aussi les questions plus spécifiques in L. LOBITSH, « Le passé, le présent et l'avenir de la coutume congolaise dans l'intégration des droits », *Mercuriale*, Cour suprême de justice, 10 octobre 1970, pp. 56 et s.

sur l'attitude du public français à l'égard de la justice. Une partie des questions posées par les composantes culturelles du système répressif congolais est actuellement étudié par un collaborateur du CCPS qui examine quel degré de gravité une population étudiante congolaise affecte à divers comportements sociaux, délictueux ou non. On pourrait également rattacher cette recherche à une autre thématique (celle de la socialisation morale dans la ligne des travaux de Piaget).

Les composantes productives

Il s'agit de l'*output* du système. Ce sont donc essentiellement les produits du système. Le juriste est très familiarisé avec l'étude de la jurisprudence, mais il ne s'agit que d'une partie de l'*output* et il l'aborde selon un point de vue très différent du sociologue. En effet, à côté de la décision coulée en force de chose jugée considérée comme le seul produit noble du système, il faut dénombrer les affaires qui ont quitté le système en empruntant des voies latérales, les affaires qui s'y embourbent et stagnent. On s'intéresse également à la vitesse du processus productif. Il s'agit de question de jurimétrie, discipline cherchant à formuler des généralisations susceptibles de faire entrer les décisions judiciaires dans les programmes des calculatrices électroniques. Enfin, d'autres unités de compte doivent être prises en considération comme le montre l'exemple de la justice criminelle.

Bien que cette question dépasse largement notre propos, l'endroit est propice pour signaler la nécessité d'une analyse de système en termes d'économétrie. Le système peut être examiné comme un sous-système du système économique et vu dans sa contribution au développement. À ma connaissance, il n'existe pas de travaux de cette espèce. Le coût de la Justice criminelle a cependant été examiné par la Commission Wickersham (1935) aux États-Unis et l'Institut de criminologie de l'Université de Cambridge a repris récemment ce sujet de recherche. La section de Défense sociale des Nations unies insiste depuis environ 5 ans sur la nécessité d'une meilleure coordination entre les spécialistes de la politique criminelle et les planificateurs économiques et sociaux. Aucune mesure économique ou sociale ne devrait être arrêtée sans que son incidence sur la criminalité ne soit évaluée, de même la prévention et le traitement de la criminalité devraient être partie intégrante de la planification économique de l'État.

L'analyse jurisprudentielle ne porte donc que sur une partie de l'*output* du système, d'autre part, son esprit est très limité. Il y a lieu de concilier son approche qualitative (si bien exprimée par la notion « d'arrêt de principe ») et l'approche plus globale voire quantitative de la sociologie juridique.

Nous venons de proposer l'analyse de système comme cadre méthodologique des travaux du LSJ. Il découle de ce qui vient d'être dit que la tâche du laboratoire si elle apparaît très vaste, n'en est pas moins spécifique. Les membres de la commission du Département judiciaire en ont convenu. Nous sommes ainsi reconduits à la partie pratique et administrative de cette note. Il est très clairement apparu que si le LSJ peut être un catalyseur de la recherche à la Faculté, il ne peut l'évoquer. Les méthodes traditionnelles de recherche juridique conservent une place importante dans le travail des services de la Faculté. D'autre part, ceux de ces services qui recourent déjà aux techniques des sciences humaines (droit coutumier, criminologie) ne font pas double emploi avec l'objet du laboratoire tel qu'il vient d'être suggéré, bien que les relations avec cet organe soient plus spontanées. Mais une autre question surgit aussitôt. Un tel instrument de recherche a-t-il sa place dans une faculté de droit ? S'agit-il encore de science juridique ? La réponse me paraît aisée. Les facultés de médecine n'ont pas hésité à incorporer parmi leurs sciences des disciplines qui avaient davantage recours aux sciences de l'ingénieur en radiographie et en radiothérapie, ces méthodes nouvelles n'ont pas éclipsé l'aspect clinique de la science médicale, tant il est vrai qu'une discipline se définit par son objet, tandis que ses méthodes sont évolutives et dépendent des progrès de la recherche[21].

Guy Houchon

21 Sur toutes ces questions, consulter H. Levy-Bruhl, *loc.cit.*

Les problèmes posés par le fonctionnement des établissements de garde et d'éducation de l'État (ÉGÉÉ)[1]

Guy Houchon (dir.)

Centre de criminologie
et de pathologie sociale
Faculté de droit
Université Lovanium

I. Généralités

Conformément à son plan de travail visant à examiner la situation de chaque sous-système du système de protection de la jeunesse et leurs interfaces (Police judiciaire – Parquets/Juridictions/Services sociaux/Exécution des mesures – ÉGÉÉ/Prévention), le Groupe de travail s'est penché sur le segment ÉGÉÉ de cet ensemble.

Une première note du début d'août 1978 porte sur l'interface tribunal – exécution des mesures d'internement car il est apparu, à l'occasion de l'application de l'Ordonnance-loi du 4 juillet 1978, portant modification de l'article 1er du Décret du 6 décembre 1950, que surgissaient diverses difficultés mettant en lumière certaines pratiques déficientes des juridictions.

---

[1] Travaux du Groupe de travail pour la coordination, le management et l'évaluation de la protection de la jeunesse présentés sous la forme d'un rapport (juillet - aout 1978). Nous publions ce rapport pour son intérêt scientifique.

Une autre note, écrite en marge des travaux du Groupe (Guy Houchon, 25 juillet 1978) portant sur la Brigade spéciale de la protection de l'enfance (BSPE), indiquait le rôle nocif d'amplification sociale de la déviance de cet organisme. Les solutions urgentes suggérées s'inscrivaient dans le cadre de textes récents (Ordonnance-loi n° 78-014 du 4 juillet 1978 modifiant et complétant le Code de justice militaire).

Il peut paraître paradoxal d'entamer l'examen fondamental du système de protection de la jeunesse par un de ses ultimes segments. Ce choix est justifié par diverses considérations.

a) Considération d'ordre pratique : le directeur des Services pénitentiaires étant membre du Groupe de travail, le secteur des ÉGÉÉ, sa documentation, son personnel et les établissements eux-mêmes sont plus réceptifs que les juridictions, plus naturellement soucieuses de leur indépendance.
b) Considération d'ordre méthodologique : le segment du système concernant l'exécution des mesures en établissements spécialisés gérés par l'État hérite d'un *input* qui lui est transmis par les segments fonctionnant avant lui dans le système. Au niveau d'un établissement donné, la marge de manœuvre est encore plus réduite. La direction d'un ÉGÉÉ reçoit un budget qui lui est alloué par le Département, son personnel lui est désigné par la même instance, enfin les mineurs qui lui sont confiés le sont en fonction d'un processus de sélection dans lequel il n'intervient pas, si ce n'est pour en vérifier la légalité au niveau de l'admission d'un mineur dans un établissement (art. 7, Ordonnance-loi n° 13/140 du 25 avril 1968 organisant le régime des ÉGÉÉ). On notera par ailleurs que la pratique des juges de Kinshasa fait que fort peu de mineurs sont confiés à des ÉGÉÉ sur base d'une ordonnance définitive (par exemple 12 % de la population, mai 1978 de l'ÉGÉÉ de Madimba). Cela compromet la mission éducative des établissements. Ces diverses conditions indiquent que le segment du système pris en considération en reflète assez fidèlement le fonctionnement et permet d'en repérer certains défauts.

c) Considération d'ordre budgétaire : les sommes versées à titre de subvention mensuelle aux ÉGÉÉ, la nécessité d'entretenir les bâtiments et la masse salariale à verser au personnel font peser très lourd cette partie du système de protection de la jeunesse, au point de vue budgétaire. Les ÉGÉÉ, pris en considération, coûtent environ 156 000 Z par an à l'État, pour le seul poste de la subvention de fonctionnement. L'examen de leurs objectifs et de leur réalisation est donc prioritaire.
d) Considération d'ordre territorial : les ÉGÉÉ retenus (Mbenseke-Futi, Madimba, Limeté) sont largement tributaires des juridictions de Kinshasa, limites du Projet expérimental de protection de la jeunesse établi par Décision n° 001/78 du 7 juin 1978 du Bureau du Président du Conseil judiciaire. Le nombre des mineurs envoyés par les juridictions du Bas-Zaïre est négligeable.

II. Méthode

Il existe certainement plusieurs procédés qui permettent d'examiner le fonctionnement d'un ÉGÉÉ. L'un d'eux est mis au point par l'Administration elle-même ; c'est le rapport d'inspection. Il est préférable de le considérer comme une source plutôt que comme une technique *Survey*.

L'enquête sur le terrain est également recommandable et certains membres du Groupe de travail y ont eu recours, mais il est difficile pour le personnel local de le distinguer de l'inspection proprement dite. Il paraît donc plus adéquat de lui donner une autre perspective en situant l'enquête de type scientifique dans une démarche plus globale.

Il est à remarquer que la technique classique d'observation-participation n'est malheureusement pas praticable, vu les moyens, le temps et la position quasi officielle du Groupe de travail. Celui-ci peut cependant s'inspirer largement de l'orientation méthodologique de cette démarche scientifique. Le Groupe de travail a donc invité les divers responsables des ÉGÉÉ à exposer les problèmes que leur semblait poser le fonctionnement de leurs établissements. On ne sera pas étonné dès lors que le budget de fonctionnement et l'état des besoins furent les pièces maîtresses de la documentation. Après un examen des éléments apportés par chaque chef d'établissement, une partie du Groupe de travail s'est rendue sur les lieux afin d'élucider sur place des problèmes spécifiques.

Cette méthode de travail évitait de procéder à un trop vaste examen de chaque situation rejetant ainsi certaines informations connues de l'Administration [et] suscitait de la part du personnel un intérêt qui facilitait les recherches. D'autre part, il ne faut pas perdre de vue notre perspective systémique. Les ÉGÉÉ n'ont pas de finalité par eux-mêmes, il est donc opportun de centrer un premier examen sur la problématique particulière qui semble dominante dans la contemplation de l'ensemble du système de protection de la jeunesse de Kinshasa. Cette sélection des problèmes majeurs fonctionne en quelque sorte comme une hypothèse de travail autour de laquelle se mobiliseront l'information, la recherche et la réflexion prospective du Groupe de travail.

III. ÉGÉÉ Benseke-Futi

Pour Benseke-Futi, le problème majeur est dicté par la spécialisation de l'établissement, telle qu'elle a été décidée par l'Administration. Il s'agit en principe d'y envoyer les mineurs les plus jeunes, le seuil cité est de 15 ans. En réalité, le principe est loin d'être respecté parce que ce sont les juges qui disposent du pouvoir d'affectation à un ÉGÉÉ (interprétation des art. 8 et 18 du Décret). En 1977, 25 % des mineurs internés à Benseke-Futi ont 16 ans et plus. On peut cependant penser que cette orientation est liée à la déscolarisation des jeunes dont le juge espère qu'il pourrait encore profiter de l'école primaire organisée à l'ÉGÉÉ et qui est reconnue par l'Éducation nationale. Cette école est mieux organisée que celle de l'ÉGÉÉ Madimba. Le problème central de Benseke-Futi est donc son école. Cette formulation doit être prise dans un sens très général de programme d'éducation, comprenant l'emploi des loisirs et des activités sportives et civiques.

Deux questions urgentes se posent à ce sujet : la fréquentation de cette école par des élèves qui ne sont pas internés à l'ÉGÉÉ et dénommés ci-après « externes » et son financement. Les deux questions sont d'ailleurs connexes. Pendant l'année scolaire 1977-1978, 106/224 élèves étaient des externes dont trente environ étaient des enfants du personnel de l'établissement. Parmi ces externes venant des villages voisins, en raison de la pénurie d'établissements scolaires, peu payent un minerval complet et les ressources de l'école sont maigres. Les classes comprennent un plus grand nombre d'enfants que si les « mineurs » étaient les seules à recevoir l'attention des maîtres. Certes, la « mixité » favorise une désaliénation des mineurs, à condition que ceux-ci bénéficient de résultats comparables à ceux de leurs condisciples connaissant une vie sociale plus normale. L'examen des résultats de l'année 1977-1978 montre qu'il n'en est rien, le pourcentage d'échec des mineurs est plus élevé que celui des externes pour chaque classe, à l'exception de la 3e année qui connaît d'ailleurs un taux d'échec considérable. On notera également que le désavantage s'aggrave en 5e et en 6e années.

1re		2e		3e		4e		5e		6e	
M	E	M	E	M	E	M	E	M	E	M	E
20 %[2]	21 %	17,6 %	13,3 %	32 %	33,6 %	23,6 %	23,5 %	20 %	10,5 %	33,3 %	15,3 %

D'autre part, l'école reçoit très peu de matériel pédagogique tant de la part de l'Éducation nationale que du Conseil judiciaire qui s'est engagé par convention à équiper des écoles dont le personnel est fourni et payé par l'Éducation nationale. Le Groupe de travail a pu constater que ce n'est pas au moyen de la subvention journalière de 1,50 Z par mineur que l'institution peut faire fasse aux frais qu'occasionne la formation des mineurs qui lui sont confiés et qu'un très sérieux effort budgétaire annuel devrait être consenti sous la forme d'une dotation spéciale en début d'année scolaire. Cependant, il est légitime que le Conseil judiciaire veille à ce que les bénéficiaires soient des jeunes dont

2 Il s'agit du pourcentage d'échec.

il assume la responsabilité : soient les mineurs et éventuellement les enfants du personnel résident à l'ÉGÉÉ.

On notera par ailleurs que ce point de vue est renforcé par le fait que 33 % des mineurs sont des jeunes envoyés à l'établissement à la suite d'une demande en correction paternelle (art. 3 du Décret), c'est-à-dire pour qui la Justice a pris à l'égard des parents un rôle explicite de relais. La place importante que prend cette catégorie de mineurs n'est d'ailleurs pas sans soulever de nombreuses questions sur le fonctionnement général du Décret de 1950. Le pourcentage est d'autant plus important que 45 % de la population de l'établissement est constitué par des « vagabonds » dont on sait qu'ils sont souvent « fabriqués » par une amplification de la déviance au niveau des services de police.

L'insistance portant sur l'équipement scolaire ne peut pas conduire à ignorer les besoins généraux. Signalons à titre d'exemple que la literie des mineurs n'a plus été renouvelée par le Département depuis 1974, et que les enfants sont en fait habillés grâce à des générosités extérieures.

IV. ÉGÉÉ Madimba

Le problème central de l'ÉGÉÉ Madimba est également d'ordre pédagogique. Il n'est cependant pas sans relation avec une préoccupation pédologique plus générale du Conseil judiciaire : l'autarcie économique et alimentaire des établissements (v. Instructions générales n° 013/D.008/BPCJ/78 du 25 avril 1978).

Notons, en premier lieu, à partir d'un relevé effectué en mars 1978 que 158/192 mineurs ont plus de 15 ans, âge qui est considéré par l'administration comme la limite inférieure de la population, compte tenu de la spécialisation de l'établissement. Les effets de l'application de la législation de 1978 ramenant l'âge de la minorité pénale de 18 à 16 ans ont été supputés en combinant dans la statistique, la date du registre à fin d'emprisonnement (seule donnée disponible) et l'âge du mineur. La population actuelle serait diminuée de 15 % environ. Certes, l'âge du registre à fin d'emprisonnement n'est pas l'âge de la condamnation et ce chiffre peut être légèrement accru en y ajoutant les entrants qui ont récidivé ou qui ont été transférés d'un autre établissement et qui avaient plus de 16 ans.

Il faut également observer que 14 % de la population reste plus de 4 ans dans l'établissement et que parmi ceux subissant un pareil séjour, on trouve des cohortes allant de 12 à 17 ans et de 16 à 21 ans. On peut penser qu'un effort spécial pourrait être accompli pour replacer ces groupes plus tôt dans un circuit social ordinaire, d'autant plus que la formation professionnelle disposée à l'ÉGÉÉ ne dure que deux ans.

Tenant compte de ces données statistiques, on examinera le problème de la formation des mineurs. Il existe à Madimba, deux types de scolarité : une école primaire (reconnue par l'Éducation nationale) intéressant, pendant l'année 1977-1978, 40 à 45 % de la population, et une formation professionnelle, s'étalant sur 2 ans, non précédée d'un cycle d'orientation. Elle est fréquentée par le reste de la population à l'exception d'un petit nombre de jeunes (0,7 %) qui, suffisamment douée, fréquentent les établissements scolaires de la région, en situation de semi-liberté.

L'école primaire est encore plus mal équipée que celle de Benseke-Futi. En fait, elle se justifie d'emblée pour 7 % des mineurs de 15 ans ou moins qui auraient pu être classifiés à Benseke-Futi. Elle reçoit, en outre, des jeunes gens gravement déscolarisés que l'on ne peut placer en formation professionnelle en raison des carences de leur formation primaire. Quant à la formation professionnelle, elle est également considérablement sous-équipée en moniteurs, en matériel pédagogique et en matière première. Elle comprend une section de menuiserie, une section d'ajustage-mécanique, une section de typographie et une section agricole. La section de typographie est totalement inutile en raison de la vétusté de ses techniques qui ne permettent d'envisager aucun reclassement. En réalité, à part quelques calendriers d'ordre interne, sa seule « utilité » a été la fabrication de fausses factures dans le scandale qui a atteint le Département en 1977. Par contre, les trois autres sections peuvent, si elles sont bien appuyées, être développées dans une double perspective, celle de la formation des mineurs et celle de l'autarcie économique et alimentaire.

Il est cependant recommandable d'adopter une attitude réaliste et ne pas tenter de faire de la formation professionnelle de l'ÉGÉÉ un établissement scolaire reconnu selon les normes de l'ÉN[3]. Les obstacles sont trop nombreux, il faut notamment relever la carrière antérieure des mineurs et le sous-équipement chronique des ÉGÉÉ.

Le problème de la formation des mineurs pourrait donc être résolu à partir des cinq propositions suivantes :

1. Suppression pure et simple de l'école primaire avec concentration des cas scolarisables à Benseke-Futi. Pour les cas graves de déscolarisation de mineurs âgés de plus de 15 ans, il conviendrait d'aménager un programme de formation élémentaire comprenant les notions de langue et de calcul nécessaires à la poursuite d'un programme professionnel. Le programme devrait être mis au point avec la collaboration des moniteurs techniques.
2. Le programme de formation professionnelle ne poursuivait pas l'ambition d'une reconnaissance par l'ÉN, mais s'adresserait à une population spécifique plus orientée vers la pratique d'un métier rapidement rentable.
3. Cette préoccupation pédagogique serait doublée d'une préoccupation psychosociale portant sur l'élimination des handicaps que les mineurs ont accumulée pendant leur carrière antérieure.
4. Le programme de formation s'articulerait au principe d'autosuffisance spécialement pour les sections d'agriculture et de menuiserie. Pour la première, un effort particulier pour la pisciculture pourrait être accompli en profitant des retombées du programme de la prison de Luzumu. Pour la seconde, la fabrication de meubles utiles au Conseil judiciaire peut être retenue.
5. [Le] maintien des conditions de semi-liberté pour les mineurs capables de suivre un enseignement conventionnel à l'extérieur de l'établissement. On notera que ces propo-

[3] Éducation nationale.

sitions sont le fruit d'une observation des données empiriques et qu'elles sont interdépendantes. Leur réalisation devrait donc être simultanée.

V. ÉGÉÉ LIMETÉ

Le problème central de l'ÉGÉÉ pour jeunes filles à Limeté est celui de l'opportunité de son maintien. Il comprend une population extrêmement basse oscillant entre 17 à 30 filles qui mobilisent des énergies disproportionnées aux plans administratif et scolaire. On y trouve un effectif de vingt-six membres du personnel dont onze moniteurs fonctionnant en deux gongs dans huit classes primaires... Il faut dire que l'établissement est situé en ville. La durée de séjour des filles est beaucoup plus brève que celle des garçons des ÉGÉÉ avec une moyenne probable (données peu fiables) de 2 à 3 mois. Il y a peu de récidive pédologique justifiant l'internement et, considérant le registre des visites, très peu d'enfants vraiment abandonnées.

On s'interroge, à un niveau plus général, sur l'utilité de l'envoi périodique d'une trentaine de jeunes filles dans un établissement fermé, alors que l'inconduite féminine à Kinshasa représente un problème beaucoup plus général. Les processus de sélection qui acheminent ces filles à l'ÉGÉÉ sont inquiétants et ont sans doute fort peu à voir avec une saine justice distributive. Enfin, le personnel de l'établissement est si peu qualifié que le profit que les mineures peuvent retirer de leur séjour est fort hypothétique. En se plaçant au point de vue systémique, qui est celui de ce rapport, ce segment d'un circuit intéressant la délinquance des filles semble jouer un rôle strictement symbolique et l'on ne peut que s'inquiéter des coûts économiques et sociaux de cette fonction.

Il peut être aisément calculé qu'à partir des frais déboursés annuellement pour le fonctionnement des ÉGÉÉ et son loyer (parcelle inadéquate sur laquelle le Département a construit des classes qui, par accession, reviendraient au propriétaire), un service social de protection de la jeune fille pourrait être organisé avec une douzaine d'agents sociaux travaillant en milieu libre.

On ne peut donc hésiter à proposer la suppression pure et simple de l'ÉGÉÉ-Limeté plutôt que son aménagement ou son déménagement. Le Président du Conseil judiciaire pourrait infléchir une jurisprudence par laquelle les juges confirmeraient les rares jeunes filles qu'ils veulent institutionnaliser à des établissements privés. D'autre part, l'intensification d'un service de prévention particulièrement dans le domaine des mœurs, devait être engagée d'urgence si le système de protection étudié ne veut pas peser sur une seule portion dérisoire des filles-problèmes de la région urbaine.

D'un point de vue plus sociologique, les pratiques observées reflètent les conduites culturelles troubles qui entourent le statut de la jeune fille et de la femme en milieu urbain plutôt qu'elles n'y apportent de remède.

Conclusions

L'examen de l'exécution des mesures du Décret du 6 décembre 1950 en ÉGÉÉ indique qu'une politique globale des établissements doit être revue en tenant compte :

1) Des effets de l'Ordonnance-loi du 4 juillet 1978 entraînant une nouvelle planification des besoins. Celle-ci ne sera possible qu'en évaluant les réactions des juges à leurs nouvelles compétences exercées dans de nouveaux cadres procéduraux.
2) De la spécialisation des établissements.
3) D'une politique réaliste tenant compte des caractéristiques des populations intéressées.

Dans cette perspective, l'ÉGÉÉ Benseke-Futi serait doté des moyens d'une scolarisation en internat permettant aux mineurs un reclassement dans le réseau social normal après l'école primaire. L'ÉGÉÉ Madimba s'occuperait d'une population âgée, présentant une plus grande maturation délinquante et tenterait de les orienter professionnellement. L'ÉGÉÉ Limeté serait supprimé au profit d'une intensification du traitement en milieu ouvert.

Essai d'analyse des changements intervenus à l'ÉGÉÉ de Benseke-Futi en République Démocratique du Congo

N. Cereda
Guy Houchon

Centre de criminologie et de pathologie sociale
Faculté de droit
Université de Kinshasa

Introduction

L'action conduite par le Centre de criminologie et de pathologie sociale de l'Université de Kinshasa, dans le cadre d'un « Projet de démonstration » à l'intérieur de l'ÉGÉÉ de Benseke-Futi, se propose d'en faire un établissement pilote qu'on puisse suggérer comme modèle pour les autres ÉGÉÉ du pays. Cette action progresse en même temps qu'une recherche scientifique menée aussi dans une perspective évolutive. Dans cette optique, la rééducation peut-être considérée comme la résultante du croisement des quatre catégories des variables essentiels :

1. L'institution considérée comme un milieu thérapeutique ;
2. Les jeunes délinquants confiés à l'ÉGÉÉ ;
3. Les interventions spécifiques des éducateurs et des membres du Centre tant dans le groupe qu'auprès des jeunes en particulier et celles des membres du Centre auprès des éducateurs ;

4. L'impact des autres sous-systèmes de protection de l'enfance (BSPE[1], Parquet et Juge des enfants, organes sociaux de la collectivité).

Une recherche conduite dans cette optique soulève d'importants problèmes méthodologiques et opératoires, car toute investigation de type socio-psycho-pédagogique exige nécessairement action et intervention (action-*research*).

Toute participation à une recherche intégrée implique un engagement personnel parfois éprouvant pour les personnes concernées, car non seulement elle s'effectue dans un climat en perpétuel changement, mais aussi elle est l'occasion d'une constante remise en question des manières d'être et d'intervenir.

Les entretiens et les rencontres entre chercheurs et éducateurs constituent en fait une technique de travail offrant l'occasion de dégager la nature et le style de la relation éducateur-groupe, éducateur-jeunes.

Les techniques d'intervention doivent être adaptées et mises au point tenant compte de la psychologie et de la personnalité du personnel disponible pour ne pas passer sur la stratégie de l'institution.

Ces techniques portent surtout sur l'institution en tant que structure et milieu rééducatif, sur les méthodes d'intervention tant individuelles qu'en groupe, ainsi que sur les jeunes inadaptés et délinquants.

La matière de l'étude est fournie par les observations des chercheurs sur les comportements des jeunes, par les examens psychologiques et les entretiens avec les mineurs, par les entretiens réguliers avec les éducateurs à des fins d'explication et d'élucidation de leur style d'intervention, tant en groupe qu'en tête en tête. Si cette action est menée avec tact et diplomatie, elle peut donner des bons résultats à brève échéance et mener à des changements parfois radicaux.

---

[1] Brigade spéciale de protection de l'enfance.

I. Situation à l'ÉGÉÉ de Benseke-Futi en janvier 1970

a) Esprit général

Dans l'ÉGÉÉ règne un inconfort psychologique très grand. L'établissement est perçu uniquement comme un milieu carcéral avec tout ce que cela entraîne. L'esprit de la prison est enraciné tant chez les mineurs que chez le personnel. Les mineurs vivent dans une situation angoissante, près du désespoir sans confiance dans leur avenir. La seule issue possible est l'évasion. Certains individus s'adaptent à ce milieu dans la mesure où ils ignorent la possibilité d'une situation meilleure.

Les membres du personnel sont tous des ex-surveillants d'adultes (détenus). Leur formation les amène à considérer l'évasion comme l'unique mal à éviter pour être considérés comme de bons surveillants par les autorités administratives. Ils ne manifestent pas d'intérêt pour le reclassement des mineurs comme si cela ne faisait pas partie de leurs attributions.

b) Les membres du Centre de criminologie de l'Université de Kinshasa

Ils sont perçus par le personnel d'une façon ambivalente : tantôt comme professeur faisant de la recherche, tantôt comme des personnages politiques dont il faut se méfier, tout en leur réservant des égards spéciaux. Les enfants les assimilent à des personnalités étrangères visitant l'établissement et dont on peut peut-être tirer quelque avantage matériel.

c) Situation hygiénique et sanitaire

La situation hygiénique et sanitaire est vraiment pénible. Un grand nombre d'enfants souffre de plaies dues à la malpropreté et à l'alimentation insuffisante.

d) Situation scolaire

La situation scolaire n'est pas plus brillante. Les maîtres d'école sont insuffisants et le matériel scolaire fait défaut. L'école n'est pas reconnue et ne peut décerner aucun certificat scolaire.

e) Régime disciplinaire

La discipline est imposée par les méthodes carcérales traditionnelles. Les incidents (insubordination, fugues, affaires de mœurs à l'intérieur de l'établissement, coups et blessures) sont sanctionnés d'habitude par l'isolement et la chicote :

- L'isolement est de règle même pour des manquements mineurs, mais spécialement en cas d'évasion ou d'essai [de tentative] d'évasion et pour l'homosexualité. Des chasses aux évadés à la cité sont prévues périodiquement.
- La « chicotte » est administrée publiquement (5-10-15-20 coups selon le cas) contrairement au règlement des ÉGÉÉ qui défend cette pratique disciplinaire.
- Les mineurs passent beaucoup de leurs temps renfermés dans les salles de classe ou au dortoir (presque tout l'après-midi) pour qu'ils ne puissent pas s'évader.

f) Organisation intérieure

L'organisation intérieure de l'ÉGÉÉ est presque nulle. Ne sont prévues ni l'animation régulière des loisirs, ni des activités culturelles.

II. Changements intervenus et situation actuelle à l'ÉGÉÉ de Benseke-Futi en juillet 1971

a) L'esprit général

L'esprit général est complètement changé et c'est certainement le fait principal à retenir. La plupart des mineurs se sentent chez eux et souhaitent de pouvoir terminer leurs classes. L'esprit de prison a laissé la place à un esprit d'internat. En effet, le climat qui règne maintenant dans l'ÉGÉÉ ne diffère pas tellement de l'esprit de n'importe quel internat de l'intérieur du pays. Le désir le plus grand des mineurs en ce moment est de pouvoir rendre visite de temps en temps à leurs familles. La plupart ne reçoivent jamais de visites de la part de leurs familles qui, tranquillisées par la prise en charge de leur garçon assurée par l'État, ne se soucient plus de lui. Mais, même dans ce domaine, on a déjà enregistré différents cas de mineurs conduits en visite dans leurs familles ou confiés pour quelques jours au civilement responsable. Malheureusement, les circonstances actuelles sont rarement favorables à une généralisation de ces brèves permanences en famille en raison de la mobilité des habitants de Kinshasa et des difficultés de déplacement et de communication.

Les surveillants aussi ont peu à peu changé d'esprit et cherchent à adopter envers les mineurs des méthodes rééducatives plus souples, plus paternelles, plus compréhensives.

Ce changement est intervenu assez lentement, mais finalement a pris pied sous l'impulsion des nouveaux dirigeants de l'ÉGÉÉ mis en place au mois d'avril, sur proposition du Centre de criminologie au Ministère de la Justice dans le cadre du Protocole d'accord qui régit les rapports de ces deux institutions.

b) Les membres du Centre de criminologie et de pathologie sociale

Avec cette nouvelle équipe dirigeante, les membres du Centre ont pu travailler avec plus de succès. Ces hommes, de niveau intellectuel plus élevé que leurs prédécesseurs, ont compris que leur mission doit être principalement éducative, et se sont davantage éloignés des méthodes répressives carcérales.

Les membres du Centre sont devenus dès lors les amis, soit pour le personnel, soit pour les mineurs. Les visites des membres du Centre et la quasi-permanence de l'Assistant-interne sont toujours bien acceptées. Le « froid » des premiers mois a donné lieu à un climat de cordialité qui favorise le dialogue, la collaboration et la confiance.

Le directeur de l'ÉGÉÉ avait toujours été très réservé à propos de son administration financière ; dernièrement, sans demande, il a montré et discuté ses livres comptables.

c) La situation sanitaire

La situation sanitaire a marqué une nette amélioration. Avec la précieuse collaboration des Cliniques universitaires, on a amené les mineurs à un état de santé satisfaisant. Différentes vaccinations et désinfectassions ont régulièrement lieu par l'intermédiaire du Centre.

Depuis le mois de décembre 1970, on a créé à l'intérieur de l'ÉGÉÉ un dispensaire d'État avec un infirmier à temps plein. La propreté extérieure des mineurs n'a pas fait beaucoup des progrès parce que l'eau fait défaut et en plus le milieu de brousse n'est pas favorable à une propreté prolongée.

Le régime alimentaire a connu un changement radical depuis quelques mois. Maintenant les mineurs sont suffisamment nourris et la nourriture est variée et substantielle. Deux cuisiniers ont été dernièrement engagés pour préparer la nourriture des mineurs après de nombreuses insistances et différentes interventions auprès du Ministère de la Justice. En effet, les mineurs eux-mêmes étaient incapables de bien préparer les repas, qui s'effectuaient dans le désordre et avec retard.

d) La situation scolaire

L'école de l'ÉGÉÉ a été officiellement reconnue par le Ministère de l'Éducation nationale depuis le mois de février 1970. Le même Ministère a affecté à Benseke des maîtres (enseignants) qualifiés et depuis lors, le matériel scolaire ne fait plus défaut. Malgré quelques difficultés pour le transport des enseignants à cause de la grande distance, les cours ont eu un déroulement normal. En juin 1970 et en juin 1971, les élèves de sixième ont passé les examens sélectifs d'admission au CO[2] avec une réussite satisfaisante. Cette réussite a permis un effort de reclassement pour les élevés ayant terminé leur scolarité primaire. Les reclassements des mineurs de la VIe primaire ont eu un effet surprenant sur la psychologie des autres élèves, qui ont repris confiance dans leur avenir. Durant les premiers mois de l'expérience relatée à Benseke, des mineurs déclaraient souvent : « nous allons mourir ici ».

---

2 Cycle d'orientation (les deux premières années du secondaire).

e) Le régime disciplinaire

Les sanctions traditionnelles : isolement et chicotte ont disparu complètement depuis quelques mois à l'ÉGÉÉ. Même pour les évasions, les autorités ne sont plus tellement rigides. De ce fait, le nombre d'évasions définitives est réduit. Souvent les mineurs, après une fugue de quelques jours, reviennent spontanément à l'ÉGÉÉ ou sont reconduits par leurs parents avec qui nous avons établi des contacts satisfaisants.

Pendant la journée, on laisse aux mineurs la liberté de partir chercher des fruits en brousse et de faire des longues promenades en petits groupes. Cette liberté a donné aux mineurs un esprit de famille. Cette plus grande liberté n'a pas fait augmenter le nombre d'évasion, contrairement aux craintes des responsables de l'ÉGÉÉ.

f) L'organisation intérieure

L'organisation intérieure s'est fort enrichie avec la nomination d'un animateur principal. Le Centre a fort coopéré à l'organisation des loisirs avec du matériel sportif. La présence aux différents camps de vacances des animateurs des ECJ de Kinshasa ainsi que de l'Assistant-interne a donné des nouvelles idées aux surveillants les plus entreprenants, qui cherchent à les imiter pour occuper les mineurs.

III. Principales causes du changement dans l'ÉGÉÉ de Benseke-Futi

1. La mise en place d'une équipe de dirigeants plus préparés à leur tâche a favorisé l'instauration des méthodes éducatives plus conformes à la psychologie juvénile.
2. La présence des membres du Centre de criminologie de l'Université de Kinshasa a amené lentement les responsables à se rendre à l'évidence que pour réaliser leur tâche, il fallait se détacher de l'esprit carcéral et des méthodes habituelles pour créer un climat de confiance réciproque entre éducateurs et mineurs.

3. La présence régulière de l'Assistant-interne a permis l'établissement des rapports de type horizontal. De ce fait, les relations CCPS - éducateurs sont devenus plus aisées et les interventions-conseils plus écoutées.
4. La stabilité de l'équipe dirigeante depuis 16 mois est aussi un facteur à retenir. Le risque de mutation en cas de travail insatisfaisant a conduit à des effets salutaires.
5. L'esprit plus démocratique et de plus grande liberté instaurée peu à peu dans l'ÉGÉÉ a amené chez les mineurs la confiance et l'espoir.
6. Le reclassement effectif de toute la classe de VIe primaire en 1970 a donné à chaque mineur un point d'arrivée.
7. Les visites que certains mineurs ont pu faire à leurs familles ont aussi aidé à effacer l'esprit de prison qui régnait précédemment dans l'ÉGÉÉ.
8. L'amélioration du régime alimentaire est un facteur non négligeable dans le changement d'esprit de l'ÉGÉÉ.
9. L'intérêt constant porté à la santé, aux loisirs et aux petits problèmes des mineurs a donné une place de choix à l'Assistant-interne pour bien conseiller tant les mineurs que les éducateurs.

IV. Commentaire et ébauche d'analyse

Cette note a été rédigée sur base d'un rapport du R. P. CEREDA, Assistant-interne. Elle peut être développée sur le plan scientifique dans un avenir immédiat ainsi que dans une perspective plus lointaine. Elle doit en outre être complétée en se référant aux rapports de synthèse effectués depuis deux ans pour chaque enfant de 6e primaire après une conférence de cas réalisés au sein de l'équipe du CCPS. Ces rapports sont transmis au juge du tribunal de district compétent en matière d'enfance délinquante.

a) Développement dans l'immédiat

1. Taux d'évasion ;
2. Taux d'indiscipline ;
3. Mesure de la motivation scolaire ;
4. Taux de plaintes psychosomatiques ;

5. Questionnaire auprès des familles visitées ;
6. Modification de la personnalité observable par un testing longitudinal ;
7. Analyse du contenu des rapports ÉGÉÉ - CCPS ;
8. Étude de l'autoritarisme du personnel (F. Scale) ;
9. Relations avec l'extérieur (visite de ou des parents) et qualité de ces relations.

Ce travail sera réalisé dans le courant du 1er trimestre de l'année académique 1971-1972.

b) Développement ultérieur

D'un point de vue sociologique, le problème étudié est celui du changement social dans une institution de taille moyenne. Le changement social a été généralement étudié du point de vue macroscopique par des méthodes historico-comparatives (Sorokin) et du point de vue microscopique par des méthodes de laboratoire (Lewin).

Il importe d'organiser une méthode d'étude appropriée à la taille moyenne de l'institution en tenant compte des progrès de la sociologie des systèmes de rééducation de déviants et de la sociologie des institutions totales (Goffman).

Ce travail de longue haleine (2 à 3 ans) sera la principale tâche scientifique globale du père Noè Cereda. Les autres membres du Centre y contribuent également au niveau de leur spécialité. Il importe de rappeler ici la composition complète de l'équipe du CCPS.

Nombre	Spécialité	Plein-temps
3	Criminologie	2
2	Sociologie	2
1	Psychologie	1
1	Neuropsychiatrie	
2	Travail social	2
2	Secrétariat	2
1	Chauffeur	1

Professeur G. Houchon
Directeur du Centre
Chef de Département

Annexes

Annexe I

Kinshasa, le 16 juillet 1969

N/Réf. : 116/69/H.L./PP.
V/Réf. :

Monsieur Guy HOUCHON
Chargé de Cours Ordinaire
à la Faculté de Droit
Université Lovanium
KINSHASA XI.

Cher Monsieur Houchon,

J'ai l'honneur de vous informer que le Comité de Direction de l'IRES a pris les décisions suivantes :

Vu le Procès-verbal de la réunion du Conseil de l'IRES du 27 mai 1969 concernant la création du Centre de Criminologie et de Pathologie Sociale (voir page 3 du P.V., point II, 1), ce Centre est créé au sein de l'Institut de Recherches Économiques et Sociales et est dirigé par vous.

Dorénavant, sur le plan de la gestion administrative et financière, le budget du Centre de Criminologie et de Pathologie Sociale sera intégré à celui de l'IRES. Les règles administratives concernant le recrutement et la promotion du personnel ainsi que les règles d'achat de matériel et d'autres frais exposés par le Centre sont celles en vigueur au sein de l'IRES.

L'ordonnateur du budget du Centre est son Directeur tandis que la comptabilité et la trésorerie sont tenues dans le cadre unique de la gestion de l'IRES.

Le Directeur du Centre est aussi administrateur des recettes, en ce sens qu'il lui est laissé la pleine autonomie pour recueillir d'autres fonds que ceux qu'il reçoit de l'Institut.

En ce qui concerne la gestion scientifique du Centre et de son règlement intérieur, la plus large autonomie est laissée à ses membres.

La fusion s'opérera par la reprise des assistants qui sont actuellement engagés dans votre groupe de travail ainsi que la reprise du personnel administratif, notamment l'assistante de Direction. Cette reprise se fera conformément aux procédures habituelles d'engagement.

Je vous prie de croire, cher Monsieur Houchon, en l'assurance de ma considération très distinguée.

H. Leclerc
Directeur de l'IRES

Annexe II

11 novembre 1969

CENTRE DE CRIMINOLOGIE ET DE PATHOLOGIE SOCIALE

À Son Excellence Monsieur le
Ministre de l'Éducation nationale

Monsieur le Ministre,

Le Professeur LECLERCQ, Directeur de l'IRES vient de me transmettre la copie de votre lettre n° EDN/CAB/01/3496/69 du 3 novembre 1969, relative à nos activités du Centre de Criminologie et de Pathologie Sociale. Je viens vous remercier de la confiance et de la générosité dont vous faites preuve à l'endroit de nos projets de recherche.

Je vous prie de trouver en annexe le programme des activités du Centre de Criminologie et de Pathologie Sociale.

Veuillez agréer, Monsieur le Ministre, l'assurance de ma plus haute considération.

Prof. Guy Houchon

Annexe III

Mémoire concernant la création d'un Centre de criminologie et de pathologie sociale à l'IRES

La recherche en criminologie ne se conçoit dans une perspective moderne qu'en très étroite relation avec la recherche sociologique, psychologique et psychiatrique. Selon les lieux et les traditions dans lesquels elle se développe, la criminologie s'organise dans les facultés de droit, de médecine, de sciences sociales et de psychologie. On connaît également plusieurs instituts autonomes. En Afrique, il existe un Centre national de recherches sociales et criminologiques en République Arabe Unie qui dépend du Gouvernement. À l'Université de Dar-Es-Salam, un projet de réalisation d'un institut de criminologie dans le cadre de la Faculté de droit devrait aboutir cette année. À la suite du XVIe cours international de criminologie, Abidjan 1966, la Faculté de droit de l'Université d'Abidjan a lancé un projet d'institut de criminologie qui semble mort-né.

En 1966, nous avons créé à la Faculté de droit de l'Université de Lovanium un Service de criminologie et de pathologie sociale qui a obtenu dès 1967, un crédit de recherche à l'IRES.

Le concept de pathologie sociale indique une orientation vers la déjuridicisation de l'étude des phénomènes criminels et le recentrage des phénomènes déviants d'une société, dans un cadre sociopsychologique plus large. Cette appellation semble avoir fait fortune puisque les étudiants de l'École de criminologie de l'Université de Louvain demandent la transformation du nom de l'école en « École de criminologie et de pathologie sociale » à l'instar de ce qui se fait à l'Université de Lovanium. L'Institut de pédagogie et de psychologie de la section flamande de l'Université Libre de Bruxelles vient de permettre la création d'un séminaire de pathologie sociale qui invoque également ce précédent.

Dans ces conditions, il est légitime que la recherche criminologique si elle a connu des liens avec la Faculté de droit, sorte néanmoins de ce cadre facultaire. L'accueil compréhensif qu'elle a reçu de la Faculté de droit ne compense pas les difficultés qui naissent surtout des différences dans les méthodes de travail et d'organisation pratique.

Le Service de criminologie et de pathologie sociale a donc vécu trois ans en établissant des relations avec :

- l'IRES ;
- l'ONRD ;

- la Société internationale de criminologie ;
- l'Institut des Nations unies pour la recherche en défense sociale.

Il a en outre obtenu des collaborations volontaires.
Les travaux ont porté jusqu'à présent sur :
- Les techniques biographiques dans l'étude du processus de déviance en milieu africain ;
- La sociologie des maladies mentales en milieu africain ;
- Les problèmes de mesure de la criminalité en milieu africain ;
- Sociodynamique de la délinquance juvénile à Kinshasa ;
- Participation à un projet de démonstration sur l'observation et le traitement des jeunes délinquants.

Après ces 3 années d'expérience, nous pensons pouvoir suggérer la création au sein de l'IRES d'un Centre de criminologie et de pathologie sociale. Il est en effet devenu indispensable de disposer d'une organisation plus systématique dans l'administration de la recherche. En voici les raisons essentielles :

1° Sans oublier les liens avec la Faculté de droit et les autres sections recevant un enseignement en matière de criminologie, ainsi qu'avec le Département de criminologie de l'ONRD, il est souhaitable de développer un support logistique homogène.

2° De nombreuses candidatures de chercheurs tant africains qu'étrangers, ne peuvent être prises en considération qu'en sautant d'un budget à un autre, tant pour l'obtention du poste nécessaire que pour l'équipement du chercheur. Cette situation entraîne pour le responsable du service, une multiplication des tâches administratives.

3° Les pourparlers avec l'Institut des Nations unies pour la recherche en matière de défense sociale nous proposant des responsabilités importantes en Afrique, exigent une organisation capable de traiter à partir d'une position de force.

4° La nécessité de développer un enseignement de la criminologie est apparue cette année. La Faculté de droit a créé une commission à cet effet. Il semble qu'on pourrait envisager la création – dans un cadre à établir – d'une licence en criminologie vers 1972. Dès lors, la recherche doit s'intensifier de sorte que l'orientation des études soit conforme aux problèmes régionaux.

5° La création d'un institut autonome a été écartée par les membres de l'équipe du Service de criminologie et de pathologie sociale, le règlement de l'Université ne prévoit, en effet, que des instituts de recherche ou des instituts facultaires (article 76 à 83). Dans ces conditions, il est impossible de créer à un niveau suffisamment modeste une unité autonome de recherches et d'enseignement. Nous avons donc choisi de vivre à l'ombre d'un institut plus puissant avec lequel nous entretenons déjà d'excellentes relations. Il existe des précédents dans le domaine de la criminologie, ainsi le *Department of Criminology, Juvenile delinquency and Correctional Administration du Tata Institute of Social Science* de Bombay.

Des contacts ont été pris avec le directeur de l'IRES et lors de la séance du 27 mai, celui-ci déclarait être intéressé par la proposition de la création d'un centre nouveau dont la réalisation accroîtrait l'éventail des recherches de l'institut. Nous aurions voulu nous inspirer des précédents, notamment du Centre d'études politiques, mais diverses raisons nous obligent à nous écarter de cette formule. Citons notamment :

a) Le caractère interdisciplinaire accusé de la criminologie ;
b) Les relations avec la Faculté de droit auxquelles nous avons fait allusion.

Dans notre projet, l'accent est mis sur l'organisation d'un accueil libéral à des chercheurs ou des personnes susceptibles de conseiller le centre qui n'appartiennent pas à l'institut et dont il n'y a aucun intérêt de charger l'institut (exemple : collaborateurs médicaux, magistrats, fonctionnaires pénitentiaires, étudiants d'autres facultés que la Faculté POSEC).

Concrètement les principales caractéristiques du centre seraient les suivantes :

a) Afin de ne pas faire disparaître de la Faculté de droit un de ses Services, le centre demanderait la plus grande partie de ses locaux à cette faculté, le service bénéficiant déjà d'une petite infrastructure (ex. : un clerc, deux machines à écrire, l'enregistreur). Elle continuerait à dépendre de la faculté par l'entremise du Service de criminologie et de pathologie sociale.
b) Le centre disposerait d'un Conseil consultatif comprenant des personnes du monde universitaire ou des personnes étrangères à l'université susceptibles de donner des avis sur les priorités en matière de recherche. La présidence de ce Conseil consultatif n'appartiendrait pas au directeur du centre.
c) Le centre aurait un Conseil des chercheurs, présidé par son directeur, qui comprendrait tous les chercheurs quel que soit leur rattachement administratif qui travailleraient à un projet entrepris par le centre.
d) Les organes du centre disposeraient d'une pleine autonomie pour entrer en pourparlers financiers avec des institutions

sources de subsides. Les sommes éventuelles ainsi réunies seraient versées à la trésorerie de l'IRES, mais dépensées intégralement au profit du centre. Les frais administratifs qu'occasionneraient les recherches ainsi subsidiées seraient éventuellement défalqués.

e) Le centre porterait le nom de Centre de criminologie et de pathologie sociale. Outre les organes déjà signalés (Conseil des chercheurs, Conseil consultatif, directeur) les fonctions éventuelles en son sein se dégageraient de l'expérience d'une première année de fonctionnement.

Le centre devrait, indépendamment des priorités qui seraient dégagées par le Conseil consultatif, orienter ses activités vers :

1° L'organisation d'une documentation en criminologie africaine ;
2° Le développement d'une bibliothèque spécialisée ;
3° L'établissement des relations avec des organismes similaires, spécialement ceux des pays qui connaissent des problèmes de développement ;
4° L'organisation des réunions nationales et internationales en matière de traitement et de prévention des phénomènes de pathologie sociale ;
5° Le développement de la recherche fondamentale en criminologie africaine ;
6° La participation à la recherche appliquée en criminologie africaine.

Si l'on examine les ressources actuelles en matière de personnel, on obtient le tableau suivant :

Faculté de droit :	1 chargé de cours ordinaire, dirigeant la recherche, 1 assistant à temps partiel, 1 clerc.
IRES :	1 assistant de recherche, 2 enquêteurs (classe 9 et classe 11).
ONRD :	1 assistant de recherche.
Collaborateurs volontaires :	1 secrétaire, 1 chercheur à temps partiel, 1 médecin neurologue, 1 diplômé en criminologie, 1 licencié en sciences.

En dehors des ressources sollicitées de l'IRES pour la création de ce centre, on peut prévoir la nomination d'un nouvel assistant à temps plein, au Service de criminologie et de pathologie sociale de la Faculté de droit et la collaboration d'un chef des travaux psychiatre de la Faculté de médecine.

L'effort demandé à l'institut présenterait les caractéristiques suivantes :

1° Un crédit d'installation du centre ;

2° Un crédit de fonctionnement permettant l'assistance scientifique à tous les chercheurs dans le cadre des projets entrepris au centre.

Pour l'année 1970, nous croyons pouvoir résumer les demandes budgétaires suivantes sous réserve de plus de précisions :

Personnel :	2 assistants de recherche de nationalité belge, 1 secrétaire sténodactylo (classe 7), 1 planton.
Voyage :	1 mission de 2 ou 3 personnes à Dar-Es-Salam afin d'établir des liens avec l'Institut de Tanzanie, 1 mission Bruxelles - Kinshasa.
Mobilier :	Bureaux, chaises de bureau, fauteuils, tables basses, armoire métallique pour 3 nouveaux chercheurs ; 1 cardex pour la bibliothèque des revues existant déjà ; 2 machines à écrire dont une électrique avec grand chariot.
Matériel accessoire :	Matériel de testing psychologique, forfait : 20 000 FB ; 1 machine à calculer ; 1 lecteur de microfiches ; 1 enregistreur AGGRA ; 1 appareil photographique ROLLE-FLEX, plus accessoires.
Documentation :	Le centre entrerait en contact avec l'*International Legal Center* afin d'envisager le financement d'une bibliothèque de criminologie. Si ces pourparlers s'avéraient rapidement fructueux, il serait nécessaire de nommer un bibliothécaire. Le travail de documentaliste serait provisoirement attribué à un chercheur.

Guy Houchon
Membre du Conseil de l'IRES
Chargé de cours ordinaire
à la Faculté de droit.

Annexe IV

31 octobre 1972

CCPS/1 972/GH/GH/72-73/FG.

Au Citoyen Professeur BALANDA MIKUNI,
Vice-Doyen de la Faculté de Droit,
UNAZA,
Campus de Kinshasa,
KINSHASA XI.

Citoyen Vice doyen,

Par votre lettre du 20 juillet 1972, réf: FD/539/71-72/BML/FL, vous m'annonciez avoir fait soumettre à la signature du doyen une lettre adressée au Vice-recteur concernant l'intégration à la Faculté de droit du Centre de criminologie et de pathologie sociale.

Un certain nombre d'événements s'étant produits, depuis lors, j'ai l'honneur de vous suggérer les lignes principales de l'organisation des services criminologiques tels que je les conçois. Un professeur associé ayant été nommé par le Conseil d'Administration au mois de juillet et étant chargé du cours de criminologie, il me paraît qu'il est responsable du service de criminologie, tout professeur étant responsable d'un service comprenant un personnel scientifique et technique au sein d'un département (ceci même si ce professeur représente la seule unité du service).

D'autre part, le Centre de criminologie et de pathologie sociale qui avait été constitué au sein de l'IRES doit être transféré à la Faculté de droit. Ainsi que le confirme Monseigneur le recteur dans sa lettre du 27 juillet 1972, j'en suis le directeur. Il comprend tout le personnel qui en faisait partie l'année dernière, à l'exception du citoyen Kasongo, promu Professeur associé. Le matériel et les documents de ce service devraient être transférés au patrimoine de la Faculté par une reprise-remise avec l'IRES. Je me permets dès maintenant d'attirer votre attention sur le fait qu'un certain nombre d'ouvrages et de documents sont ma propriété personnelle que je mets à la disposition de mes collaborateurs, mais que j'ai l'intention de rapatrier lorsque l'UNAZA estimera ne plus avoir besoin de mes services.

Le Centre de documentation [qui] comprend les ouvrages de criminologie et les revues spécialisées dans ce domaine qui entrent à la Faculté de droit, mais qui sont déposés dans nos locaux, est évidemment ouvert à tous les étudiants, à tous les chercheurs et à tous les collègues désireux d'effectuer des investigations dans ce domaine. Les ouvrages et les documents ne peuvent être empruntés, la consultation se fait de 8 heures à 14 heures et de 15 heures à 17 heures.

Conformément à l'opinion que vous émettez dans votre lettre du 20 juillet 1972, je pense aussi qu'il est indiqué de voir tous les membres du personnel du centre relever exclusivement de la Faculté de droit.

Je vous prie d'agréer, Citoyen Vice doyen, l'expression de mes sentiments les meilleurs.

Prof. Guy Houchon,
Directeur du Centre

Bibliographie

ALLIOT M., 2003, « Les transferts de droit ou la double illusion », *Le droit et le service public au miroir de l'anthropologie*, Textes choisis et édités par C. KUYU, Paris, Karthala.

BADY KABUYA G., 2009, *Une approche criminologique pour un autre regard sur le travail d'un magistrat du parquet à Lubumbashi*, Thèse de doctorat en criminologie, UNILU.

BARATTA A., 1999, « Droits de l'homme et politique criminelle », *Déviance et société*, vol. 23, n° 3, pp. 239-257.

BAZOMBA BITENDA TH., 2013, *La transformation des actes de violence des jeunes en milieu urbain*, mémoire de licence, Faculté de droit, l'Université de Kinshasa.

BOURDIEU P., 1986, « Habitus, code et codification », *Actes de la recherche en sciences sociales*, n° 64.

BOURDIEU P., 1986, « La force du droit. Éléments pour une sociologie du champ juridique », *Actes de la recherche en sciences sociales*, n° 64.

BRILLON Y., 1980, *Ethnocriminologie de l'Afrique noire*, Paris, Librairie Philosophique J. Vrin.

BUNGU MUSOY B., 2012, *Justice pénale et gestion de la violence urbaine des jeunes. Le travail de la police judiciaire*, mémoire de DÉS, Faculté de droit, Université de Kinshasa.

CEFOCRIM, 2008, *La participation des communautés locales dans la mise en œuvre des principes volontaires sur les Droits de l'Homme en matière de gestion de la sécurité dans l'axe Kilwa-Dikulushi*, Rapport de recherche.

CEFOCRIM, 2008, *La participation des communautés locales dans la mise en œuvre des principes volontaires sur les Droits de l'Homme en matière de gestion de la sécurité autour du site de Kinsevere*, Rapport de recherche.

COHEN A., 1971, *La déviance*, Paris, Duculot.

DEBUYST CH., 1990, *Acteur et social et délinquance, une grille de lecture du système de justice pénale. En hommage au professeur Christian Debuyst*, Liège, Mardaga.

DEBUYST CH., 1995, *Modèle éthologique et criminologique*, Mardaga éditeur.

DIGNEFFE F., 1989, *Éthique et délinquance. La délinquance comme gestion de sa vie*, Genève, Médecine et Hygiène.

DURKHEIM É., 1971, « Le crime phénomène normal », *Déviance et société*, textes réunis par DENIS SZABO, Paris, Librairie A. Collin.

GAILLY B., 2011, *La justice restauratrice*, Bruxelles, Larcier.

GASSIN R., 1994, *La criminologie*, Paris, Dalloz.

IDZUMBUIR ASSOP J., 1981, *Problématique de l'adaptation sociale des jeunes délinquants dans le cadre du régime de la liberté surveillée au Zaïre*, Thèse de doctorat, Université catholique de Louvain.

IDZUMBUIR ASSOP J., 1986, « De l'enseignement et de la recherche en criminologie au Zaïre », *in Annales de la Faculté de droit*, vol. VIII-X.

IDZUMBUIR ASSOP J., 1994, *La justice pour mineurs au Zaïre, réalité et perspectives*, Éditions universitaires africaines, Kinshasa.

IDZUMBUIR ASSOP J., 1994, *La place de la convention relative aux droits de l'enfant en droit zaïrois*, Kinshasa, UNICEF.

IDZUMBUIR ASSOP J., KIENGE-KIENGE INTUDI R., 2000, *L'enrôlement des enfants et leur participation aux conflits armés : état actuel des dispositions juridiques*, Kinshasa, EUA.

IDZUMBUIR ASSOP M.-J., 2001, « Vers la contextualisation du système de justice pour mineurs en RD Congo », *Rév. de la Faculté de droit de l'UPC*, 2e année, n° 2.

IDZUMBUIR ASSOP M.-J., 2013, *La loi de la protection de l'enfant en RD Congo*, Kinshasa, CEDESURK.

ILUNGA KILONDE F., 2008, *Interactions et pratiques d'acteurs dans l'artisanat minier au Katanga. L'entrée par la police minière*, mémoire de DEA, École de criminologie, UNILU.

KALEND A KABAMB G., 2010, *Le dispositif sécuritaire dans les sites miniers d'exploitation artisanale de Luisha*, mémoire de licence, École de criminologie, UNILU.

KANAMA M., 2010, *Vivre la séparation familiale : le vécu des filles hébergées à la maison Laura et leurs représentations de cette structure d'encadrement*, mémoire de licence en criminologie, École de criminologie, UNILU.

KAUMBA LUFUNDA (dir.), 2007, *La gestion des conflits et le développement d'alternatives viables pour l'avenir de l'exploitation minière artisanale à Kolwezi*, Rapport de recherche, CEFOCRIM, UNILU.

KIENGE-KIENGE INTUDI R., 2003, « La législation sur l'enfance délinquante au Congo (1950). Un cas d'ineffectivité congénitale », *Revue de droit pénal et de criminologie*, 5, pp. 687-716.

KIENGE-KIENGE INTUDI R., 2005, *Le contrôle policier de la « délinquance » des jeunes à Kinshasa. Une approche ethnographique en criminologie*, Thèse de doctorat en criminologie, UCL.

KIENGE-KIENGE INTUDI R., 2006, « Les ambiguïtés de la réaction sociale à la délinquance juvénile au Congo », *in* S. BULA-BULA (dir.), *Pour l'épanouissement de la pensée juridique congolaise. Mélanges en hommage à Marcel Lihau*, Kinshasa, Bruxelles, Presses de l'Université de Kinshasa, Bruylant.

KIENGE-KIENGE INTUDI R., 2007, « À la quête de l'humain à travers la criminologie », *in Pratiques intellectuelles, questions d'ancrage*, Actes de la journée d'études organisée à Louvain-la-Neuve le 5 octobre 2007, à l'initiative de l'école de criminologie de l'UCL.

KIENGE-KIENGE INTUDI R., 2007, « Participation des acteurs policiers à l'émergence de la démocratie et de l'état de droit en République Démocratique du Congo : quelques préalables », *in* BAKANDEJA WA MPUNGU, MBATA BETUKUMESU, KIENGE-KIENGE INTUDI (dir.), *Participation et responsabilité des acteurs dans un contexte d'émergence démocratique*, Kinshasa, PUK.

KIENGE-KIENGE INTUDI R., 2008, « L'ethnographie des interactions entre policiers et jeunes marginalisés dans un marché de Kinshasa. Une expérience de recherche criminologique au Congo », *in* Fr. DIGNEFFE, KAUMBA LUFUNDA (dir.), *Criminologie et droits humains en République Démocratique du Congo,* Bruxelles, Larcier.

KIENGE-KIENGE INTUDI R., 2011, *Le contrôle policier de la délinquance des jeunes à Kinshasa. Une approche ethnographique en criminologie,* Louvain-la-Neuve, Kinshasa, Academia-Bruylant, Éditions Kazi.

KIENGE-KIENGE INTUDI R., 2012, « Modernité insécurisée et vivre ensemble dans un marché de la périphérie de Kinshasa », *in* Ch. BRÉDA, M. DERIDDER, P.-J. LAURENT (dir.), *La modernité insécurisée. Anthropologie des conséquences de la mondialisation,* Louvain-la-Neuve, Academia-L'Harmattan, pp. 255-276.

KIENGE-KIENGE INTUDI R., 2012, « La gestion des problèmes des jeunes en milieu urbain du Congo belge (1950) à la République démocratique du Congo (2009). Quel bilan ? », *in* O. NDESHYO RURIHOSE (dir.), *La République Démocratique du Congo : les défis récurrents des colonisations, de l'État de droit et du développement économique et social,* Mélanges Célestin Nguyandila, Kinshasa, CEDESURK, pp. 859-902.

KIENGE-KIENGE INTUDI R., BUNGU MUSOY B., MALANDA MVIBIDULU B., 2013, *Pauvreté des jeunes et violence urbaine,* recherche réalisée dans le cadre du Projet KIN 03 de la CUD sur la thématique de Pauvreté et sciences sociales, Université de Kinshasa.

KIENGE-KIENGE INTUDI R., 2014, « La justice pénale et la gestion de la violence urbaine des jeunes en contexte de porosité frontalière en Afrique centrale (République Démocratique du Congo – République d'Angola – République du Congo) », *Revue internationale de criminologie et de police technique et scientifique,* 3, pp. 260-282.

KILLIAS M., 1991, *Précis de criminologie,* Berne, éd. Saempfh et Cie.

LATOUR B., 1991, *Nous n'avons jamais été modernes. Essai d'anthropologie symétrique,* Paris, La Découverte.

LE ROY É., 1995, « L'accès à l'universalisme par le dialogue interculturel », *Revue générale de droit,* vol. 26, 1995.

LE ROY É., 1997, « La face cachée du complexe normatif en Afrique Noire francophone », Ph. ROBERT, F. SOUBIRAN-PAILLET, M. van de KERCHOVE (dir.), *Normes, normes juridiques, normes pénales. Pour une sociologie des frontières*, t. 1, Paris, L'Harmattan.

LE ROY É., 1999, *Le jeu des lois. Une anthropologie « dynamique » du Droit*, Paris, LGDJ.

LEGENDRE P., 1974, *L'amour du censeur. Essai sur l'ordre dogmatique*, Paris, Seuil.

LENOBLE J., OST F., 1980, *Droit, mythe et raison. Essai sur la dérive mytho-logique de la rationalité juridique*, Bruxelles, Presses des Facultés universitaires Saint-Louis.

LEVY BRUHL, 1971, « Évolution du crime des punis », *Déviance et société*, textes réunis par DENIS SZABO, Paris, Armand Collin.

LUPITSHI WA NUMBI N., 2009, *Les trajectoires de sortie de la rue des « jeunes de la rue » à Lubumbashi*, Thèse de doctorat en criminologie, UNILU.

MPASE NSELENGE MPETI, 1974, *L'évolution de la solidarité traditionnelle en milieu rural et urbain du Zaïre. Le cas des Ntomba et des Basengele du Lac Maï-Ndombe*, Kinshasa, Presses universitaires du Zaïre.

MUNKANA MUKE P., 2012, *Le traitement pénal des jeunes Kuluna : une approche socio-juridique*, mémoire de licence, Faculté de droit, Université de Kinshasa.

NGOIE MWENZE H., 2009, *La co-production de la sécurité à l'épreuve de l'observation. Polices publiques et privées dans les usines de Shituru à Likasi (Katanga/RDC)*, Thèse de doctorat en criminologie, UNILU.

NGOIE SH., 2012, *Le vécu carcéral de la femme à Lubumbashi. Entre la « prison » et la « non prison »*, mémoire de licence en criminologie, École de criminologie, UNILU.

NGOLA K., 2010, *Contexte et représentations du placement des filles mères de la maison Kilela Balanda*, mémoire de licence en criminologie, École de criminologie, UNILU.

NKUZINI LANKIEK R., 2013, *Structuration des groupes des jeunes Kuluna dans la ville de Kinshasa : cas de l'écurie câble noir*, mémoire de licence, Faculté de droit, Université de Kinshasa.

PINATEL J., 1970, *Traité de droit pénal et de criminologie*, t. 3, Paris, LGDJ.

PIRES A. P., 1995, « La criminologie d'hier et d'aujourd'hui », in Ch. DEBUYST, Fr. DIGNEFFE, J.-M. LABADIE et A. P. PIRES, *Histoire des savoirs sur le crime et la peine, t. 1 : Des savoirs diffus à la notion de criminel-né*, 1re éd. Montréal, Ottawa, Bruxelles, Les Presses de l'Université de Montréal, Les presses de l'Université d'Ottawa, De Boeck Université.

PLANÇON C., 2012, « Éléments de méthode de terrain dans l'étude plurale des cultures juridiques », G. OTIS (dir.), *Méthodologie du pluralisme juridique*, Paris, Karthala.

POUPART, DESLAURIERS, GROULX, LAPERRIÈRE, MAYER, PIRES, 1997, *La recherche qualitative. Enjeux épistémologiques et méthodologiques*, Montréal, Gaëtan Morin.

ROBERT Ph., 1981, « De la "criminologie de la réaction sociale" à une sociologie pénale », *in Année sociologique*, 31, pp. 253-283.

ROBERT Ph., LAMBERT, FAUGERON C., 1977, *Image du viol collectif et reconstruction de l'objet*, Éd. M & H, Massa.

SERUGENDO K., 2011, *Analyse du vécu de la femme autour d'un site d'exploitation minière artisanale (phénomène « mama kapopola »)*, mémoire de licence en criminologie, École de criminologie, UNILU.

SUTHERLAND, E. H., CRESSY, D. R., 1996, *Principes de criminologie*, Paris, Cujas.

TSHINYAMA KADIMA I., 2007, *La rencontre entre les policiers et les jeunes « délinquants » à Lubumbashi*, mémoire de DEA en criminologie, École de criminologie, UNILU.

TSHINYAMA KADIMA I. (dir.), 2013, *Rapport sur le travail des enfants dans les mines de Mitwaba, Manono et Malemba-Nkulu au Katanga*, CEFOCRIM, UNILU.

TSHINYAMA KADIMA I., 2008, « La rencontre entre les policiers et les jeunes délinquants à Lubumbashi », dans DIGNEFFE, F., KAUMBA LUFUNDA (dir.), *Criminologie et droits humains en*

République Démocratique du Congo, Bruxelles, Éditions Larcier, pp. 261-268.

TSHINYAMA KADIMA I., 2009, *L'observation ethnographie d'un commissariat à Lubumbashi. Une compréhension des pratiques policières en contexte congolais*, Thèse de doctorat en criminologie, École de criminologie, UNILU.

TSHINYAMA KADIMA I., 2011, « Comprendre les pratiques policières en contexte congolais. Une étude réalisée dans un commissariat de Lubumbashi » *in Revue de droit pénal et de criminologie*, Bruxelles, La Charte, pp. 149-174.

VERVAECK, 1904, *Cours d'anthropologie criminelle*. Extrait du Bull. de l'Assoc. belge de méd. soc., n° 1914.

ZEBIMO B., 2010, *L'application de l'arrêté interdisant le marché pirate à Lubumbashi. Trop problématique, quelle confusion ? « Batika konyokola biso » (Qu'on arrête de nous faire souffrir)*, mémoire de licence en criminologie, École de criminologie, UNILU.

www.ingramcontent.com/pod-product-compliance
Lightning Source LLC
LaVergne TN
LVHW050651051026
849532LV00002B/593